Marie Nimier

Modern French Identities

Edited by Jean Khalfa

Volume 142

PETER LANG
Oxford • Bern • Berlin • Bruxelles • New York • Wien

David Gascoigne and
Ana de Medeiros (eds)

Marie Nimier

Le Sujet et ses écritures / The Self in the Web of Language

PETER LANG
Oxford • Bern • Berlin • Bruxelles • New York • Wien

Bibliographic information published by Die Deutsche Nationalbibliothek
Die Deutsche Nationalbibliothek lists this publication in the Deutsche Nationalbibliografie; detailed bibliographic data is available on the Internet at http://dnb.d-nb.de.

A catalogue record for this book is available from the British Library.

Library of Congress Cataloging-in-Publication Data

Names: Gascoigne, David, editor. | Medeiros, Ana Maria Sousa Aguiar de, 1965- editor.
Title: Marie Nimier : le sujet et ses écritures / the self in the web of language / [edited by] David Gascoigne, Ana de Medeiros.
Description: Oxford ; New York : Peter Lang, [2021] | Series: Modern French identities, 1422-9005 ; vol. 142 | Critical essays originally in French and English. Short story 'Le compas' published here for the first time in French with English translation. | Includes bibliographical references and index.
Identifiers: LCCN 2020057952 (print) | LCCN 2020057953 (ebook) | ISBN 9781800791954 (paperback) | ISBN 9781800791961 (ebook) | ISBN 9781800791978 (epub) | ISBN 9781800791985 (mobi)
Subjects: LCSH: Nimier, Marie--Criticism and interpretation. | Self in literature. | Subject (Philosophy) in literature.
Classification: LCC PQ2674.I43 Z785 2021 (print) | LCC PQ2674.I43 (ebook) | DDC 843/.914--dc23
LC record available at https://lccn.loc.gov/2020057952
LC ebook record available at https://lccn.loc.gov/2020057953

Cover image: Photograph of Marie Nimier, Jan Michalski Foundation © Tonatiuh Ambrosetti. Reproduced with permission.
Cover design: Peter Lang Ltd.

ISSN 1422-9005
ISBN 978-1-80079-195-4 (print) • ISBN 978-1-80079-196-1 (ePDF)
ISBN 978-1-80079-197-8 (ePub) • ISBN 978-1-80079-198-5 (mobi)

Published by Peter Lang Ltd, International Academic Publishers,
52 St Giles, Oxford, OX1 3LU, United Kingdom
oxford@peterlang.com, www.peterlang.com

This publication has been peer reviewed.

This collection is dedicated with love to Christine and to James

Contents

Acknowledgements

The editors would like to thank first and foremost the *magnifique* Marie Nimier. Beyond writing the rich, complex and playful texts which form the subject of this volume, she participated in the international conference on her work held at the Institute of Modern Languages Research, University of London, in 2017, and generously continued to engage with this publication through all its stages. This collection grew out of several of the papers presented in London and the various group discussions which followed. We are indebted to the Centre for the Study of Contemporary Women's Writing for their support and more generally for creating an intellectual environment where such research flourishes. We are also grateful to the Thyra Alleyne Fund and King's College London for their financial support, and for the time and commitment of Cathy Collins and Godela Weiss-Sussex without whom the event would not have seen the light of day.

Shirley Jordan's inspirational encouragement ensured that the proposal for this collection was both ambitious in scope and coherently planned, and we have greatly appreciated her advice. Laurel Plapp has been a most supportive editor, offering invaluable flexibility and forbearance as the volume developed beyond its initial proposal. As all the sections came together, Mary Rigby played a crucial role both as proofreader and copy-editor and deserves our warmest thanks and admiration for her forensic eye and her perceptive suggestions.

DAVID GASCOIGNE AND ANA DE MEDEIROS

Introduction: Marie Nimier: The Self in the Web of Language/ Le Sujet et ses écritures

Marie Nimier's entry into fiction, with the appearance of her first novel *Sirène* in 1985, came at a period of significant development in French literary critical thought. The structuralist model of 'the text as a closed, self-contained system, sufficient unto itself',[1] which had dominated debate since the 1960s, was giving way to 'the confirmation, diversification and elaboration of the trend popularly known as the "return of the subject" '.[2] This shift involved a 'refiguration and revalidation of the subject [...] as the site of various capacities worthy of our attention and respect', even if the subject in question was now to be seen as more attenuated, more provisional than before.[3] In fictional writing this revalidation of the subject characteristically involved a movement towards 'a high degree of reference to the recognizable "real world" ', still pursuing 'explorations of literary expression and authority' but 'within the framework of a broader social and cultural critique'.[4] Nimier's fiction has an abiding preoccupation with human identity as shaped in its constant evolution by many factors – heritage, memory, gender, relationships, desire, social milieu and physical environment, and not least

1 Brian T. Fitch, quoted in the introduction to Lorna Milne and Mary Orr (eds), *Narratives of French Modernity* (Oxford: Peter Lang, 2011), p. 9.

2 Johnnie Gratton, 'Introduction: The Return of the Subject', in P. Gifford and J. Gratton (eds), *Subject Matters* (Amsterdam: Rodopi, 2000), p. 11.

3 Gratton, 'Introduction: The Return of the Subject', p. 12.

4 Milne and Orr (eds), *Narratives of French Modernity*, p. 9. The return to history, storytelling and the subject is systematically exemplified in Colin Davis and Elizabeth Fallaize, *French Fiction in the Mitterrand Years: Memory, Narrative, Desire* (Oxford: Oxford University Press, 2000).

by language itself – and through this wide focus it perfectly exemplifies this return towards an attention to and respect for individual experience embedded within that broader social and cultural critique.

The fourteen critical essays presented in this collection all offer insights into Nimier's explorations in writing of the concepts and experiences of self and subject. Theories of the subject in narrative fiction are many and diverse, but one conceptual formulation which seems particularly useful in exploring the worlds of Nimier's fiction is that provided by Paul Ricœur, notably in his *Soi-même comme un autre*. Narrative identity, he suggests, operates within a dialectic between the two poles which define identity more generally, that is sameness ('mêmeté'), which permits reliable recognizability of the individual, thanks to the unchanging nature of their appearance and characteristics, and selfhood ('ipséité'), which is the sense of a continuity of the self despite the mutations which it undergoes, which may be recalled in memory or anticipated in a projected future:

> Dans la fiction littéraire, l'espace de variations ouvert aux rapports entre les deux modalités d'identité est immense. À une extrémité, le personnage est un caractère identifiable et réidentifiable comme même : c'est à peu près le statut du personnage des contes de fée ou du folklore. Quant au roman classique – de la *Princesse de Clèves* ou du roman anglais du 18e siècle à Dostoïevski et Tolstoï –, on peut dire qu'il a exploré l'espace intermédiaire de variations où, à travers les transformations du personnage, l'identification du même décroît sans disparaître. On se rapproche du pôle inverse avec le roman dit d'apprentissage et, plus encore, le roman du courant de conscience.[5]

Nimier's narratives brilliantly illustrate this 'espace de variations' between the two modalities of identity posited by Ricœur. They exemplify this model of narrative identity in fiction as a mediation between, on the one hand, a fixity which offers the self a sense of stability but which may inhibit or preclude change, and on the other hand, a capacity for transformation which carries with it the threat of alarming discontinuity and throws the stability of identity into question. As Ricœur further observes: 'L'identité narrative se tient dans l'entre-deux ; en narrativisant le caractère, le récit lui rend son mouvement, aboli dans les dispositions

5 Paul Ricœur, *Soi-même comme un autre* (Paris: Seuil, 1990), p. 176.

acquises, dans les identifications-avec sédimentées.'[6] In *Sirène* (1985), in *La Plage* (2016) and in many of the intervening novels, the narrative concerns the shift within the experience of a central character from an inhibiting, even distressing, fixity towards the narrativized realization of, or at least the potential for, transformative change. Nimier's work exploits 'l'entre-deux' in this and in many other respects, as contributions to this volume will amply testify.

Our first section, on the weight of family history and relationships, looks at the operation of text as a project in managing personal history, and in particular at the grip exerted by the legacy of a problematic relationship with a parent left unresolved following their departure or their death, a factor which can shape, or deform, the free development of the self. There has been wide critical discussion of Nimier's abiding struggle with the reverberations, throughout her life, from the loss in early childhood of her charismatic but dangerous[7] father, the novelist and essayist Roger Nimier, since these reverberations have implicitly or explicitly informed, and on occasions even dominated, her novels.[8] It could be described as her (highly problematic) 'identification-avec sédimentée'. Adina Stroia recasts and broadens that critical debate by showing how the 'spectral' presence of the father engenders a series of ontological splits and doublings, embodied in the mermaid figure of *Sirène* as well as in the 'doubled' self of later texts. Stroia suggests that the resulting 'entre-deux' leads the subject finally beyond the heteronormative sphere in a 'queering process' of displacement of sexual desire. Marzia Caporale sets Nimier's *La Reine du silence* (2004) alongside a text from twenty years earlier, Annie Ernaux's *La Place* (1984), with its own anxious scrutiny of memories and emotions relating to the death of the father. The process of filial mourning is complicated for Ernaux by her resistance to his unalloyed working-class culture

6 Ricœur, *Soi-même comme un autre*, pp. 195–6.

7 See Marie Nimier, *La Reine du silence* (2004) (Paris: Gallimard, Folio, 2007), p. 65.

8 A number of studies on this central aspect of Nimier's work feature in the bibliography concluding this volume. Updates on recent scholarly work on her writing can be found on her own website, marienimier.com, which also provides information on, among other things, her creative work in song lyrics, playwriting, theatrical production and cinema, all of which merit further critical attention.

and aspirations, and for Nimier, more dramatically, by recollections of Roger Nimier's violence and brutal insensitivity. The act of writing, within quite different filial scenarios, nevertheless serves each as a strategic bridge towards an exorcism of a legacy of pain and guilt and a new reconciliation with the inhibitions they conferred. Sylvie Vignes's more unpredictable comparison of *La Reine du silence* (2004) with Delphine de Vigan's *Rien ne s'oppose à la nuit*, published seven years later in 2011, yields insights into a surprising degree of equivalence, apparent in certain dramatic features of their personal histories: the violence of the reckless car crash which killed Roger Nimier, and the suicide of Vigan's mother, discovered only after several days. Vignes, however, draws attention to altogether subtler parallels in the way both texts articulate the constraints which encompass the exploration of painful sensitivities, and express in their concluding pages the achievement of a sense of restoration. Finally, in this section, Thierry Illouz chooses for analysis a more recent Nimier novel which appears at first sight quite different in nature from the texts discussed above, and yet leads him towards a comparable insight into filiation and its potentially baleful influence. He traces in *Je suis un homme* (2013) the principal elements driving forward the formation and unrelenting maturation of Alexis Leriche as a true-to-type ultra-macho male. Illouz sees the text as being powered by the tension between first- and third-person narrative stances. This 'entre-deux' articulates competing readings of Alexis's story, between, on one side, his own narrative of self-sufficiency and assertive denial of family and heritage, and on the other, the novel's patient revelation of those very factors which have, unacknowledged by him, shaped and controlled his development, including most decisively the imprint of his misogynist father's corrosive sexism.

The three essays in our second section, on the role of sentience and sensuality, examine subjectivity within a broadly phenomenological approach. Nimier's narratives of consciousness are nourished by a close attention to sensorial perceptions, whether olfactory, visual or auditory, and the patterns which these disclose can be taken as suggestive paradigms or models for her shaping of narrative itself. Marinella Termite offers an analytical survey of Nimier's abundant notations of scents and smells, which awaken and enrich her characters' experiences of food, or love, or sex, or awareness of a shifting environment. This wide repertoire of sensorial indices, so variable in their nature and intensity, constitutes for Termite a 'system of signals' which counterpoints the author's narrative choices, and invites reflection on the impact of these pre-rational perceptions on the emotional chemistry in play in a given situation. For Carol Murphy, the 'enigma of identity' which besets the narrator throughout *Photo-Photo* (2010) is refracted through insistent reference to eyes and the visual, and through troubling phenomena – doubles, dolls, childhood fears … – evoking the Freudian concept of the Uncanny. However, a fresh perspective on the enigma comes from the topos of the kaleidoscope, both as an important element in the plot and as a metaphor for the fragmentary aspect of the narrative, so that the Uncanny is gathered up in a view of identity as a dynamic play of multiple facets of past and present. Christian Uwe's essay on Nimier's *Anatomie d'un chœur* (1990) intimates in its title, 'La Partition du désir', the interlocking counterpoint between Thomas's two projects of desire presented in the narrative: on one hand, the dynastic imperative to accomplish, as conductor, a successful first performance of a challenging choral work attributed to his nineteenth-century composer-ancestor, and on the other, the barely controllable, passionately carnal attraction he experiences for a reciprocating but married female member of his choir. Uwe traces the subtle but powerful network of correspondences which weave together, in a scenario of power-play and personal crises, the language of music and the dynamics of Eros. Here, as elsewhere, sensory awareness – the impact of the body's physical reactions and desires on the character's interrogation of his/her own being and its priorities – can disrupt and overpower the acquired inhibitions and patterns moulding the life of the protagonist. Taken together, the three essays in this section show how Nimier has the capacity to exploit all the different dimensions of sensory experience so as to bring to life, with an immediacy which reaches out to the reader, the flow and texture of the inner life of her protagonists.

Our first section has dwelt on the processing of personal history, with its weight of pain, loss or guilt, and our second on the more immediate processing of sense-data and the projects and conceptual structures which it nourishes. The third section brings us to a further interface of writing practice, that with literature and literary expression itself, reflecting on the strategic conventions and the affinities and resonances with the works of the past which the act of literary creation inevitably brings into play. Patricia Hodges, writing on *Les Inséparables* (2008), draws attention to the generic duality of that text, functioning as it does at the fluid frontier between two strategic stances: that of an apparently truth-related narrative representative of an existing reality, as against the self-conscious recognition that writing is a construction which does not represent but creates. This complex ongoing dialectic is another manifestation of Nimier's creative exploitation of the 'entre-deux', uninhibited by generic boundaries. Genette's taxonomy of the palimpsest is an initial point of reference for Lorna Milne, which she however moves beyond in a detailed investigation of inter- and intra-textuality in *Je suis un homme* which shows that novel to be a profoundly literary enterprise. Taking as a starting point, the epigraphs from Diderot and Joyce which introduce the novel, she explores the thematics of disability and monstrosity to which they call attention. Her analysis lays bare a network of 'extraordinarily coherent intertextual structures', some of them cunningly implicit, finally pointing the thoughtful and informed reader, via Modiano and Sergio Leone, towards Nimier's own struggle against the paralysing figure of her father and her practice of 'silent' literary allusion as a means to write her way out of his enduring domination. A further intertextual perspective is provided in Floriane Blanchot's essay on *La Plage* which uncovers a surprising range of echoes and correspondences between this novel and the fictions of Marguerite Duras, in particular *Le Ravissement de Lol. V. Stein* (1964) and *L'Amour* (1971). In each case, unnamed characters encounter each other within a beach environment invested with great significance, and form similarly triangular relationships. In the figure of a woman observing and being observed, haunted by a failed love affair, Blanchot finds in the 'inconnue' of *La Plage* a re-creation, whether conscious or not, of Duras's Lol V. Stein; the novel, seen again as palimpsest, lends itself to being read through Durassian spectacles.

The opening sentence of *La Plage*, 'Qui sait ce qu'elle va chercher?', launches a narrative of a young woman's search for identity, for some reassuring confidence in her own worth, her priorities and aspirations, her place in the world. Such narratives, drawing on the tradition of *romans d'apprentissage*, have in different ways formed a major strand in Nimier's work. While she has offered vivid accounts of the emotional and sexual turbulence of the adolescent and post-adolescent male – of Joseph in *La Girafe* (1987), of Noé in *Anatomie d'un chœur* (1990), of Alexis in *Je suis un homme* –, the major line of female antecedents begins with Marine in her first, and in many ways most revealing, novel, *Sirène*, and continues notably with Cora in *L'Hypnotisme à la portée de tous* (1992) and with the narrator and Léa in *Les Inséparables*. In relation to these predecessors, *La Plage*, with its restricted setting and limited cast of unnamed characters, presents an almost Beckettian distillation of the narrative of quest and self-discovery, which by its suggestively elemental nature is open to a wide variety of readings, as the group of three further essays on this text demonstrate. Situating this novel in the context of Nimier's other protean life-writing texts, Adrienne Angelo notes the recurrence of characteristic thematic threads: fractured family relations, protagonists haunted by secrets of their past, and the body as site of memory. She finds here a presentation of an introspective and retrospective journey to the uncanny space of the beach, unfolding an account of displacement, exploration and self-discovery for the anonymous young woman. The protagonist's vision and imagination allow for a restaging, and thus reliving, of certain painful moments from her past in order to achieve a degree of reconciliation. For Jeanne-Sarah de Larquier, the anonymization of characters and the blurring of spatio-temporal frontiers, compounded by the polysemy of the word *plage*, enact an *épuration*, a sifting to lay bare the essentials. Just as the protagonist leaves the constraints of her past life behind her, so the author purges her text of proper names, social status, familial and public pressures, and of the codes of language which these engender. The beach emerges as a timeless site of multiple and shifting stories, where words stripped of their imprisoning history can beget a new innocence and liberation in a freely creative 'sur-realist' play of association. David Gascoigne's reading of *La Plage* begins by noting the significant number of allusions to geometry or to algebraic equations, which feed into a degree of abstraction buttressed by the absence of characters' names or of any precise chronology or geography. However, such quasi-mathematical models, initially used to plot the evolving pattern of relationships within the trio of protagonists, prove too inflexible to chart the turbulent flux of interpersonal emotions and desires. The forces which account for the personal transformation which the 'inconnue' undergoes are to be found rather in her changing relationship to the elements (earth, air, fire and especially water) of the physical environment she has chosen to revisit. A culminating marine episode confirms a new openness to the erotic and the maternal, and a decisively liberating awareness of her body and her femininity.

With the attention of academic researchers almost wholly focusing on the rich corpus of Nimier's novels, it is easy to overlook how much of her multi-stranded activity as a writer has been of a collaborative nature. She has been an active participant in the theatre as performer and writer since her teenage years, scripting a dozen radio plays and working with many theatre companies on productions large and small, often of an innovative, experimental nature in unusual venues.[9] In the final section, which focuses on questions of performance, Ana de Medeiros analyses *Les Confidences* as a text that draws on French theatrical notions of the role of the *confident(e)* who is, according to Jacques Schérer, 'there and not there' in Classical dramaturgy, since this figure ranges from a 'pale double' of the main character to an almost fully independent agency. As recipient of some fifty 'confidences', Nimier's first-person narrator experiments with a range of roles across this spectrum, this 'entre deux' between 'there' and 'not there', and in the closing pages, having absorbed so many diverse stories, she becomes the one who actively confides: a *tour de force* of 'ipséité' in Ricœur's sense.

'Enquête#Bifurcations3', by Florence Jou, provides an interesting glimpse into the genesis of Nimier's *Les Confidences*. As Nimier has mentioned in various interviews, the idea for this text arose during the 'Bifurcations' festival at Nantes, where it had been proposed to Nimier that she should engage in some kind of structured interaction with the public; according to Nimier, this inspired the idea of gathering anonymous confidences as the starting point of a new writing project. Jou here conveys her impressions of a related event, held at the Studio-Théâtre in Nantes.

9 For an instance of a theatrical conception of narrative in Nimier's work, see David Gascoigne, '*Anatomie d'un chœur*, ou le théâtre de Dionysos', in C. Uwe (ed.), *Marie Nimier: L'Écriture et son double* (Paris: L'Harmattan, 2019), pp. 45–65.

To close our collection, Marie Nimier and John Fletcher have provided two unpublished texts – the first, in French, is a recent version of 'Le Compas' where Nimier could be said to further highlight the colonial undertones of the original narrative published in *Les Confidences*. Fletcher, in collaboration with the author, has translated this version into English and the two texts are here included as if in conversation with one another.

Nimier never ceases to surprise us (and duly continues to do so in her new novel *Le Palais des Orties* (Paris: Gallimard, 2020)). *Les Confidences*, the most recent text to be discussed here, enacts in its genesis an apparently radical shift towards transmitting the words of others rather than creatively spinning the web of language wholly out of her own preoccupations. However, it is in fact the fruit of a long progression in her work, rooted in a dichotomy of self and other present from the start. The technique of gathering and reshaping interview material is most obviously prefigured in *Vous dansez ?*, but one can also perceive this dichotomy/dialogue in her radical choice of violent male subjects (Joseph, Alexis) or even of a dog (Gilda in *La Caresse*). More subtly it can be seen to figure also in the creation of a double or 'other' self, a dimension explored by several of our contributors. Nimier's insistence on retaining the generic term 'novel' for such highly disparate texts, however generically ambiguous they may be, suggests that she nevertheless sees them all, finally, as rooted in her own 'imaginaire'.

Before proceeding to our eclectic critical forum on Nimier's writing, we have an opportunity to remind ourselves of the texture and quality of the imaginative and linguistic creativity which has inspired us all in our reflections. We are able to present, by special permission of the author, a newly minted short story, 'Un virgule six mètres carrés'. This portrays, characteristically, a critical turning point in the life of a precocious and thoughtful adolescent girl, Marie-Luce, one of a small minority of black pupils at her school, cocooned up to now within the protective encouragement of her mother and her highly sympathetic class teacher. Her view of the world and her place within it comes to be radically challenged when her Senegalese father, not seen since her birth, comes to visit. The impact of a long-lost father will evoke many resonances in the minds of Nimier's readers, and as the story unfolds, it will tellingly touch on many issues to be discussed in the pages of the essays that follow here, including questions of absence and presence, of real and imagined environments, of the self as consciousness and as body, and even the symbolic charge of colour. Above all, given the current resurgence of passionate debate about racism, whether personal, institutional or cultural, the incidents and observations we encounter in this suggestively distilled narrative could not be more consonant with the spirit of our time.

MARIE NIMIER

Un virgule six mètres carrés

Mme Breton avait inscrit notre classe à un concours de nouvelles organisé par le ministère de la Cohésion des territoires et des Relations avec les collectivités territoriales (*sic*). Nous devions écrire un texte de mille à deux mille cinq cents mots sur le thème « Vivre en France ». Les dix meilleures propositions seraient publiées et leurs auteurs, annonça fièrement Mme Breton, comme si c'était déjà dans la poche, gagneraient un voyage à Paris. J'avais fermé les yeux. La petite machine à calculer s'était mise en marche, les chiffres avaient défilé et, moins d'une minute plus tard, je faisais un signe de la main. Mme Breton me donna la parole.

– Oui, Marie-Luce ?
– Nous sommes bien trois cent vingt-cinq classes à participer au concours ?
– C'est ce qui est marqué sur le site …
– Avec une moyenne de vingt-neuf virgule un élèves par classe, ça nous fait une chance sur neuf cent quarante-cinq de gagner.
– Virgule soixante-quinze, ajouta Mme Breton en levant l'index.
– Virgule soixante-quinze, admis-je, et la sonnerie indiquant la fin du cours retentit, nous épargnant une discussion houleuse sur la peine de préciser les chiffres après la virgule.

La capitale se situait à moins de deux heures du lycée par la route. Je n'y avais jamais mis les pieds, comme plus de la moitié des élèves de la classe. Autour, oui, nous étions nombreux à connaître, Disneyland, Usines Center, Fashion Center, mais Paris-Paris, on repoussait toujours le moment d'y aller. On avait peur de ne pas savoir marcher au bon endroit sur les trottoirs. Peur de descendre dans le métro et d'avoir à demander notre chemin. Peur des regards et des commentaires. Même bien habillés (surtout bien habillés) nous aurions l'air de ploucs. Sortis de notre contexte, nous ne valions plus rien. On le savait. Jamais on ne l'aurait avoué. On préférait dire d'un air bravache qu'on n'aimait pas Paris, qu'on n'aimait pas les villes, qu'on était bien ici au grand air et que là-bas, en plus de la pollution et du bruit, tout coûtait un bras, un œil, ou même les yeux de la tête, que les gens pétaient plus haut que leur cul, et autres expressions qui déclenchaient l'excitation générale.

Entre les Parisiens et nous, c'était une histoire de corps qui évoluaient différemment dans l'espace, et de tissus qui habillaient les corps, et de voitures et de logements qui ne se plaçaient pas à la même distance des tissus. Nous n'étions pas faits, pensions-nous, des mêmes métaux. Notre ignorance nous mettait à l'abri du voyage, et si la curiosité parfois nous prenait au ventre, nous trouvions toujours une excuse pour repousser la confrontation. On pouvait bien attendre jusqu'aux prochaines vacances, la tour Eiffel n'allait pas s'envoler.

Un cours de français tout entier fut consacré à la préparation du concours de nouvelles. Un écrivain mandaté par le ministère vint dans notre classe. Il parlait lentement et laissait des blancs à l'intérieur de ses phrases, comme s'il cherchait à nous attirer dans les creux. Il n'avait pas enlevé son écharpe, ça lui donnait un style. Je me demandais s'il était marié. Il ne portait pas d'alliance, ou plutôt il n'en portait plus. Une ligne claire cerclait l'index de sa main gauche. Les lacets de ses sneakers avaient dû être blancs. Son pantalon un peu court laissait apparaître des chaussettes kaki, genre mi-bas. L'énumération des titres de ses livres formait un poème que nous écoutions sans moufter, légèrement hypnotisés par sa belle voix grave. Ensuite, ce fut à nous de nous exprimer. Il y eut un grand silence. Mme Breton nous encouragea du regard. Nous devions chacun donner notre avis sur le fameux « Vivre en France », échanger nos points de vue, dégager les lignes conductrices qui nous aideraient à construire notre nouvelle.

Quand ce fut à mon tour de parler, je dis que pour moi, vivre en France, c'était vivre dans un code postal. Dans une adresse. Dans ma « ni, ni, ni, » d'adresse. Ni à la ville, ni à la campagne, ni en banlieue. J'aurais pu ajouter d'autres ni aux premiers qui m'étaient venus à l'esprit, tant j'étais habituée à réfléchir en termes de soustractions et d'additions, nous n'habitions pas non plus au bord de la mer, ni à la montagne, mais l'important n'était pas de collectionner les négations, commenta l'écrivain en reposant le feutre effaçable sur la réglette du tableau blanc, l'important était que nous vivions en France et surtout (il prononça ces mots en me regardant), que nous parlions le français.

– Ce n'est pas avec des ni, insista-t-il, mais avec la complicité de la langue française que nous allons écrire notre nouvelle.
– Avec des avec, traduisit Mme Breton en inscrivant le mot au tableau et en le soulignant.

Lisant la perplexité dans nos visages, elle ajouta en clignant de l'œil :

– On se comprend.

Quand elle clignait de l'œil comme ça, on était prêts à la suivre jusqu'au bout du monde – et même jusqu'à Paris. Ses cils étaient longs et drus, ils ressemblaient à ces parasols en fibre végétale que l'on voit dans les publicités pour les cocktails exotiques. Ses dents du bas se chevauchaient, ça lui faisait une petite coquetterie dans le sourire. Mme Breton se rassit, elle croisa les jambes. Nous aimions son grain de beauté sur le haut de la joue, la texture de ses cheveux, le bombé de son front, la ligne sombre qui entourait ses lèvres. Nous aimions sa malice et son engagement. L'écrivain s'enlisait, il ne lui arrivait pas à la cheville. Visiblement troublé par l'épisode des « ni, ni, ni », il proposa de nous lire quelques pages de son dernier roman.

La scène se passait dans son quartier, le XXe arrondissement. Ce qu'il disait de sa rue, de son immeuble, de sa cage d'escalier ne ressemblait pas au tableau que nous nous faisions de la capitale. Sans doute inventait-il, mais il nous fut impossible d'en obtenir la certitude : déjà il enfilait son manteau, il avait un train à prendre. Il porta sa main à sa gorge pour s'assurer que son écharpe était toujours là. Notre professeure le raccompagna jusqu'à la porte de l'établissement puis remonta nous féliciter. Elle était fière de sa classe. Nous nous étions, dit-elle, très bien comportés, ce qui n'était pas évident, nous n'avions pas l'habitude d'avoir des intervenants extérieurs, et celui-ci était un peu …

– Lourd, complétai-je.

La classe éclata de rire. Mme Breton tapa dans les mains, le silence revint lorsqu'elle commença à raconter en baissant le ton, comme s'il s'agissait d'un secret, que l'écrivain avait pris mon intervention sur le code postal très au sérieux, et plus qu'au sérieux : il lui avait demandé la permission de l'utiliser dans le récit qu'il prévoyait d'écrire sur son expérience dans les territoires.

Je faillis demander à mon tour s'il avait prévu de me reverser une part des droits d'auteur, mais je me retins, je n'avais pas envie de froisser Mme Breton – parler d'argent à un écrivain, même lourd, ça ne se faisait pas. Le lendemain encore, alors que nous nous croisions dans l'escalier, Mme Breton me répéta combien l'auteur avait apprécié mon analyse. Je fis semblant de me réjouir, mais je savais au fond que son admiration n'était pas à mettre uniquement sur le compte de mon intelligence. Ce n'était pas non plus, comme le prétendraient mes copines, parce qu'il voulait me draguer, mais parce qu'en se fiant à la couleur de ma peau, il pensait que j'étais l'une des brillantes actrices de cette diversité culturelle qui donnait à la France, je cite, « sa force vive ».

Comment avait-il dit encore ? Ah oui : son piment.

Nous étions seulement trois Blacks dans la classe. Blacks, pas Noirs – Noir, allez savoir pourquoi, c'était insultant alors que Black, on pensait à Malcolm X, Michael Jordan, Barack Obama. Mon père, originaire de Saint-Louis-du-Sénégal – la «Venise africaine», selon Wikipédia –, m'avait tenue dans ses bras à ma naissance, le temps d'une photo. Il était parti sans violence, et sans me reconnaître.

Ma mère, comme beaucoup d'autres mères que nous fréquentions, vivait seule avec ses enfants. L'autre père, celui des jumelles, avait une notion assez personnelle de la garde alternée. Il s'occupait de ses filles une semaine au mois d'août et un week-end de temps à autre. De temps à autre également il payait la pension alimentaire.

Au moins, avec mon père, on savait sur quoi compter. Sur rien.

Je portais le nom de ma mère, nous avions le même corps, le même caractère, ça me suffisait. Que ma peau soit d'une autre teinte que la sienne était anecdotique, ainsi l'avais-je décidé. L'important, m'avait-elle dit un jour, ce n'est pas la couleur du paquet, mais ce qu'il y a à l'intérieur. J'étais bien d'accord avec elle.

Je prenais très à cœur mon rôle de sœur aînée. Je m'occupais des jumelles, j'allais les chercher à l'école, je jouais avec elles. Souvent le mot leur échappait : elles m'appelaient maman. Très jeune, j'ai commencé à faire de la pâtisserie. Je me revois perchée sur le tabouret en train de monter des blancs en neige. À huit ans, j'étais la reine des meringues et à dix, des îles flottantes. Depuis le début de l'année, ma mère me donnait un billet en fin de semaine avec pour mission de remplir le frigo. J'essayais de tout dépenser, au centime près. J'étais assez forte à ce petit jeu.

J'aimais bien aller au supermarché, comparer les prix, profiter des promos. J'aurais pu, dans ma nouvelle pour le ministère de la Cohésion, raconter ça, la vie d'une famille française, mais j'avais l'impression qu'il m'aurait fallu beaucoup plus de deux mille cinq cents mots. J'aurais pu me concentrer sur le personnage de ma mère mais, là encore, c'était tout un roman qu'il aurait fallu pour raconter comment, à force de travail, elle avait réussi à nous faire passer d'un deux-pièces en location à un pavillon entouré d'un jardin dont elle serait, un jour, propriétaire.

Quant aux jumelles, que dire qui pourrait attirer l'attention du jury ? Je demandais à Mme Breton ce qu'elle en pensait. Elle insista pour que je parle d'un événement important de ma vie, quelque chose qui me touchait vraiment. Alors, pour la première fois, et pour l'épater sans doute, je lui parlai de mon père. Elle ne me laissa pas finir mon récit. Au boulot, s'exclama-t-elle, au boulot ! À l'éclat de son regard, je compris qu'elle comptait sur moi pour inscrire notre classe au palmarès. En pensées, je remerciai mon géniteur. Il m'offrait un sujet en or, et le soutien inconditionnel de Mme Breton, ce qui valait bien tous les voyages.

J'ai treize ans, j'ai l'air d'en avoir seize, je vais relever le courrier – je tourne longtemps avant de trouver la première phrase de la nouvelle, mais celle-ci me plaît, elle est nette, tranchante. J'ai treize ans donc, et je revois ma mère prendre l'enveloppe que je lui tends. Elle l'observe sous toutes les coutures avant de l'ouvrir en glissant un couteau dans le coin du rabat. L'écriture est régulière et les lignes parallèles, plongeant légèrement vers le bas.

– C'est ton père, dit-elle en me donnant la lettre.

Elle va à la fenêtre. Mon père écrit qu'il pense à moi souvent et qu'il a envie, si je le souhaite, de me rencontrer. Il ne veut pas foutre sa merde, promet-il, juste faire ma connaissance. Il a des cadeaux à me donner. Chaque année à mon anniversaire, il a acheté quelque chose pour moi. Les paquets se sont entassés dans un placard, quand il passe devant, sa gorge se serre.

Il aimerait pouvoir réparer. Ou, au moins, me reconnaître.

Sa lettre est très belle, je pleure, ma mère pleure, les jumelles suivent sans bien saisir l'enjeu : il est décidé de répondre positivement à sa demande. Mon père habite dans les environs de Marseille, il lui faut prendre plusieurs trains pour arriver jusque chez nous et cet effort est la preuve, selon ma mère, de sa bonne foi. Je suis un peu déçue, je croyais qu'il était reparti à Saint-Louis après ma naissance, et quand je l'imaginais, c'était sur bateau naviguant le long du fleuve Sénégal.

Il y a un premier, puis un deuxième coup de fil. Des horaires sont échangés. Ce sera un mercredi, il est convenu qu'on mettra les jumelles au centre de loisirs et que j'irai chercher mon père à la gare, pour nous laisser le temps de faire connaissance. Ma mère me promet de garder son téléphone allumé, même si c'est interdit à son travail, je pourrai la joindre s'il y a le moindre problème. Une voisine est mise dans la confidence.

Les jours passent, mon père va arriver, mon père est dans le train. Encore quinze minutes et il descendra sur la voie numéro deux. Il prendra l'escalier mécanique. Je me revois marcher en direction de la gare, mes écouteurs dans les oreilles. Mon blouson tire au niveau de la poitrine. Je n'ai pas dormi de la nuit. Je compte. Les battements de mon cœur. Mes pas. J'alterne. Pieds, cœur, pieds. Cent douze, cent treize, cent quatorze. La poste. La boulangerie. L'auto-école. La banque, le salon de coiffure. Le PMU. Encore un coiffeur, neuf cent mille clients par jour sur l'ensemble du territoire, le chiffre me revient, ce qui place la profession dans le peloton de tête des entreprises artisanales, selon les documents distribués lors de la réunion avec la conseillère d'orientation (la France, tout de même). Juste après, viennent les maçons. Couper. Teindre. Gonfler. Construire. Est-ce que mon père est maçon ? Ébéniste ? Luthier, ou même musicien ?

Ma mère m'a dit avant de partir le matin : « Tu le reconnaîtras », et moi j'ai pensé que c'était à lui de me reconnaître, pas à moi. À part celle de ma naissance, prise à contre-jour, nous n'avons pas de photo de lui.

Le cadre a vieilli, en le décrochant l'attache se décolle. Je tiens le cadre retourné sous mon bras. Le train vient de repartir, je vois arriver dans les escaliers de la gare une gerbe de dreadlocks posée sur des épaules étroites. L'homme n'a pas de valise, juste un gros sac Le Coq sportif qu'il porte dans ses bras comme il porterait un enfant malade. Je surveille l'escalier, quelqu'un d'autre va apparaître, quelqu'un qui ressemble à un père, pas ce vieux jeune homme aux cheveux extravagants. Mais non, il faut que je me rende à l'évidence : il est le seul à être sorti du train. Je prends la photo encadrée et la mets devant moi.

Mon père me voit enfin. Je sens qu'il a envie de me serrer contre lui, mais je garde le cadre en place, et lui garde le sac, alors il me tend juste le petit doigt de la main droite, en se penchant sur le côté pour que je puisse l'attraper. Il me dit qu'il est très ému de me rencontrer et, au lieu de pleurer, je souris, parce qu'il a l'accent du Midi. Ça fait drôle. Je sais bien qu'il vient de Marseille, mais pas un instant je n'ai imaginé qu'il pouvait avoir l'accent. Il y a un silence. L'homme qui est mon père cherche quelque chose des yeux, une voiture garée, une femme au volant : je lui explique que ma mère travaille, qu'elle n'a pas pu m'accompagner. Oui, elle veut bien que nous allions à la maison, mais avant j'ai une course à faire au supermarché pour les jumelles, est-ce qu'il est d'accord pour m'y accompagner ?

– Les jumelles ?

Mon père n'est pas au courant, il pense à l'instrument d'optique : je dois acheter un chiffon spécial, peut-être, des lingettes pour les nettoyer. Quand je lui décris mes demi-sœurs, il éclate de rire, un bon gros rire sonore, sans arrière-pensée. L'atmosphère se détend. Comme nous passons devant le kebab, mon père me dit qu'il achèterait bien quelque chose à se mettre sous la dent. Il dépose son Coq sportif par terre et, avant de commander, en tire une boîte enrubannée de la taille d'un poing.

– Pour toi, dit-il, c'est ton cadeau d'anniversaire de l'année dernière. J'espère qu'il te plaira.

Je ne sais pas si je dois ouvrir le paquet debout devant la vitrine du kebab ou attendre d'être rentrée à la maison. Comme il se met à pleuvoir, nous décidons de nous asseoir à l'intérieur. Mon père enlève sa veste, il a un bonnet de laine jaune, plié en deux dans la poche. Il ne fait pas froid, mais il a prévu. Il choisit le plus gros kebab, sauce piquante.

– Et pour la demoiselle ? demande le patron.

Mon père tient absolument à ce que je commande quelque chose, il insiste. Je lui dis que je n'ai pas faim. En vérité, je ne veux pas qu'il dépense de l'argent pour moi, ce serait trop facile, tu débarques comme ça, après treize ans d'absence, et tu payes.

Mon père revient à la charge : prends au moins un truc à boire – notre relation se joue sur une cannette. Il s'obstine, je me bute, et puis soudain, je ne sais pas, le regard du patron peut-être, quelque chose lâche dans ma gorge, et je me dis oui, pourquoi pas, un café, c'est ça qui me ferait plaisir, que mon père m'offre un café.

J'ai choisi la boisson la moins chère, il me semble rétrospectivement que c'est un bon compromis. Ce n'est pas l'heure du café mais, avec ou sans, je sais que je la nuit suivante sera agitée. Il y aura trop de choses à revoir, trop de détails à repasser, même si la situation est d'une grande banalité : une ado et son père dans le même bain, la même odeur de frites. Le père a de l'appétit. Il sait manger les kebabs à grandes bouchées sans se salir. Il ne se tamponne pas la bouche avec la serviette en papier, il l'essuie comme s'il voulait effacer quelque chose. Il n'a pas les épaules larges, ni le ventre musclé, ni les pieds comme des bateaux, mais des petits bouts de cellulose accrochés dans sa barbe de deux jours. S'il a un pansement au bout du pouce (je l'ai remarqué quand il m'a offert le cadeau), ce n'est pas qu'il exerce un métier manuel, mais qu'il s'est coupé en frisant le bolduc. Un accident ménager, en somme, comme moi.

Mon père se moque de lui-même, il a toujours été maladroit.

Quand on me demandait ce que mon père faisait dans la vie, je répondais qu'aux dernières nouvelles, il travaillait dans un magasin de musique, sans préciser que les dernières nouvelles dataient de ma naissance. Maintenant, je sais qu'il dirige une petite agence de locations de voitures à Marseille (il vient de me le dire) et je ne suis pas plus avancée. Comme la maison est sur le chemin du supermarché, je lui propose de déposer son sac au passage. La voisine est à sa fenêtre, je lui adresse un signe discret de la main, pouce en l'air, tout va bien, elle ne doit pas s'inquiéter. Mon père reste près de la balançoire avec ses dreadlocks et son air gentil. Il n'a pas insisté pour venir visiter la maison avec moi, il le fera tout à l'heure, quand ma mère sera rentrée. Je l'observe par la fenêtre de la cuisine. Maintenant que je me suis habituée, je le trouve plutôt beau. Il profite de mon absence pour se rouler une cigarette et l'allumer. Il tire dessus en plissant les yeux. Encore deux bouffées, il l'écrase sous son talon et remet le mégot dans une boîte d'allumettes. S'étire. Je profite d'être à l'abri de son regard pour ouvrir mon cadeau. Sous le papier, il y a un écrin rouge, et dans l'écrin, joliment enroulée sur un nid de satin blanc, une chaîne en or rose.

Je ne prends pas le temps de regarder si c'est du vrai, je la mets et, juste avant de sortir, la cache dans mon col. Quand je referme derrière moi la porte du pavillon, mon père a disparu.

Le supermarché a changé quatre fois de nom depuis que nous habitons ici, mais les rayons sont restés sensiblement les mêmes. Je me dirige d'un pas assuré vers celui des petit-déjeuners, et mon nouveau papa me suit. Mon nouveau papa qui aime faire des blagues. Tout à l'heure, dans le jardin, il s'était caché derrière la citerne de propane. En s'accroupissant il a mouillé son genou. Nous nous arrêtons devant le mur coloré des boissons instantanées, je dois acheter du chocolat en poudre pour les jumelles. Mon père se frotte la joue, ça fait un petit bruit, une peluche se détache et vient se poser sur sa veste. Il la chasse d'une pichenette. Je l'imagine petit garçon, jouant aux billes avec ses copains. Soudain, son regard se durcit. Il se fixe sur la boîte en plastique que je viens de sortir du rayon. Une boîte à dominante jaune, trouée par une bouche hilare surmontée d'un nez épaté et d'une chéchia rouge à pompon.

Sa voix a des grumeaux, comme si quelqu'un essayait de la pirater, et effectivement, un homme furieux prend la place de mon père. L'image du bon soldat noir qui parle petit nègre le rend fou. Il m'arrache la boîte des mains, l'ouvre et commence à la vider par terre, dans la travée, comme il aurait vidé une urne funéraire contenant les cendres d'un aïeul. L'odeur de chocolat vient remplacer celle des frites et de la cigarette. Les clients marquent le pas, certains rebroussent chemin ou font semblant de ne rien voir. Une mère et sa fille s'arrêtent, bouche ouverte, elles n'en reviennent pas du gâchis. Mon père leur lance un mauvais regard. J'essaie de le calmer en le prenant par le bras, il se dégage d'un coup de coude. Je me retiens de crier, je ne veux pas que les clients voient qu'il m'a fait mal. Je pourrais m'éloigner, l'abandonner à sa colère et aller me réfugier chez la voisine en me frottant les côtes : je n'en ai pas le courage. Quand la boîte est vide, mon père la jette par terre comme un enfant mal élevé. C'est à ce moment-là, et à cause de ce geste, que je trouve la force d'affronter mon père. Je dis : « On s'en fout du dessin sur la boîte », et en prononçant ces mots je pense à la couleur de ma peau. Je me le suis assez répété pour que ça sorte tout seul – l'important c'est le contenu.

– On s'en fout de ce qu'il y a dessus, c'est bien ça que tu as dit ? C'est ça que tu penses ?

Je rougis, j'ai honte de mes paroles, mais je n'en montre rien. Mon père serre les dents. Comme un vigile approche, je ramasse la boîte vide. Je m'excuse pour mon père, je propose de nettoyer. Le vigile a pitié de moi. Il s'éloigne, pour ne pas peser. Je prends une autre boîte. Lentement. En me concentrant pour ne pas trembler.

– Tu reposes ça tout de suite, grogne mon père, tu m'entends ?

Je ne repose pas, il peut bien me battre, me réduire en bouillie, je ne lâcherai pas. Mon père comprend que je ne vais pas céder, alors il fait comme si tout cela n'était qu'une blague. Il se tourne vers le vigile qui attend au coin du rayon. « On s'en bat les nouilles, dit-il, que les tirailleurs sénégalais aient servi de chair à canon ! Et qu'est-ce qu'on en a à secouer que les Noirs aient l'air de crétins hilares dans les publicités ? L'important, c'est ce qu'il y a à l'intérieur (il cogne son poing contre son crâne), et ce qu'on a là, dans le cœur (son poing encore, contre sa poitrine). C'est la petite qui a raison, pas son vieux connard de père. On ne va pas se gâcher la vie pour une histoire de conditionnement. » Il relève les locks qui tombent sur son visage. Le pansement se décolle et c'est son pouce qui apparaît, l'ongle tranché, la peau, rose à l'intérieur, boursouflée autour de la coupure. J'entends sa voix qui commente : « Juste un petit accident. »

Deux larges empreintes de poudre noire et deux plus petites, derrière. Nous marchons jusqu'à la caisse, on peut nous suivre à la trace. Je pose les deux boîtes sur le tapis noir et, entre les deux, bien perpendiculaire, le séparateur. La caissière demande si j'ai ma carte de fidélité, elle me connaît, son fils est dans ma classe. La boîte pleine est en premier, je la paye. La caissière prend la boîte vide et la glisse sous la caisse.

– C'est pour moi, dit-elle.

Mon père est déjà devant la sortie. La porte automatique se referme derrière nous. Je suis mutique, ma voix s'est envolée. Pour retourner à la maison, il faut prendre à gauche après le deuxième feu. Au croisement, mon père s'arrête.

– C'est mieux que je parte, demande-t-il, c'est ça ?

Quand les jumelles rentrent du centre de loisirs, elles voient le sac et son coq bleu blanc rouge dans ma chambre. Je leur laisse le plaisir d'ouvrir les cadeaux. Elles n'en reviennent pas, elles trouvent que mon père est génial. Elles veulent savoir comment il est, physiquement parlant, et s'il va revenir et pourquoi il n'est pas resté dîner. Quand elles apprennent qu'il a des dreadlocks, leur enthousiasme monte encore d'un cran. Ma mère arrive, elle voit les papiers, les rubans, les jouets. Elle lance : « Mais c'est Noël ici ! » et paraît soulagé que mon père soit reparti sans l'attendre. Elle ne tenait pas à le revoir, m'avoue-t-elle, et ne me pose aucune question sur les circonstances de son départ précipité.

Ce que nous avons vécu nous appartient, elle n'a pas besoin de savoir.

Dans le sac de sport, il y avait douze paquets. Mme Breton me suggère de décrire les cadeaux dans ma nouvelle. J'essaie, une longue énumération qui prend toute la page. Il y a du rose, beaucoup de rose sur les jouets et leurs emballages, je cherche des nuances pour ne pas utiliser toujours le même mot, Mme Breton est très sensible aux répétitions (en mal). Je trouve dans le dictionnaire : saumon, bonbon, framboise, cerise, magenta, coquille d'œuf, cuisse de nymphe, fuchsia. Des paillettes, des perles, des rubans, jusqu'à l'or de la chaîne. Rose.

Je ne gagne pas le voyage à Paris, mais j'arrive parmi les vingt premiers candidats, ce qui me vaut les félicitations du jury. Ma nouvelle est lue et applaudie devant l'ensemble des élèves de seconde et de terminale. Mme Breton prononce un discours qui me fait battre le cœur, je pense que tout le monde perçoit mon émotion lorsque je prends notre professeure de français dans les bras, et que je l'embrasse.

Un détail encore, qui n'est pas un détail. En sortant de la salle, après la lecture, ma meilleure amie me demande si je sais quel surnom certains garçons me donnent dans la classe. Ce n'est pas la majorité, loin de là, mais elle préfère me le dire, avant que je ne l'apprenne un jour par hasard. C'est l'évocation du tirailleur sénégalais sur la boîte de chocolat qui lui avait fait penser qu'il fallait me mettre au courant. Ces garçons – Mathis pour ne pas le citer, et Quentin aussi –, m'appellent Doudou Cendrillon.

Je remercie mon amie d'un ton léger. Quels cons en effet, pas des petits cons, elle est bien d'accord avec moi : de gros connards. Doudou Cendrillon, n'importe quoi. En rentrant à la maison, il faut traverser la rivière. Sur le pont je m'arrête. Accoudée sur le parapet, je regarde l'eau d'une façon différente. Au fond, avant la cascade, un vélo est pris dans les branches. Empêché. J'ai envie de m'arrêter là. Pas de mourir, non, d'en finir avec quelque chose qui vient à peine de commencer. C'est la première fois de ma vie que ma couleur n'est pas une couleur, comme le vert de mes yeux, mais un problème. Je pense à l'écrivain, à son écharpe et à ce texte qu'il doit écrire sur son expérience dans les territoires. Si je pouvais le joindre, je lui dirais que je n'habite pas seulement dans un code postal. J'habite aussi dans un virgule six mètres carrés de peau.

J'ai donné tous les cadeaux aux jumelles, sauf la chaîne que j'ai jetée dans la rivière. Un grand coup sec pour faire sauter le fermoir, j'ai encore la trace, une ligne plus claire, là, derrière, dans le cou.

La Filiation et ses complexes

Problematic Heritages

ADINA STROIA

The Other Nimier: Paternal Hauntology and Queer Politics in Marie Nimier's Works

In an interview with Karin Schwerdtner, Marie Nimier declared: 'je n'aime pas décrire les choses comme étant une, ni les personnages comme étant tout droits. Je pense qu'on est plutôt dans une dynamique.'[1] Nimier's works resist and reject essentialism be it normative or affirmatively non-normative, drawing instead the portrait of a world in flux. Words, sentences, narratives and identities are part of a larger strategy which seeks to destabilize a fixed centre. It is out of Nimier's fascination with marginality and the *flou* that I develop my discussion of her work, an analysis guided by the most frequently recurring of her characters, the paternal figure. It is my contention that the sense of marginality and ambiguity that Nimier displays throughout her works is autobiographically grounded in the relationship she had with her father, influenced in part by gender differences. In a private discussion I had with the author, she referenced these impediments: 'Mon père s'est occupé un peu de mon frère, parce que c'était un garçon, mais j'ai l'impression que moi, la petite fille, je ne l'intéressais pas beaucoup.'[2]

Her father, Roger Nimier, inescapably and insidiously finds his way into Marie Nimier's writing, as well as into scholarly work discussing her *œuvre*. He was a prodigy writer, having published his first novel, *Les Épées* (1962), at the age of twenty-three to great critical acclaim, and was a remarkable and influential figure on the literary and social scene as the *chef de file* of the *Hussard* literary group active in France in the 1950s. In 1962,

1 Karin Schwerdtner, 'Marie Nimier: Se risquer à inventer (des histoires) (entretien)', *French Forum* 40 (2015), 47–61 (p. 53).

2 Private interview 2.6.17.

when Marie was but five years old, the thirty-six-year-old writer died in a tragic car accident, crashing his Aston Martin into a roadside barrier just outside Paris. This loss of inescapable gravitational pull resides at the core of Marie Nimier's autobiographically inflected works, motivated less by mourning than by the thread of ambiguity running throughout their relationship. As the author mentioned during our discussion:

> Je peux plus facilement parler d'absence, de silence et de non-dit et de reconstruction fantasmée du père que de deuil. Dans le mot deuil pour moi, il y a une souffrance, il y a quelque chose de l'ordre de la grande douleur. Je n'ai pas vécu l'annonce de la mort de mon père comme une grande douleur.

In her father's life, Marie was unfortunately but a marginal element. He was mostly absent from and uninvolved in his young daughter's life as his overriding professional interests and intensely active social life kept him away from the family home.[3] His relationship with his daughter was short-lived due to his premature demise, yet it was fraught and characterized by imposed silences, violent undertones and a distressing feeling of uncertainty.

At the core of my argument, I thus situate the father as an ontologically uncertain figure. I propose a spectral reading of the paternal figure through the prism of the presence/absence duality which characterized Nimier's relationship with her father as reflected in the author's textual universe. According to the narrator of the autofictional work *La Reine du silence* (2004), Roger Nimier was 'ce père fantôme. Ni vraiment là quand il était présent, ni vraiment absent quand il nous quitta.'[4] Neither present nor absent, he manifested himself as a spectral figure in his daughter's life

3 Roger Nimier was considered the leader of the heteroclite literary group *Les Hussards* – which counted among its members Antoine Blondin and Jacques Laurent – whose nomenclature is attributed to the author's influence, the group taking its name from his novel *Le Hussard bleu* (1950). *Les Hussards* aligned themselves with right-wing thought, opposing the predominant left-wing intellectual ideology promoted by the existentialist movement and the emblematic figure of the *intellectuel engagé*, most notably embodied by the philosopher Jean-Paul Sartre.

4 Marie Nimier, *La Reine du silence* (Paris: Gallimard, 2004), p. 37. Further references will be given in the text as *RS* followed by the page number.

even before his passing. *La Reine du silence* is a taxonomical exercise which sees Nimier attempting to classify and filter her often distressing memories whilst bringing them into dialogue with her father's mythical public persona. In this *récit* of a troubled relationship, Nimier tries to give textual flesh to the phantom which haunts her work, the spectre of the father, as well as negotiate her father's literary legacy in relation to her own writing trajectory. In hauntological theory, the spectre implies a 'constitutive dislocation'[5] of temporal, spatial and material orders. As Ernesto Laclau underlines: 'anachronism is essential to spectrality; the spectre, interrupting all specularity, desynchronizes time.'[6] The temporal 'brouillage' within which the spectre operates unhinges the moment of its origin, which cannot therefore be fixed. In his influential *Spectres de Marx* (1993), Derrida insists that 'la hantise est historique, certes, mais elle ne date pas, elle ne se date jamais docilement, dans la chaîne des présents, jour après jour, selon l'ordre institué d'un calendrier'.[7]

Furthermore, following a spectral reading, I identify a transference of ontological ambiguity onto the daughter, as the paternal ghost troubles her identity, a splitting manifested through the figure of the mermaid boldly inaugurated in Nimier's work through the author's first novel, *Sirène* (1985). The figure subsequently metamorphoses in an extended and doubled self in later works, particularly *La Nouvelle Pornographie* (2000) and *Photo-Photo* (2010). This chapter traces the means through which the paternal figure has infiltrated Nimier's works and has shaped the sexual universe of her narratives through a series of doublings situated outside of the heteronormative sphere. The recurrent figure of the desired female double presents itself as a site for the displacement of the sexual charge, a terrain where ambiguities and issues of identity are played out and interrogated.

The spectre of the father is framed in this chapter through a term present in Nimier's works, the 'point de re-père', a concept which is crucial to understanding the hauntology inherent in the author's writing. Introduced in her first novel, *Sirène*, the term makes no subsequent appearance in any

5 Ernesto Laclau, '"The Time is out of Joint"', *Diacritics* 25 (1995), 85–96 (p. 86).

6 Laclau, '"The Time is out of Joint"', p. 87.

7 Jacques Derrida, *Spectres de Marx: L'État de la dette, le travail du deuil et la nouvelle Internationale* (Paris: Éditions Galilée, 1993), p. 22.

of her other works but nonetheless establishes a pivotal frame of reference. *Sirène* is the story of Marine Céline Rosalie Kerbay, a young woman raised by her mother in the shadow of a disappeared father, who, unhappy with herself and her lover Bruno, attempts suicide by throwing herself into the Seine. *Sirène* is presented entirely as a fictional narrative, but the repeated references to autobiographically grounded paternal characteristics and events betray the revelatory nature of Nimier's first novel whose fictional cloak reveals itself to be a somewhat transparent disguise, despite the author's efforts to distance herself from real-life details. Nimier later admitted to the autobiographical qualities of her first work and qualified *Sirène* as a 'premier roman autobiographique, même si je n'en avais pas conscience'[8] (private interview).

In this inaugural novel, the 'point de re-père' makes its apparition in different guises, but it is first set up in relation to the protagonist's lover, Bruno, as a stabilizing reference point:

> Cependant Bruno restait au centre du manège, *point de repère* indispensable, et pour rien au monde elle n'aurait avoué qu'elle ne l'aimait plus.[9]
>
> Bruno sera ce *point de re-père* autour duquel Marine tournera, acceptant de se taire, de s'effacer plutôt que de perdre encore une fois l'être indispensable, l'homme aimé. (*S* 130; emphasis added)

In the course of *Sirène*, the 'point de re-père' undergoes typographical alteration. The prefix 're' is employed as a mark of repetition, emphasized graphically, *mis-en-avant* both literally and metaphorically, through its separation from the mot 'père' by a hyphen, poignantly signalling the revenant quality of the paternal figure. Despite its meaning – 'repère' is commonly translated into English as 'point of reference' – Nimier's term is used to disorienting effect, implying a return, a circularity which seems inevitable or perhaps inescapable. As Derrida tells us in his remarks on the spectre's trajectory: 'Question de répétition: un spectre est toujours

8 Private interview 2.6.17.

9 Marie Nimier, *Sirène* (Paris: Gallimard, 1985), p. 93 (emphasis added). Further references will be given in the text as *S* followed by the page number.

un revenant. On ne saurait en contrôler les allées et venues parce qu'il commence par revenir.'[10]

I am not the first to tread the troubled waters that the 'point de re-père' is guiding its readers towards. In Margaret-Anne Hutton's reading of *Sirène*, the 'point de re-père' has been interpreted as the lover who stands in for the absent father.[11] Bruno is indeed cast as Marine's 'amant paternel' (*S* 81) and is, in the manner of Roger Nimier, prone to 'des excès de boisson' and 'de vitesse' (*S* 81), biographical details which strengthen such links.[12] In contrast to Hutton's analysis which attributes the 'point de re-père' solely to male figures with paternal characteristics, my reading extends the notion to include not only male figures that share Roger Nimier-like traits or are involved in events which echo biographical elements, but also the series of effects the paternal figure produces in the author's life-narrative and textual corpus. The *point de re-père* can be read as the manifestation of the dispersive qualities of the spectre, the means through which the paternal hauntology refracts and insinuates itself into the interstices of the narrative. Derrida presents a logics of spectrality which is diffuse in its multiplicity, frequently insisting on the plural character of the spectre and underlining its non-singularity. He thus informs us, in uncharacteristically simple terms, that 'il y en a toujours plus d'un'.[13]

In *Sirène* the protagonist, Marine, obstinately wants to believe that she and her lover have an immutable connection, referencing relations of kinship and further strengthening a 'paternal' reading: 'Marine s'entête. Marine s'obstine à croire qu'il existe entre eux des liens inaltérables' (*S* 95). Configurations hinting at an Electra complex find clear resonances as the psychiatrist evaluating Marine following her suicide attempt sets up the lover as a 'screen figure' onto which Marine can project: 'À travers l'évocation du père [...] il découvre le portrait de Bruno, l'homme

10 Derrida, *Spectres de Marx*, p. 30.

11 Margaret-Anne Hutton, 'Authority and Authorship in the Works of Marie Nimier: *points de re-père*', *Cincinnati Romance Review* 25 (2006), 232–46 (p. 234).

12 'Il faudrait rappeler que mon père buvait beaucoup. Suggérer qu'une petite fille face à un homme saoul ça ne fait pas le poids, fût-il un grand écrivain, l'un des dix meilleurs de sa génération' (*RS* 58).

13 Derrida, *Spectres de Marx*, p. 20.

vouvoyé – vous voyez ? – dans lequel Marine a projeté ses rêves' (*S* 130). The paternal resonances intensify as Bruno is caught up in a linguistic temporal layering when Marine refers to him in the past tense. Such a linguistic slip can be read as a conflation between the absent, disappeared father figure in *Sirène* and the lover: 'Le nom de Bruno revenait souvent, comme un *point de repère*, le psychiatre fit remarquer qu'elle parlait de lui au passé' (*S* 110; emphasis added).

The spectre is installed as an unnameable figure, devoid of essence, which disturbs fixed orders of knowledge. The category of the spectre is of the 'entre-deux'; its superfluous residence can be situated in the space between categories. The spectre escapes ontological fixity, read by Colin Davis as 'a deconstructive figure hovering between life and death, presence and absence, and making established certainties vacillate'.[14] In its spectral manifestations, the paternal figure straddles the line between visibility and invisibility in Nimier's writing. To give but a few examples from the vast catalogue of 'points de re-père' present in the author's work, the paternal spectre manifests itself as Gabriel Tournon, an editor who appears in both *L'Hypnotisme à la portée de tous* (1992) and *La Nouvelle Pornographie* (2000). The character echoes the paternal figure since, at the time of his death, Roger Nimier was an editor at Gallimard. The disdainful attitude of the protagonist's father in *La Girafe* (1987) echoes Roger Nimier's paternal behaviour. In *La Nouvelle Pornographie*, the narrator calls one of her friends, Valérie Toss, whom she views as a possible source of inspiration for her *nouvelles pornographiques*, only to discover that her friend is pregnant. The friend informs her that the identity of the child's father is unknown to her and is in fact of no interest:

> Je la félicite, je me réjouis pour elle, mais au fond de moi je plains l'enfant qui toute sa vie cherchera son père. Elle doit sentir ma réserve. Doit me trouver terriblement conventionnelle malgré mes airs de grande fille libérée. Elle a raison, je me déteste. Je regrette d'avoir projeté mon destin personnel sur ce petit être sans nom.[15]

14 Colin Davis, 'Hauntology, Spectres and Phantoms', *French Studies* 59.3 (2005), 373–9 (p. 376).

15 Marie Nimier, *La Nouvelle Pornographie* (Paris: Gallimard, 2000), pp. 141–2. Further references will be given in the text as *NP* followed by the page number.

The frequent and diverse recurrences of paternal mentions which differ in intensity bear witness to the fact that the spectral 'point de re-père' does not lend itself to arithmetic logic; its 'matter' is an elusive weightlessness which escapes ontological pinning down. As Derrida notes:

> L'ordre taxinomique devient trop facile, à la fois arbitraire et impossible: on ne peut ni classer ni compter le fantôme, il est le nombre même, il est en nombre, innombrable comme le nombre, on ne peut pas compter sur lui ou avec lui. Il n'y en a qu'un et déjà il y en a trop.[16]

Nimier nonetheless attempts to contain the spectre through writing, as is suggested in *Sirène* through the narrator's actions: 'alors elle le [le père] jeta sur le papier, de toutes ses forces, elle l'enferma sous les verrous de sa plume' (*S* 129). The spectral qualities of the father, however, defy such containment, evading clear ontological categories and preventing the process of mourning.

As a 'point de re-père', Bruno is invested as a figure which would provide escape and generate repair. When he and Marine break up, his loss reactivates the schism imposed by the father:

> Elle avait cru, en rencontrant Bruno, échapper aux démons de l'enfance. La douleur s'était endormie, un temps, Marine et Line s'étaient confondues en une seule et même personne, l'amante, l'aimée. Mais voilà que tout recommençait : l'homme s'effaçait, une porte se fermait et la Sirène se retrouvait les mains vides, seule sur son rocher. Éternellement double, séparée, abandonnée. (*S* 131)

The splitting active within the character's psyche is echoed at an onomastic level in the novel, where it is depicted as a terrain for power struggles in the familial realm:

> Marine rougit. Avait-il entendu la même chose qu'elle ? Marine-c'est-Line … Madame Kerbay avait trouvé le moyen de mettre son prénom préféré en bonne place. Marine pour le père, c'est Line pour la mère. (*S* 148)

This witty *jeu de mots* points us in the direction of the identitarian split which traverses Nimier's *œuvre* as predicated upon the figure of the

16 Derrida, *Spectres de Marx*, p. 220.

mermaid. Nimier inserts the fracturing at a linguistic level as 'la *reine* du *si*lence' [emphasis added] incorporates in an anagrammatic form the word 'sirène' ('reine' + 'si' gives us 'sirène'). As Adrienne Angelo comments: 'Nimier's narrative engagement with divided female subjectivity in these two works [*Sirène* and *La Reine du silence*] speaks to a divided sense of self that is born within the familial structure as it is axed [*sic*] on duelling and contradictory nominal identities.'[17] Alongside the 'point de re-père', the figure of the mermaid is a potent vehicle which encompasses Nimier's paternal scars.

The mermaid becomes an adaptable and insidious symbol which allows Nimier the opportunity to bring to the fore bodily inscribed autobiographical elements, blending together psychological and physical wounds in the isotopy of the siren. As Nimier herself has noted:

> Il y a quelque chose, dans mon travail, qui reste imprégné par les thématiques liées à cette figure : la voix et le silence, le chant, la différence, l'animalité, l'aspect aquatique et mythologique et surtout le corps morcelé, partagé en deux, la violence inhérente à cette double nature.[18]

The paternal figure viscerally haunts through a series of blocks and phobias which afflict the author. The 'point de re-père' disorients yet again. Evelyne Ledoux-Beaugrand notes the insidious character of the paternal influence: 'le souvenir du père est bien présent, en latence, et travaille inconsciemment ses gestes.'[19] In *La Reine du silence*, the narrator has trouble obtaining her driver's licence, a mental block which is easily legible considering the violent circumstances of the car crash in which Roger Nimier lost his life. Through corporeal citation, Nimier astutely

17 Adrienne Angelo, 'In the Name of the Father: Risking Speech over Silence in the Autobiographical Writings of Marie Nimier and Clémence Boulouque', in Anna Rocca and Kenneth Reeds (eds), *Women Taking Risks in Contemporary Autobiographical Narratives* (Newcastle upon Tyne: Cambridge Scholars, 2013), 117–30 (p. 121).

18 Private interview, 2.6.17.

19 Evelyne Ledoux-Beaugrand, 'Imaginaires de la filiation. La mélancolisation du lien dans la littérature contemporaine des femmes' (doctoral thesis, Université de Montréal, 2010), p. 212.

and subtly inserts the figure of the mermaid, noting its divisive character: 'L'information s'arrête à la taille. Elle n'arrive pas jusqu'aux jambes' (*RS* 70). The mermaid is referenced by the diverse array of podiatric impairments by which the female protagonists are frequently plagued. In *La Nouvelle Pornographie*, the young 'Marie Nimier' suffers from an illness which prevents her from walking: 'j'étais tombée gravement malade, je devais avoir huit ou neuf ans. Un matin, je n'avais plus été capable de me lever. J'avais mal partout, aux genoux, aux chevilles, je ne pouvais même pas poser le pied par terre' (*NP* 46), an episode which recurs in *La Reine du silence*. Equally, the narrator of *Sirène* notes the remarkable and insidious power the father has over her: 'Marine se sentait habitée par son père, à chaque instant' (*S* 115).

The father's spectral powers impose themselves in their most poignant and visceral form by threatening to annihilate the daughter, as her own self turns against her. The references to suicide take an uncanny turn in Nimier's writing and life trajectory. As mentioned, *Sirène*, her first novel, is built around the protagonist's suicide attempt by drowning. The suicide episode recurs in *La Reine du silence*, her actions uncannily echoing her father's wish to drown her in the Seine when she was born. The violence of his acute disdain manifested itself most poignantly in a letter dated the day after Marie's birth which casually announced the event as an afterthought: 'Après avoir parlé de choses et d'autres, mon père annonçait ainsi mon arrivée au monde: Au fait, Nadine a eu une fille hier. J'ai été immédiatement la noyer dans la Seine pour ne plus en entendre parler. A bientôt, j'espère' (*RS* 120).

It is worth mentioning that her father's 'intentions' were unknown to her at the time of the presumed suicide attempt. The author stumbled upon the letter later in life, at an auction of her father's personal effects. In his discussions on spectres, Colin Davis emphasizes their invasive character: 'Living in the presence of the undead, the subject is itself touched by death, unable to inhabit fully the domain of the living or the dead, or to keep their worlds neatly separate.'[20] Nimier remarks upon this conflation between her father's intentions and her own: 'comme si j'avais voulu,

20 Colin Davis, *Haunted Subjects: Deconstruction, Psychoanalysis and the Return of the Dead* (New York: Palgrave Macmillan, 2007), p. 36.

vingt-cinq années plus tard, mettre à exécution les mots de mon père' (*RS* 122). If Nimier does not succeed in implementing her father's words, she instead carries on his literary legacy by becoming a writer herself, an act reflective of transgenerational influence, or indeed haunting. Marie not only retains the family name, 'le nom du père', but does so at the same publishing house, Gallimard, arguably the most prestigious publishing house in France, which represented him as a writer and later employed him as an editor. The literary paternal lineage alongside Gallimard's patronage has not gone unremarked by literary critics. In an interview which Marie Nimier gave following the publication of *La Girafe*, her second novel, she was scathingly attacked: 'Vous croyez que s'appeler Nimier et être publiée par Gallimard ça suffit ?'[21] Despite such vitriolic attacks, Nimier has continued to write and publish using her inherited maiden name. She has thus exercised her 'nominal' rights and has refused to be further silenced through the use of a pseudonym. Since her gender is not coincidental with her father's, Nimier's legitimacy as her father's heir, an heiress, has been contested at various turns: 'Nimier au féminin, c'est de l'inédit, jamais ils n'auraient imaginé que ce fût possible' (*RS* 48).

But what shape would a female Nimier take? Nimier's female gender affirms itself in her writing through her female avatars. The same-sex desire projected onto the female doubles she casts in her work could provide a means of escaping the spectre of the father: Nimier, thus, doubly 'au féminin'. A genealogy of same-sex desire which can be traced back to *Domino* (1998) is taking shape within Nimier's *œuvre*. Part detective story, love story and a writer's story, *Domino* abounds in tales of the scandalous with overt references to incest and prostitution. Among this amalgam of 'perversions', one deviance almost escapes unobserved – the slight shift into the territory of same-sex desire. The eponymous character, playfully named Domino (short for Dominique), encounters her lover's friend in whose house they had embarked upon their sexual encounters. Enter Kristen Shift, who with her English-sounding name is introduced as other, the female Other which fleetingly attracts the protagonist's sexual attention:

21 Marie Nimier, Jean Marie Rouart and Valentina Vargas, *Bains de minuit*, La Cinq, 2 October 1987.

> Elle se présenta, Kristen Shift, et s'avança pour me serrer la main. J'aimais bien sa voix, son accent, la façon dont elle relevait ses cheveux [...]. Le tissu léger glissait, découvrant ses jambes. [...] Elle me proposa de la suivre dans la cuisine. Tout était beau en elle, voluptueux. [...] Je frissonnais. J'avais envie que cette histoire de cabas ne finisse jamais, j'avais envie de me greffer dans la vie de Kristen, oui, je voulais être son greffon.[22]

Kristen's surname indicates the shifting nature of sexual attraction present in articulations of desire in Nimier's textual universe, thus sketching the double which will become Aline in *La Nouvelle Pornographie* and Frederika in *Photo-Photo*, works which are of vital importance in consolidating Nimier's Sapphic interest. As her *plume* becomes more assured, Nimier thus dares to project the self into exteriority through characters that mirror a series of identitarian anxieties, most poignantly sexual, creating a space where the conundrums which plague the characters can be exposed and worked through. In *La Nouvelle Pornographie*, Nimier stages the self/ herself. *La Nouvelle Pornographie* has as a central character a Marie Nimier, a writer commissioned to write pornographic short stories (the 'nouvelles pornographiques' to which the title of the novel alludes) under the direction of an editor named Gabriel Tournon, for whom she harbours romantic feelings. She is aided in her literary exploits by her housemate Aline. The self is further extended into the figure of Aline, a source of sexual interest for the narrator, and onto whom Nimier, the character, transfers the challenge of *La Nouvelle Pornographie*. Whilst the Nimier character is pondering the significance of that term in her attempts to produce the commissioned work according to the guidelines provided by her editor, it is Aline who exuberantly seems to embody it.

Two stances of post-feminist legacy oppose each other through the female figures: Aline, a liberated young woman who fully embraces her sexuality, and Marie Nimier, torn and attempting to reconcile her emotional side with her sexuality in the wake of a harsh feminism which relinquished traditional feminine attributes as signs of weakness. In a tale of reversal which contradicts classical narratives of traditional male doublings, it is not the double which annihilates the self but the subject which assimilates

22 Marie Nimier, *Domino* (Paris: Gallimard, 1998), p. 45.

it. An onomastic exchange takes place at the end of the novel following Marie's sudden malaise which is triggered by the revelation that Aline and Gabriel are lovers. When prompted for her name by the *pompier* who comes to the rescue, Marie declares that she is called … Aline.

> Il me demanda mon nom et je compris que je m'étais trompée de personnage, dès le début de l'histoire, une erreur d'aiguillage, facile à corriger avec les moyens modernes, une erreur de distribution. […] On me demandait encore comment je m'appelais en surveillant ma tension. Des mots sortirent de ma bouche, je les répétais pour m'en convaincre. Oui, Aline, j'ai bien entendu, nota le pompier assis sur le côté, mais votre nom de famille. Le brouillard se dissipa. La première fois que j'ai vu un sexe de femme, je l'ai trouvé très sombre. (*NP* 181)

The novel's denouement does not offer a well-defined resolution, but further knots the strands of subjectivity. One could of course read this as a metamorphosis which would transform Marie into the source of interest of Gabriel's romantic and sexual attention, but I propose that the nuances of this passage allow for a non-normative reading. Through a coupling which is signalled onomastically, Marie finally effaces the border between the two characters – of subjectivity and of repressed desire. The double does not out-perform, but allows the subject to perform itself. In contrast with *La Nouvelle Pornographie*, in *Photo-Photo* the double is not simply alluded to but is firmly set up as doppelgänger, in the figure of Frederika. In the text, Marie Nimier is introduced to her double by Karl Lagerfeld, whose acquaintance the author makes during a photoshoot. While a tense sexual *fil rouge* runs through *La Nouvelle Pornographie*, it is in this later novel that Nimier gives free rein to the sexual energy contained in the figure of the double, as it culminates in a sexual encounter between the narrator and her doppelgänger. In *Photo-Photo*, the double is constructed through a textual game of 'join the dots', and it is through and in the text that the double surfaces. Their actual encounter only happens towards the end and is described very briefly.[23] The doubling is intricately embroidered at a linguistic and narrative level. Through various elements which are paired or mirrored, the portrait of the double emerges:

23 Marie Nimier, *Photo-Photo* (Paris: Gallimard, 2010), pp. 203–4. Further references will be given in the text as *Ph* followed by the page number.

> Quand tu mets en scène tous ces éléments qui marchent par deux (paire de chaussures, paire de lunettes, Otto et Toto, les jumelles, jusqu'au *n* manquant de la mention Personel, sur l'enveloppe d'Huguette Malo), j'ai l'impression de voir se dessiner le portrait de cette femme, cette Allemande qui anime un atelier de dessin pour les enfants, celle qui te ressemble tant. (*Ph* 124)

Nimier plays with the dividing line, persistently effacing borders within and between subjectivities. The encounters with the doubles display the material practices of such erasures: 'Frederika gomme, mes jambes, mes épaules, mes bras, en prenant soin de ne pas mouiller le plâtre. Elle m'efface, frotte encore, comme si elle voulait entrer en moi' (*Ph* 158). This passage strikes a resonant chord with readers of *La Nouvelle Pornographie* who may remember a scene between Marie and Aline hugging in bed: 'Je ne sais pas ce qui nous arrivait, ce qu'elle voulait effacer en se frottant contre mon corps, comme si j'étais une gomme' (*NP* 115). To the act of irreversible self-effacement that suicide would have represented, Nimier now responds with the dissolution into the Other.

Nimier extends the self into the figure of the double through a dissolution of borders, staging the displacement that is at the core of self-identity: 'Pour moi, ça pouvait se formuler ainsi: comment ressembler à quelqu'un qui vous ressemble quand on ne se ressemble pas soi-même?' (*Ph* 170), the narrator of *Photo-Photo* asks. Tales of incoherence haunt the notion of subjectivity itself; contemporary literature, Shirley Jordan remarks, has dispensed with the idea of finding yourself as a legacy of 'Postmodern thought [which] has rendered the idea of recovering a lost (pre-existent) self redundant'.[24] The encounter between self and 'other', the double, represents a manifestation of a contemporary concept of self, based on the mode of interrogation and quest, with fluid and porous borders, coherent with queer practices. Nimier's self-narrative, as I have sought to show, has furthermore been contaminated by the divisive figure of the father to whose hauntological legacy she is inextricably bound. How to exist as 'Nimier au féminin'? The answer, Nimier seems to tell us, is by becoming Other.

24 Shirley Jordan, *Contemporary French Women's Writing: Women's Visions, Women's Voices, Women's Lives* (Bern: Peter Lang, 2004), p. 19.

MARZIA CAPORALE

À la recherche du père perdu : écriture du deuil et quête identitaire dans *La Place* d'Annie Ernaux et *La Reine du silence* de Marie Nimier

L'articulation du traumatisme de la mort à travers l'écriture est souvent un exercice nécessaire pour exorciser la douleur provoquée par l'absence et faire face à un évènement autrement inénarrable. De même, tel que Roland Barthes le théorise dans les fragments qui composent son *Journal de deuil*,[1] au sujet de la disparition de sa mère, partager son chagrin et le transformer en littérature marquerait le refus de la perte en réduisant son intensité à la platitude linéaire du discours narratif. La théorie de Barthes énonce toutefois un paradoxe. Si, au début de son journal, l'auteur refuse toute manifestation littéraire de la douleur en déclarant « je ne veux pas en parler par peur de faire de la littérature »,[2] il renie sa propre affirmation à la fin du texte en annonçant que « le travail par lequel (dit-on) on sort des grandes crises (amour, deuil) ne doit pas être liquidé hâtivement ; pour moi il n'est accompli que dans et par l'écriture ».[3] La réponse que l'auteur semble se donner est représentée par l'acte d'écrire lui-même, qui est la seule manière possible de renier le silence et de verbaliser la présence du parent perdu en lui redonnant vie à travers le discours narratif.

Dans le contexte de l'écriture (féminine) du deuil associé à la mort d'un parent, Annie Ernaux dans *La Place* (1983) et Marie Nimier dans *La*

1 Roland Barthes, *Journal de deuil* (Paris : Éditions du Seuil, 2009). Barthes a écrit ce texte entre le 26 octobre 1977, le lendemain de la mort de sa mère, et le 15 septembre 1979.

2 Barthes, *Journal de deuil*, p. 33.

3 Barthes, *Journal de deuil*, p. 143.

Reine du silence (2004) s'interrogent sur le même conflit énoncé par Barthes : comment peut-on traduire en mots le silence qui suit le décès d'un père ? De quelle manière est-il possible de transformer l'indicible en récit ? Et en quoi un projet littéraire touchant à la mort joue-t-il un rôle dans la formation du sujet adulte et comment contribue-t-il à l'acceptation de cette disparition[4] ? Les deux auteures dans leurs ouvrages respectifs dénouent également l'impasse barthien en affirmant la primauté de l'acte de raconter dans l'expérience du deuil.[5] La recomposition de l'image du père à travers le langage littéraire s'annonce dans ces textes comme une étape fondamentale dans la quête identitaire du sujet narrant qui écrit l'absence (celle du parent décédé) pour témoigner d'une présence – la sienne et celle de son écriture.[6]

Les enjeux de l'écriture mémorielle chez Ernaux et Nimier se réalisent sur un double axe narratif qui se veut à la fois collectif et individuel : le deuil propre à l'expérience du sujet narrant est une synecdoque de toute forme de perte dont fait l'expérience l'être humain dans le cours de sa vie.[7] Toutefois, reconstruire la figure du père décédé représente une tâche particulièrement

4 Nancy Miller réfléchit sur le lien entre le décès d'un parent et la recherche identitaire des enfants survivants et elle conclut : « The death of parents – dreaded or wished for – is a trauma that causes an invisible tear in our self-identity. In the aftermath of a parent's death [...] loss and mourning take complex paths, since our earliest acts of identity are intimately bound up with our relation to the dead parent. But the closure produced by the end of their plot does not signal the end of ours. » N. Miller, *Bequest and Betrayal : Memoirs of a Parent's Death* (Bloomington : Indiana University Press, 1996), p. x.

5 On peut voir à ce propos les théoriciens du trauma tels que Cathy Caruth qui maintiennent que les évènements catastrophiques doivent passer par la parole et la narration afin de produire la 'guérison' chez le sujet endeuillé ou traumatisé. Voir en particulier C. Caruth, *Unclaimed Experiences: Trauma, Memory and History* (Baltimore: Johns Hopkins University Press, 1996), pp. 10–11.

6 Annie Ernaux adresse également la maladie et la perte de sa mère quelques années plus tard dans deux romans-chroniques au style cru et essentiel, *Une femme* (Paris : Gallimard, 1987) et *« Je ne suis pas sortie de ma nuit »* (Paris : Gallimard, 1997).

7 Yan Hamel dans une étude sur le décès et l'écriture conclut que l'acte d'écrire la mort du parent est l'anneau de conjonction entre la sphère du privé et celle du public. Il fait observer que « Comme dans les funérailles, il y a, avec l'écriture, recherche d'une communauté de partage. Le texte du deuil, zone limitrophe par l'intermédiaire de laquelle le monde privé rejoint la sphère publique, est à la fois autobiographie, récit de l'expérience intérieure, et illustration, exemple biographique à l'appui, d'un fait de société significatif. » Y. Hamel, « Écrire le deuil : décès maternel et acte

ardue pour les deux narratrices qui ressentent la nécessité de négocier le sens de culpabilité d'une fille face au personnage du père et à l'héritage qu'il a légué. D'une part, Ernaux doit expier la « faute » d'avoir évolué hors du milieu social de son père, ex-paysan et ex-ouvrier devenu petit commerçant de province. D'autre part, Nimier doit se faire pardonner métaphoriquement son succès littéraire et le fait d'avoir continué sa carrière d'écrivaine alors que celle du père, Roger Nimier, reste inachevée. Il faut rappeler ici qu'en réalité l'activité de romancier de Nimier père s'était interrompue prématurément, bien avant qu'il ne trouve la mort dans un accident de voiture à l'âge de 36 ans.

Le témoignage mémoriel de ces projets autobiographiques interroge d'abord la relation entre le sujet de l'énonciation littéraire (la fille endeuillée) et l'objet de la narration (le feu père) pour aborder ensuite la négociation de l'absence engendrée par la mort.[8] Chez les deux auteures le deuil représente également la base d'une réflexion sur les raisons de l'écriture et sur le pouvoir du langage de combler le vide laissé par la mort. Néanmoins, au-delà des points en commun liés au partage d'une expérience douloureuse (la perte d'un parent), les modalités narratives du récit du deuil et le processus de reconstruction de l'image paternelle divergent profondément chez les deux auteures. Comme la présente analyse vise à démontrer, Ernaux dans *La Place* reproduit par l'objectivité de son « écriture plate » une abondance de détails bio-ethnographiques concernant son histoire familiale, et fait le portrait minutieux et réaliste d'une figure paternelle toujours présente dans sa vie d'enfant et dans ses souvenirs d'adulte. Grâce à une écriture que l'on pourrait définir comme réconciliatoire, Ernaux retourne à son histoire de fille de gens humbles et modestes pour enfin donner à ce père honorable « la place » qu'il mérite.[9] En inscrivant son père dans un projet littéraire dont il est le protagoniste, Ernaux honore la mémoire du père (et

---

d'écriture chez Albert Cohen, Annie Ernaux, Peter Handke et Roger Peyrefitte », *Dalhousie French Studies* 53 (2000), 93–119 (p. 114).

8 J'utilise l'adjectif « autobiographique » pour simplifier la discussion, tout en reconnaissant que les deux textes dépassent largement l'histoire personnelle des deux acteurs/sujets narrants et incluent des éléments socio-ethnographiques, aussi bien qu'une dimension métanarrative dont il sera question plus tard dans cette discussion.

9 Voir à ce propos Siobhán McIlvanney, qui remarque : « Ernaux perceives writing as a disculpability medium through which the past may be restituted. » S.

ses propres origines) en le réhabilitant aux yeux du monde bourgeois auquel elle a choisi d'appartenir. D'autre part, Nimier construit son roman sur une série d'ellipses, de fragments, de litotes et de non-dits, s'engageant dans une quête multidirectionnelle qui tâche à reconstruire par la présence de la parole du récit littéraire le vide laissé par le père, prématurément décédé, personnage inachevé dans son rôle de père, de mari et d'écrivain, un homme quasi-fantôme aux contours vagues et à l'identité insaisissable.[10] Par le biais du discours littéraire, les deux écrivaines accordent à la parole le pouvoir de créer, de reproduire, et de récupérer l'histoire familiale et le père perdu grâce à l'écriture du travail mémoriel. L'écriture, par conséquent, comble le vide laissé par la mort et engendre une nouvelle présence, permettant à Ernaux de rendre hommage à ce père en retraçant avec précision sa vie d'homme simple. De même, le récit littéraire consent à Nimier de sortir du mutisme que son père, écrivain célèbre, lui avait imposé en la surnommant « la reine du silence ».[11]

Dans les deux ouvrages, l'annonce de la mort du père entame un parcours analeptique où les deux narratrices opèrent un retour aux origines – à la biographie du père et à leur propre histoire de filles. *La Place* s'ouvre sur l'image de la famille réunie dans la chambre du défunt, mort d'un cancer deux mois après que la narratrice (adulte) a été reçue au CAPES de Lettres. Lors d'un entretien avec Claire Lise Tondeur, Ernaux souligne l'importance de la figure paternelle dans sa vie d'enfant, d'adolescente et de jeune femme et déclare : « Mon père est très important dans la formation de ma personnalité, il est une image de tendresse. Ma mère n'était pas une femme douce, tendre. La fonction du maternage était effectuée par mon père. »[12] Malgré ce rapport de proximité qui lie la fille à son père pendant la période qui

---

McIlvanney, *Annie Ernaux: The Return to Origins* (Liverpool: Liverpool University Press, 2001), p. 3.

10 Selon la définition d'Edith Perry, Roger Nimier est ici « une construction verbale, une fiction, on ne l'expérimente que par la médiation des discours des autres ». E. Perry, « *La Reine du silence* : tentative de restitution », in Carine Fréville and Ana de Medeiros, *Marie Nimier : absence et perte* (Caen : Éditions Passage(s)), 167–82 (p. 170).

11 J'adresse la signification de cet appellatif plus tard dans mon analyse.

12 Claire-Lise Tondeur, « Entretien avec Annie Ernaux », *The French Review* 69.1 (1995), 37–44 (p. 39).

précède l'entrée d'Ernaux dans le monde intellectuel, de l'enseignement et de l'écriture, le style du récit ne cède pas la place au sentimentalisme ni à l'émotion. Annie Olivier remarque qu'Ernaux porte sur son écriture « le regard objectif de l'anthropologue »[13] à partir de la séquence narrative qui décrit les instants qui suivent le décès du père, relatés à travers un discours littéraire neutre, objectif ou plat, comme elle auto-définit son écriture minimaliste qui s'arc-boute sur un langage à la fois essentiel et dense de signification. Le langage par lequel Ernaux introduit l'image paternelle reflète celui de l'observation scientifique d'un cadavre dans une chambre mortuaire. Le corps est conçu, du point de vue linguistique, comme un signifiant dépourvu de son signifié, et par conséquent voué désormais à l'absence et à l'effacement :

> Après le rasage, mon oncle a tiré le corps, l'a tenu levé pour qu'on lui enlève la chemise qu'il portait ces derniers jours et la remplacer par une propre. La tête retombait en avant, sur la poitrine nue couverte de marbrures. Pour la première fois de ma vie j'ai vu le sexe de mon père.[14]

Le regard porté sur le corps du père dans les instants qui suivent son décès ne trahit aucun sentiment de participation affective chez la fille qui, apparemment imperturbable, assiste au rite de l'habillement du défunt.

Malgré la présence d'une voix narrative intradiégétique, la scène est décrite d'un point de vue plutôt neutre et extérieur au récit, ce qui marque forcément un écart entre la narratrice et le référent de l'énonciation. Dans les passages qui suivent l'enterrement du père, Ernaux explique en partie

13 Olivier définit ainsi l'écriture d'Ernaux dans *Journal du dehors* (1993) et *La vie extérieure* (2000) où, dit-elle, « sous la forme d'un journal l'auteur tente de consigner les signes d'une époque et d'une réalité sociale ». Voir A. Olivier, « Écritures de femmes et autobiographie : *La Place* d'Annie Ernaux », *Studi Francesi* 46.2 (2002), 391–407 (p. 397). La même définition est applicable aussi à *La Place* où le récit est à la fois la reconstruction à la fois de la vie du père et de l'évolution de la société française de province à partir de la Première Guerre mondiale, en évoquant l'industrialisation, et le développement d'une classe petite-bourgeoise de commerçants de campagne à laquelle appartiennent le père et la famille de la narratrice.

14 Annie Ernaux, *La Place* (Paris : Gallimard, 1983), pp. 14–15. Cet ouvrage sera désormais désigné dans le corps du texte par les seules initiales *PL*.

les raisons de cet écart, tout en prenant conscience de la nécessité de l'acte d'écrire la vie et la mort du parent. Son œuvre, explique-t-elle, a pour but de reconstruire la figure du père disparu (comblant ainsi l'absence de la mort) et d'analyser le décalage socioculturel qui l'a séparée de lui en la transformant en une bourgeoise éloignée de ses humbles origines.[15] En même temps, le texte s'interroge sur la manière de raconter ce père, sa vie et sa mort. La réflexion métanarrative qui enquête sur les modalités les plus appropriées pour ce genre de témoignage aboutit au refus de toute forme d'écriture romanesque qui puisse embellir ou altérer la simplicité de l'objet référentiel (la vie de son père) au moyen d'un langage faussement apitoyant ou dramatique :

> Pour rendre compte d'une vie soumise à la nécessité, je n'ai pas le droit de prendre d'abord le parti de l'art, ni de chercher à faire quelque chose de « passionnant » ou d'« émouvant ». Je rassemblerai les paroles, les gestes, les goûts de mon père, les faits marquants de sa vie, tous les signes objectifs d'une existence que j'ai aussi partagée. (*PL* 24)

L'acte de raconter le père à travers l'écriture s'articule selon un langage mesuré et une diégèse linéaire dont le rythme n'est pas uniforme. Le récit alterne la reconstruction en ordre chronologique des moments biographiques clefs (le passage du père du statut de garçon de ferme à celui d'ouvrier, l'achat du café-épicerie, l'amélioration progressive sans pourtant sortir des rangs sociaux de petits commerçants de province) avec des moments statiques où la progression des évènements s'arrête sur des photos.

Ces images, qui sont nombreuses et qui immortalisent des instants-clefs dans la vie du père (scènes de sa vie d'ouvrier, photo de mariage, photo de ses 50 ans, parmi d'autres), sont le corrélatif objectif visuel de l'écriture plate du discours littéraire. À l'instar du récit, les photos ne trahissent aucune émotion de la part du père dont le regard reste impassible même dans les circonstances les plus tragiques telle que la mort par diphtérie de la sœur jamais connue de la

15 La narratrice évoque ce changement dont elle prend conscience soudainement dans le train sur son chemin de retour après l'inhumation de son père : « D'un seul coup, avec stupeur, 'maintenant je suis vraiment une bourgeoise' et 'il est trop tard' » (*PL* 23).

narratrice. Rien dans la photo du père, prise probablement peu de temps après cet incident, ne révèle son angoisse ou son désespoir : « une photo prise dans la courette au bord de la rivière. Une chemise blanche aux manches retroussées, un pantalon sans doute en flanelle, les épaules tombantes, les bras légèrement arrondis [...]. Il a quarante ans » (*PL* 47). Les phrases courtes, l'absence de verbes conjugués à l'exception de la dernière phrase qui communique l'âge du père (étonnamment au présent) donnent à la photo une dimension atemporelle, en dehors du vécu et donc paradoxalement réfractaire au passage du temps et de la mort.

Si d'un côté le récit a pour but de commémorer le père, sa vie de sacrifices et ses tentatives de toujours « *tenir sa place* » afin de ne jamais faire honte à sa fille et sa famille, la narratrice avoue de l'autre côté que ce projet d'écriture vise aussi à la soulager des remords qu'elle ressent après avoir abandonné le logis paternel. Avoir atteint un nouveau statut social et intellectuel grâce à l'éducation, à un mariage bourgeois et à une carrière d'écrivaine représente, admet-elle, une forme de trahison de ses origines et de l'héritage familial.[16] D'ailleurs, Ernaux avait déjà confessé ce besoin de réduire ou combler les distances entre elle et son père au début du livre où elle avait annoncé son projet d'écriture : « Je voulais dire, écrire au sujet de mon père, sa vie, et cette distance venue à l'adolescence entre lui et moi. Une distance de classe, mais particulière qui n'a pas de nom. Comme de l'amour séparé » (*PL* 23).[17] À mesure que la narration progresse, la narratrice manifeste son propre sens de déplacement à l'intérieur du contexte familial et n'hésite pas à évoquer l'imperméabilité de la communication entre une

16 Comme Warren Motte fait observer, « Ernaux reads her social emigration both as the successful fulfillment of her parent's hopes for her and as treason. That conflict permeates not only *La Place* but all of her work. » W. Motte, « Annie Ernaux's Understatement », *The French Review* 69.1 (1995), 55–67 (p. 60).

17 À ce propos, Catherine Parayre remarque que « Ernaux justifie son besoin de combler la distance qui s'est creusée entre ses parents et elle, résultat de son éducation, de son mariage et de son nouveau statut social. Par le fait même d'écrire, de faire réparation, de s'acquitter d'une dette émotionnelle envers ses parents, elle montre, revendique même son appartenance au milieu familial ». C. Parayre, « Récits de deuil : Annie Ernaux et Jean-Noël Pancrazi témoignent », *Dalhousie French Studies* 82 (2008), 173–79 (p. 176).

fille dédiée entièrement à la poursuite intellectuelle de ses études, et un père fortement ancré dans la réalité de son commerce et de sa vie au village.

La narratrice adolescente se trouve inévitablement éloignée de son père, fait qu'elle reconnaît ouvertement :

> Mon père est entré dans la catégorie des *gens simples* ou *modestes* ou *braves gens*. Il n'osait plus me raconter des histoires de son enfance. Je ne lui parlais plus de mes études. Sauf le latin, parce qu'il avait servi la messe, elles lui étaient incompréhensibles et il refusait de faire mine de s'y intéresser. (*PL* 80)

Quelques pages plus loin, la narratrice transcrit une phrase poignante prononcée par son père qui renferme dans sa simplicité toute la douleur liée aux barrières qui se sont interposées entre père et fille : « les livres, la musique, c'est bon pour toi. Moi, je n'en ai pas besoin pour *vivre* » (*PL* 83). Les pronoms toniques moi/toi placés en succession dans l'ordre syntagmatique sont séparés par un point qui les isolent l'un de l'autre. Malgré leur proximité, ils appartiennent à deux propositions grammaticales distinctes et à deux champs référentiels réciproquement infranchissables : celui du monde de la narratrice, axé sur ses études d'intellectuelle, et celui du père marqué par la simplicité du travail quotidien au café-épicerie.

Le reste du récit documente de façon objective l'écart de plus en plus insurmontable entre le père et la fille, et la distance physique aussi bien qu'émotionnelle qui s'étend au fil des années. La narratrice abandonne le logis familial pour aller vivre à Londres. A son retour, elle se mariera, ira vivre dans les Alpes et, dès la naissance de son premier enfant, ne retournera au village que pour quelques visites sporadiques. Après avoir résumé en peu de pages ces longues années, Ernaux ralentit le rythme de la narration, comme si en le décélérant, elle pouvait s'opposer à la fin de la vie de son père aussi bien qu'à celle de son ouvrage-témoignage. La réflexion métadiscursive l'emporte de nouveau sur la diégèse dont elle interrompt, momentanément, la progression : « Bientôt, je n'aurai plus rien à écrire. Je voudrais retarder les dernières pages, qu'elles soient toujours devant moi » (*PL* 101). Toutefois, face à l'impossibilité d'un délai, la narratrice se voit obligée à retracer les grandes lignes de cette fin.

Les dernières pages du texte reproduisent l'étape finale de la maladie du père, ses derniers jours, le va-et-vient des visites dans la maison des parents, la chambre – en retournant en conclusion au point de départ, avec l'image du père qui agonise et de la mère qui déclare que tout est fini. Les derniers fragments du récit confirment que le but de ce travail de la mémoire est finalement accompli : « J'ai fini de mettre au jour l'héritage que j'ai dû déposer au seuil du monde bourgeois et cultivé quand j'y suis entrée » (*PL* 111). Par ce projet littéraire, Ernaux se réconcilie avec son père et avec un passé qu'elle avait éloigné de sa mémoire. L'écriture du deuil occupe l'espace créé par la mort et met en relief le sentiment de culpabilité que la fille ressent pour avoir abandonné « la place » au sein de la famille dont elle s'est éloignée lorsqu'elle a entrepris sa carrière de professeure et d'écrivaine. *La Place* donne à son auteure le moyen de renouer des liens avec son histoire et avec ce père dont elle réclame enfin l'hérédité. L'écriture, tout en n'effaçant pas la douleur de l'expérience du deuil, permet à Ernaux (auteure et narratrice) de reconfigurer le personnage du père par l'acte narratif et d'en métaboliser l'absence.

Le paradoxe qui juxtapose l'exigence de raconter le père disparu et la difficulté à traduire l'absence entraînée par la mort en langage littéraire est aussi le sujet de *La Reine du silence* de Marie Nimier. À la différence d'Ernaux qui a perdu son père à l'âge adulte et a partagé avec lui une grande partie de sa vie, Nimier s'engage dans un processus de reconstruction plus complexe puisqu'elle n'avait que cinq ans au moment où Roger Nimier est décédé. Le travail d'écriture mémorielle ne repose pas sur des souvenirs personnels pour former la toile de fond du récit. Par conséquent, la création littéraire ainsi que la recherche biographique et autobiographique doivent obligatoirement s'appuyer sur des sources secondaires (exposés de personnages informés sur la vie publique et privée du défunt, témoignages sur les derniers moments de sa vie, correspondance, documents et archives). Tout au long du roman,[18] l'auteure recherche, examine et tente d'établir des

18 Deborah Gaensbauer souligne que *La Reine du silence* appartient au genre romanesque puisque « significant elements inevitably fall in the domain of fiction due to the considerable role of conjecture, dream elements, and the inevitable distortions in family lore and childhood perceptions and memory in her biographical and autobiographical constructions ». D. Gaensbauer, « Repetition with a Difference: Returning a Voice to the Little Mermaid in Marie Nimier's *Sirène* and *La Reine du silence* », *Dalhousie French Studies* 97 (2011), 79–87 (p. 84).

sources potentielles d'information. Le but de cette enquête serait celui de surmonter le silence que la mort d'un père jeune romancier a laissé dans la vie d'une fille devenue romancière à son tour et dont le travail se construit sur la valeur communicative de la parole. Ses efforts sont pourtant largement vains et le résultat de cette investigation esquisse un portrait déséquilibré et imprécis, parsemé d'omissions, de digressions et de sauts temporels du passé (l'enfance) au présent de la narratrice adulte.

Néanmoins, le texte débute par un passage linéaire et détaillé qui fournit les éléments spatiotemporels précis de l'accident de voiture où Roger Nimier et sa compagne, la jeune romancière Sunsiaré de Larcône, ont trouvé la mort. Dans ce début de roman, les détails abondent malgré l'absence de témoins visuels directs de cette tragédie :

> Mon père a trouvé la mort un vendredi soir, il avait 36 ans. Son Aston Martin DB4 s'est écrasée contre le parapet du pont qui enjambe le carrefour des routes nationales 307 et 311, à quelques kilomètres de Paris. La voiture roulait sur la file gauche lorsqu'elle vira à droite.[19]

Le ton de la narration de cet épisode dont la narratrice n'est qu'un témoin absent évoque celui d'un reportage journalistique plat et objectif. Seul l'adjectif possessif « mon » revendique l'appartenance à la sphère privée d'un homme autrement public, enfant prodige de la littérature, bien connu pour le succès de ses romans ainsi que pour son esprit provocateur.

Malgré la précision des points de repère topographiques de l'accident, la narratrice est obligée de se confronter immédiatement à l'absence d'informations pertinentes et utiles à une reconstruction véritable de cet évènement tragique. À la différence de son père, romancier de grand talent, la fille ne peut qu'exprimer l'impuissance de son écriture à articuler le récit de cette mort soudaine dont elle ignore les circonstances précises : « Il n'y a rien à raconter, rien à dire de cette relation. Je n'étais pas dans la voiture. J'avais 5 ans. Je n'avais pas vu mon père depuis des mois. Il n'habitait plus à la maison » (*RS* 9). Les paradigmes de l'absence et du silence qui parcourent le roman et qui se manifestent sous des formes multiples (l'absence de souvenirs, le

19 Marie Nimier, *La Reine du silence* (Paris : Gallimard, 2004), p. 9. Cet ouvrage sera désormais désigné dans le corps du texte par les seules initiales *RS*.

manque de témoignages pertinents, l'absence du père sur les photos de famille, le silence préfiguré par le titre) se traduisent ici directement sur l'axe syntagmatique en un enchaînement de phrases à la forme négative qui nient paradoxalement le projet même d'écriture que la narratrice a entrepris. Si la mort constitue la condition d'absence par excellence, l'auteure transpose cette absence dans le domaine de la littérature, tout en doutant qu'elle soit capable d'entreprendre un projet si ambitieux et de se servir de la parole pour raconter un rapport père–fille bâti sur le silence et la distance.

Les mots adressés à la narratrice enfant que le père avait écrits sur une carte postale – « que dit la reine du silence ? » – pour se moquer du caractère taciturne de sa fille deviennent ainsi prophétiques d'une antinomie. Si, d'une part, écrire est la seule manière de surmonter la douleur face à la mort du père, d'autre part le silence de la fille s'imposerait comme un acte nécessaire pour ne pas obfusquer et surclasser la renommée de Roger Nimier écrivain. La fille devrait donc continuer de se taire « pour se faire pardonner d'avoir volé la parole paternelle, de s'en être emparé » (*RS* 48). Toutefois, contrairement aux prévisions de la carte postale et à l'intimation au silence qu'elle contient, la narratrice adulte devient une auteure prolifique qui maîtrise la parole à travers l'écriture et refuse la condition d'aphasie à laquelle on aurait voulu la reléguer.

Inévitablement, la reproduction de souvenirs lointains et d'un passé parfois obscur et confus donne lieu à une écriture morcelée et disjointe. Ébaucher un portrait véritable du père et sonder les circonstances de sa mort représentent une tâche quasiment impossible pour la narratrice dont les souvenirs sont trop peu nombreux et qui confondent souvent le réel et le fictif. À titre d'exemple, il suffit de citer l'épisode de la tentative de suicide du père que la narratrice évoque avec réticence, en joignant l'imaginaire au vécu :

> J'entends ma mère parler au téléphone, enfin j'imagine que je l'entends, car rien n'est sûr en vérité, tout cela m'apparaît aujourd'hui comme une reconstruction, une mise en scène. Dans la poubelle de la salle de bains, quelque chose attire mon regard. C'est une lame de rasoir – je ne le sais pas encore, je n'ai pas de mot pour désigner cet objet précieux. (*RS* 106)

Si l'emploi du présent contribue à impliquer activement le lecteur qui devient le témoin involontaire d'une tragédie familiale ratée de peu, de l'autre côté le discours narratif construit sur l'incertitude (« J'imagine », « rien n'est sûr », « je n'ai pas de mots ») met en doute l'autorité de la voix de la narratrice adulte dont le récit flou évoque la perception nébuleuse et peu fiable des évènements de la part de la narratrice enfant.

Vu que la fille ne possède ni les mots ni les souvenirs nécessaires pour entreprendre un véritable parcours à rebours qui reconstruise la vie de Roger Nimier père et écrivain, la narratrice porte toute son attention sur le moment de la mort, en ayant recours à des récits secondaires de personnages qui pourraient lui fournir quelques détails importants au sujet de l'accident : son demi-frère Hugues, son frère Martin, ou le gardien du cimetière où repose son père. En dépit de la présence de ces divers points de vue internes ou externes à la diégèse qui s'alternent et se croisent, cette recherche s'avère inutile et n'aboutit à aucun résultat concret ou satisfaisant. L'écriture polymorphe qui ressort des voix et des sources multiples consultées par la narratrice crée le portrait décousu d'un père inconnu dont l'image publique ne correspond guère aux souvenirs intimes de la fille.

S'il est vrai que Roger Nimier romancier est un homme admiré et estimé dans les cercles intellectuels, les souvenirs d'enfant et les fragments de conversations entre la narratrice et sa mère tissent un portrait troublant de Roger Nimier père, décrit comme un homme violent et même dangereux, qui appuie la bouche d'un pistolet sur la tempe de son fils ou qui laisse des traces d'abus physique sur le corps de sa femme. La narratrice revit ces instants en tentant de masquer l'horreur par l'ironie : « Mon père avait de drôles de façons d'exprimer sa tendresse. De drôles de façons de marquer son affection, sur le cou de ma mère, par exemple, quelques années plus tard, ces empreintes de doigts de chaque côté de la trachée … » (*RS* 57). Alors que Roger Nimier écrivain jouit du renom d'homme causeur et sociable qui parle et dont on parle dans les milieux intellectuels et dans la presse, Roger Nimier père se renferme dans un silence impénétrable qui cache les côtés les plus obscurs et inquiétants de sa nature.

L'homme privé dans les souvenirs de la fille ne correspond pas à l'image (idéale) d'un père bienveillant qui participe aux jeux normalement privilégiés par les enfants et dont tout parent doit bien profiter. L'épisode de l'œuf en plastique que la petite fille sert à son papa dans son bureau, auquel il ne prête aucune attention et au milieu duquel il plante son bout de cigarette, produit un souvenir traumatisant pour la narratrice qui transcrit les sensations liées à cet épisode au présent, en donnant voix à l'enfant blessée et déçue par le refus paternel. Face à l'échec du jeu qu'elle avait inventé, elle se culpabilise et cherche des excuses pour expliquer son comportement : « Je l'ai interrompu dans son travail, je suis une mauvaise fille [...]. Si mon père n'arrive pas à écrire c'est à cause de moi » (*RS* 61). La narratrice assume la responsabilité du silence paternel et de son incapacité à continuer dans sa carrière de romancier à succès. C'est parce qu'elle a osé parler et le distraire par ce jeu enfantin de la dînette que son père n'a pas pu achever le travail qu'il avait commencé.[20]

L'échec du rapport père-fille se reflète en plusieurs épisodes de la vie de la narratrice adulte. Sa tentative ratée de se noyer dans la Seine, déjà préfigurée par les mots du père découverts dans une lettre qu'elle a récupérée lors d'une vente aux enchères (« Au fait, Nadine a eu une fille hier. J'ai été immédiatement la noyer dans la Seine pour ne plus en entendre parler » (*RS* 121)) est la représentation métonymique du sentiment d'inaptitude qui afflige la narratrice. Les multiples examens de conduite échoués (la voiture représentant l'anneau de conjonction avec la mort du père) et l'incapacité de trouver les causes exactes de l'accident qui a tué Roger Nimier ne sont que les exemples les plus récents d'une vie parsemée de défaillances et d'énigmes irrésolus. Malgré les fragments qu'elle a recueillis tout au long de sa quête pour reconstruire le personnage paternel, le portrait du père ainsi que celui de la fille demeurent incomplets, ce que démontrent les questions que la narratrice se pose en interrogeant à la fois le passé et le présent : « Comment ça fait d'avoir un papa ? Un père en trois dimensions, avec une voix, un regard, des couleurs qui changent ? Que serais-je devenue si mon père n'était pas mort prématurément ? Aurais-je mon permis de conduire ? » (*RS* 139).

20 Sur ce sentiment de culpabilité, Eilene Hoft-March remarque : « The little girl finds herself overwhelmed by guilt for having demanded notice at the apparent expense of his expression of affection, his writing career, and eventually his presence in their home. The lesson is learned early: either she could speak and affirm herself or her father would do so. There is no possibility of reciprocity or cohabitation, but rather a sense that only one creative presence at a time can assert itself. » E. Hoft-March, « *La Reine du silence* Goes Public: Confessions of a Writer's Daughter », *Dalhousie French Studies* 97 (2011), 17–24 (p. 18).

Bien que les lacunes dans le récit de la disparition du père demeurent impossibles à combler, l'échec du travail mémoriel est évité grâce à une conversation fortuite entre la narratrice et son mari qui lui révèle un détail jusque-là inconnu sur l'accident de voiture de Roger Nimier. Une nuit de 1962 l'écrivain Frédéric Dard et sa femme, en voyageant sur l'autoroute, avaient vu la carcasse de la voiture désormais vide de Roger Nimier et avaient retrouvé une de ses chaussures qu'ils avaient déposée dans l'épave. La nouvelle des retrouvailles de cette « chaussure orpheline » (*RS* 168) donne lieu à un moment d'épiphanie et crée un lien métonymique entre la narratrice (orpheline partielle) et l'objet ayant appartenu à son père. La chaussure retrouvée précipite la clôture du récit et donne à l'écriture sa raison d'être. La narratrice a mis fin à sa quête. Elle a accompli la tâche de raconter l'histoire du père perdu tout en (re)trouvant son langage, comme elle explique : « [les mots] qui avaient assez circulé pour laisser leurs traces, semblaient tous s'organiser autour de la pièce manquante, la pièce retrouvée, sans qu'aucun plan, aucune stratégie d'écriture n'ait présidé à ce résultat » (*RS* 169). Après avoir fait l'inventaire de l'insuccès du rapport de filiation, la narratrice refuse la condition de silence dans laquelle son père l'avait reléguée et choisit d'écrire ce témoignage de la mémoire malgré les omissions et les vides dans le processus de reconstruction de l'image paternelle. La « reine du silence » surmonte les sentiments de culpabilité et d'insuffisance et revendique son droit à la parole et au discours littéraire. À travers une écriture à mi-chemin entre autobiographie et témoignage mémoriel, la narratrice trouve un langage distinct et indépendant de celui de Roger Nimier à qui elle donne finalement sa sépulture.

En somme, comme fait observer la critique Anne Strasser, « écrire sur le père c'est aussi et finalement s'interroger sur soi-même. La quête du père contient la quête de soi, et devient un questionnement identitaire. »[21] Pour Annie Ernaux et Marie Nimier, la recherche du père perdu doit s'effectuer par le texte littéraire qui devient un espace privilégié pour interroger la subjectivité à travers le rapport qui lie une fille à l'héritage paternel. L'écriture du deuil est analysée, mise en question et finalement adoptée comme acte

21 Anne Strasser, « Raphaële Billetdoux, Marie Nimier : des filles aux pères, le travail de filiation ou l'invention du père », *Littérature* 155 (2009), 22–35 (p. 29).

performatif nécessaire qui permet aux deux auteures d'énoncer un discours de réconciliation avec l'image du père et d'examiner ce que les deux petites/jeunes filles protagonistes du récit sont devenues à l'âge adulte. Si la mort nous livre à un silence irréversible, le chagrin demeure « tout de même dicible »,[22] selon la vision de Roland Barthes que les deux écrivaines adoptent dans ce parcours littéraire. L'écriture testimoniale chez Ernaux et Nimier refuse de céder à la paralysie de l'indicibilité et engendre ainsi une nouvelle présence grâce au texte littéraire. Si d'une part *La Place* met en évidence la nécessité de raconter l'héritage d'un père issu d'un passé d'ouvrier et de petit commerçant de province, dans *La Reine du silence* la narratrice adulte traduit en mots le vide laissé par la disparition du père pendant son enfance, se faisant auteure d'une double histoire : celle du feu Roger Nimier et la sienne. Écrire la disparition paternelle ne correspond pas donc à une simple négociation de l'expérience du deuil : pour les deux auteures, raconter le père signifie aussi créer, recréer et affirmer leur propre histoire à travers la reconstruction de la vie de l'autre, donnant ainsi à la parole le pouvoir de suspendre l'écart entre le passé et le présent et d'accorder une voix au silence.

22 Barthes, *Journal de deuil*, p. 187.

SYLVIE VIGNES

Récits de filiation ou comment défaire les nœuds et renouer le fil : *La Reine du silence* de Marie Nimier et *Rien ne s'oppose à la nuit* de Delphine de Vigan

Un point final comme point de départ

Publiés à sept ans d'intervalle, *La Reine du silence*[1] et *Rien ne s'oppose à la nuit*[2] ont déjà en commun des titres mystérieux, dont la poésie laisse planer une menace. Menace encore vague dans le titre de Marie Nimier qui, tout en se référant à un jeu, suggère déjà un handicap ou une censure, et exhibe une royauté des plus dérisoires ; plus explicite dans celui que Delphine de Vigan emprunte au chanteur Alain Bashung. Rapprochées, les notions de nuit et de silence, malgré tout le charme secret qu'elles sont aussi susceptibles de déployer, ne peuvent qu'évoquer quelque chose de potentiellement mortifère. Ces titres tiendront toutes leurs promesses de beauté et d'opacité, de poésie et de tragédie.

Les deux récits de filiation commencent en outre de la même abrupte façon, confrontant le lecteur à un événement aussi choquant que brutal :

> Mon père a trouvé la mort un vendredi soir, il avait 36 ans. Son Aston Martin DB4 s'est écrasée contre le parapet du pont qui enjambe le carrefour des routes nationales 307 et 311, à quelques kilomètres de Paris. La voiture roulait sur la file de gauche lorsqu'elle vira à droite en freinant sans que rien puisse expliquer ce brusque écart de conduite. Elle faucha sept bornes de béton avant de s'immobiliser. (*RS* 9)

1 Marie Nimier, *La Reine du silence* (2004) (Paris : Gallimard, « Folio », 2007). Cet ouvrage sera désormais désigné dans le corps du texte par les seules initiales *RS*.

2 Delphine de Vigan, *Rien ne s'oppose à la nuit* (Paris : JC Lattès, 2011). Cet ouvrage sera désormais désigné dans le corps du texte par les seules initiales *RSN*.

> Ma mère était bleue, d'un bleu pâle mêlé de cendres, les mains étrangement plus foncées que le visage, lorsque je l'ai trouvée chez elle, ce matin de janvier. Les mains comme tachées d'encre, au pli des phalanges.
>
> Ma mère était morte depuis plusieurs jours. (*RSN* 13)

On ne peut qu'être frappé par la ressemblance entre ces deux « attaques », frontales comme le serait un coup de bélier, et pourtant biaises dans la mesure où elles éludent l'expression – attendue – de l'horreur pour faire partager au lecteur le vide mental précédant la prise de conscience. Dans les deux cas, la force de l'impact est décuplée par le contraste entre cet apparent vide émotionnel et les deux premiers mots unissant adjectif possessif à la première personne et terme désignant le lien de si proche parenté avec la personne décédée. Celle-ci, on le comprend bien vite, sera le sujet de l'ouvrage. L'obstination de Marie Nimier à énumérer des chiffres (modèle de l'Aston Martin, numéros des routes nationales, nombre exact de bornes fauchées par le véhicule ...) trouve un écho dans la manière dont Delphine de Vigan insiste avec une précision obsessionnelle sur les nuances chromatiques prises par le corps maternel. Et dans les deux cas, déjà pointe une sorte de mystère et d'étonnement : « sans que rien puisse expliquer cet écart de conduite », « les mains étrangement plus foncées que le visage ». Même si Marie Nimier, âgée de tout juste cinq ans lors de l'accident mortel de son père, n'a pu qu'imaginer (ou voir en photos dans les journaux à sensation) la « scène du crime », on devine qu'il y a là pour elle, comme pour celle qui, adulte, découvre le corps sans vie de sa mère sexagénaire, motif à sidération puis matrice d'infinis questionnements que les deux écrivaines vont laisser plus ou moins longtemps en suspens, avant de se lancer dans l'enquête par l'écriture : « Ce n'est pas la seule interrogation que sa mort m'a laissée » (*RSN* 13), souligne d'entrée Delphine de Vigan.

Les premières pages de ces récits de filiation ont donc en commun une troublante proximité entre mort et écriture, comme s'il y avait déjà une injonction à écrire ces morts ... et les vies qui les ont précédées et sans doute suscitées.

Le père de Marie Nimier était en effet l'écrivain Roger Nimier et la passagère qui trouva la mort avec lui ce fameux vendredi 28 septembre 1962 était elle-même une romancière qui venait de signer le service de presse de son premier livre – *La Messagère* – chez Gallimard, tandis, dans *Rien ne s'oppose à la nuit*, quand sa fille découvre son corps sans vie et bleui, les mains de Lucile donnent l'impression d'être « tachées d'encre ». Même si cette coloration n'a, en l'occurrence, rien à voir avec le geste scriptural, on apprendra plus loin que, sans avoir été publiée, la mère de Delphine de Vigan s'est elle aussi adonnée à l'écriture créative.

Autre point commun troublant : avant de devenir à leur tour des écrivaines de talent, la fille de Roger Nimier et celle de Lucile Poirier ont toutes deux frôlé la mort dans des circonstances stupéfiantes de proximité. Tandis que Delphine de Vigan évoque, sans autre détails, le plongeon qui l'a « projetée, à l'âge de douze ans, la tête la première dans une piscine vide » (*RSN* 14), exactement au même âge, Marie Nimier a pensé « pour la première fois à [s]e suicider », en se laissant tomber dans la mer du haut d'une falaise irlandaise – « envie très forte de mourir » (*RS* 130) – et elle est passée à l'acte à vingt-cinq ans, sans raison apparente :

> Je me suis jetée du pont de l'Alma en pleine nuit après avoir avalé quatre boîtes de barbituriques. Je n'avais pas de chagrin d'amour, j'étais en bonne santé, je travaillais dans une troupe de théâtre musical aux États-Unis, et ça marchait bien pour nous. (*RS* 129)

Delphine de Vigan ayant côtoyé sa mère durant une quarantaine d'années alors que Marie Nimier a perdu son père dès sa petite enfance, leur enquête ne pouvait prendre tout à fait la même forme. Marie Nimier doit en quelque sorte tout apprendre de la vie de son père, en ce qui concerne – loin de son image de génie précoce et de dandy tapageur – sa vie privée, matrimoniale, familiale au sujet de laquelle on l'a maintenue durant des décennies dans le mensonge de belles légendes. Delphine de Vigan, quant à elle, déplace d'abord le curseur de son enquête vers la génération précédente et surtout vers l'enfance de la grande fratrie à laquelle appartenait sa mère pour essayer de comprendre le mystère que constituent sa vie, sa pathologie mentale et son suicide. En outre, Marie Nimier abandonne souvent les commandes à son cerveau droit, appelant les affleurements issus de l'inconscient, tandis que Delphine de Vigan mène une enquête par certains aspects plus méthodique et rationnelle. Toutefois, partant toutes deux à la redécouverte d'un être dont il a, d'une certaine manière, été aussi lourd de supporter la proximité que de subir la perte, dans de nombreuses démarches matérielles comme dans leurs stratégies d'écriture, dans la visée comme dans le résultat, elles se rejoignent de troublante façon.

Moteur et freins de l'enquête

On peut noter que l'enquête et l'écriture qui en élabore le bilan ne sont entreprises que sous une forme de contrainte qui advient alors que les deux écrivaines ont dépassé le cap de la quarantaine. D'une manière révélatrice, Delphine de Vigan présente le rejet de ce projet comme un mécanisme de refoulement :

> Je ne sais plus quand est venue l'idée d'écrire *sur* ma mère, *autour* d'elle, ou *à partir* d'elle, je sais combien j'ai refusé cette idée, je l'ai tenue à distance, le plus longtemps possible [...], j'ai chassé les phrases qui me venaient au petit matin ou au détour d'un souvenir, autant de débuts de romans sous toutes les formes possibles dont je ne voulais pas entendre le premier mot, j'ai établi la liste des obstacles qui ne manqueraient pas de se présenter à moi et des risques non mesurables que j'encourais à entreprendre un tel chantier.
>
> Ma mère constituait un champ trop vaste, trop sombre, trop désespéré : trop casse-gueule en résumé.
>
> J'ai laissé ma sœur récupérer les lettres, les papiers et les textes écrits par Lucile, en constituer une malle spéciale qu'elle descendrait bientôt dans sa cave.
>
> Je n'avais ni la place ni la force. (*RSN* 17)

On le voit, tout ce qui touche à Lucile doit être « tenu à distance », enfermé, voire enterré, et cette tâche même est déléguée.

Dans le cas de Marie Nimier, des facteurs matériels et temporels viennent encore s'ajouter à cette appréhension paralysante. Contrairement à Delphine de Vigan, elle n'a en effet même pas suffisamment de matière pour remplir une malle. Une scène particulièrement pathétique de *La Reine du silence* la présente victime d'une violente crise d'épistaxis lors de la vente aux enchères des lettres personnelles de son père. La carte postale qui donne son titre au récit de filiation est un de seuls objets matériels auxquels elle peut se référer, outre les écrits littéraires paternels qui, contrairement à celles de Lucile Poirier, appartiennent à tous, ayant été publiés. Et tout se passe en outre comme si Roger Nimier n'avait même pas *reconnu* la partie féminine de sa progéniture :

> L'hiver de mes 10 ans, je suis tombée par hasard sur la photocopie jaunie du testament de mon père. [...] Le signataire léguait la plupart de ses livres et sa collection d'armes à des amis. À une femme dont j'ai oublié le nom allait sa voiture, qui était rouge, précisait-il, au moment où il rédigea le document. Son fils Martin héritait de l'édition complète des œuvres d'Alexandre Dumas et des dix-sept volumes de son dictionnaire Larousse du XIXe siècle, ainsi que du droit moral concernant son œuvre, lorsqu'il serait en âge de l'exercer. Et moi, bernique. (*RS* 46)

Marie Nimier en éprouve logiquement une douloureuse rancœur mais aussi un terrible sentiment d'illégitimité, accentué par les discours des nombreux amis et admirateurs de son père qui ne cessent, avec un certain manque de tact, de lui répéter à quel point eux l'ont bien connu : « Il n'y a rien à raconter, n'est-ce pas, rien à dire de cette relation. Je n'étais pas dans la voiture. J'avais 5 ans. Je n'avais pas vu mon père depuis des mois » (*RS* 9).

À l'âge où elle pourrait commencer à écrire sur son père, elle se jette dans la Seine, ce qui – on en conviendra – constitue une façon des plus radicales d'échapper à une contrainte. L'échec de son suicide constitue un premier pas vers sa « réorientation » :

> Il ne m'était plus possible de compter sur la mort pour résoudre l'équation paternelle. [...] Il fallait trouver un autre chemin. [...] L'écriture se présenta comme un moyen susceptible de m'aider à sortir de l'impasse. (*RS* 173–4)

Pourtant c'est un mémoire de doctorat qu'elle commence alors, et une fois cette « déviation » (RS 174) reconnue comme telle et abandonnée, il lui faudra encore une vingtaine d'années et huit ouvrages avant de se lancer dans l'écriture de *La Reine du silence*.

Pour Marie Nimier comme pour Delphine de Vigan, freins et réticences sont d'ailleurs loin d'être complétement dépassés au moment où la décision d'écrire est prise ; ils feront régulièrement retour au cours de l'enquête familiale et de la rédaction du récit de filiation. « Empêcher, être empêché, du bas latin *impedicare*, prendre au piège, entraver, lui-même dérivé de *pes, pedis* : pied » (*RS* 105). Le rappel étymologique proposé dans *La Reine du silence* n'est pas anodin. Il est d'ailleurs à noter que le récit de filiation exhibe régulièrement ce qui entrave sa marche, au point qu'il semble bien s'agir là d'une des caractéristiques du genre : ni Marie Nimier ni Delphine de Vigan ne contreviennent en tout cas à cette règle.

À l'étymologie d'« empêcher », glosée par Marie Nimier, on peut ajouter l'étymologie de « scrupule », le latin *scrupulus* désignant un petit caillou pointu qui pouvait à l'occasion gêner la progression des légionnaires romains en se glissant dans leurs sandales. Delphine de Vigan est tout particulièrement freinée dans sa progression par les scrupules qu'elle éprouve vis-à-vis de la fratrie de Lucile. À plus d'une occasion, elle ressent même un puissant sentiment de culpabilité et de honte. Ainsi, écoutant l'enregistrement de son entretien avec une de ses tantes maternelles, elle se juge sans indulgence, et l'humour *gore* de la formulation ne parvient pas à masquer la puissance de l'autocritique et du malaise :

> À l'écoute de l'enregistrement, j'entends combien l'évocation de cette journée est douloureuse pour Violette, combien il lui est pénible d'en parler. Sa voix s'altère encore davantage lorsqu'elle évoque les souvenirs qu'elle et les autres sœurs de Lucile ont retrouvés à Pierremont au moment de vider la maison. [...] Cette fois Violette pleure. [...] Je ne pleure pas. Je veux savoir. Je suis une sadique, voilà tout, un vampire avide de détails, je remue le couteau dans la plaie et me repais du bruit humide des entrailles, je patouille avec délectation, *splash, splash*, j'enfonce au plus profond, voilà à quoi je pense encore lorsque j'écoute le fichier. (*RSN* 226–7)

En outre, pour Marie Nimier comme pour Delphine de Vigan, se pose la question de la forme et du ton qui, toujours essentielle dans une œuvre littéraire exigeante, prend ici un caractère crucial :

> Difficile de trouver le ton, la juste distance. [...] Je ne sais pas quoi faire des premières pages. Je me dis parfois qu'il faudrait tout effacer, une fois de plus, tout reprendre. (*RS* 24–5)

> Parfois, j'ai l'impression que les souvenirs se bousculent, et qu'il faudrait des années pour en venir à bout. D'autres soirs, il me semble que je n'ai rien à dire. [...] Il serait tellement plus simple de raconter une histoire avec un début, un milieu, une fin. (*RS* 119)

Les récits de filiation tiennent ainsi souvent de l'ouvrage de Pénélope, sans cesse menacé de détissage par son auteure même, et la tentation est grande par moments, pour les deux écrivaines, d'abandonner une entreprise à la fois trop douloureuse et trop ardue, et de laisser le passé dormir en paix :

> Je sens que je m'éloigne – c'est ainsi dès que je suis confrontée aux archives paternelles. J'ai l'impression que je n'ai rien à raconter. Que je ne sais rien. Que cette tentative est vaine, que je ferais aussi bien d'abandonner. De retourner à mes lectures. (*RS* 82)

Mais il y a justement là une impossibilité radicale ; ce passé n'a rien de paisible, et il est violemment actif sur leur vie même quand elles ne l'affrontent pas, surtout si elles ne l'affrontent pas, comme le réalise Delphine de Vigan :

> J'écris ce livre parce que j'ai la force aujourd'hui de m'arrêter sur ce qui me traverse et parfois m'envahit, parce que je veux savoir ce que je transmets, parce que je veux cesser d'avoir peur qu'il nous arrive quelque chose comme si nous vivions sous l'emprise d'une malédiction, pouvoir profiter de ma chance, de mon énergie, de ma joie, sans penser que quelque chose de terrible va nous anéantir et que la douleur, toujours, nous attendra dans l'ombre. (*RSN* 297–8)

Que Marie Nimier et Delphine de Vigan soient toutes deux devenues mères n'est bien sûr pas indifférent ; il est d'ailleurs souvent question de leurs enfants dans leur récit de filiation. On comprend aisément que leur « chantier » (*RSN* 17) d'enquête et d'écriture vise aussi à empêcher la propagation de l'ignorance et de l'angoisse de génération en génération.

C'est chez Marie Nimier que les symptômes en sont les plus violents : hantée par des réminiscences dont elle ne peut mesurer le degré de validité, elle se retrouvait, depuis des années déjà, « empêchée » de vivre normalement. Son incapacité à réussir l'épreuve de la conduite automobile pour obtenir le permis, des cauchemars « d'une violence extrême » (*RS* 73) impliquant l'image paternelle « sous les traits les plus menaçants » (*RS* 74), la peur pathologique d'exposer ses poignets sans protection textile témoignent, entre beaucoup d'autres manifestations, de cet empêchement qui va, paradoxalement, servir de moteur à son entreprise.

Pour accepter, il faut comprendre. Pour comprendre, il faut savoir. Quitte à déranger, à scandaliser, voire à bouleverser leurs proches, quitte à être confrontées au pire (Roger Nimier aurait pointé un revolver sur la tempe de son nouveau-né ; Lucile Poirier aurait été violée par son grand-père), Marie Nimier et Delphine de Vigan sont donc amenées à interroger tous les non-dits, voire tous les mensonges familiaux, pour s'approcher au plus près de la vérité de Roger et de Lucile. Pour Marie Nimier, qui a si peu connu son père, il s'agit même de le « reconstituer pour le garder à distance, tant il est difficile de vivre avec un fantôme » (*RS* 154).

Porter le fer dans la plaie est parfois nécessaire pour en extraire le poison et assainir les tissus. Il s'agit ici de s'assurer de pouvoir vivre en paix avec le souvenir du parent disparu, en partant – sans la moindre intention hagiographique ou euphémisante – à sa découverte, et en lui offrant ce texte soumis à tant d'aléas.

De soyeux linceuls de mots pour renouer le fil

Dans la mythologie grecque, c'est justement un linceul, celui du vieux Laërte, que Pénélope tisse jour après jour. Plutôt que l'expression de « tombeau littéraire » habituellement usitée, nous avons donc choisi celle de « linceul littéraire » évoquant mieux, nous semble-t-il, le patient et tendre tissage auquel se sont livrées Marie Nimier et Delphine de Vigan : loin de peser comme une pierre tombale, il permet enfin au souvenir de s'alléger, aux vivants de poursuivre leur route. Le terme nous paraît d'autant plus adapté qu'étymologiquement le linceul est une petite pièce de lin. Or, grâce à *Sirène*, on connaît toutes les vertus attribuées à ce végétal dans l'univers de Marie Nimier :

> Elle ne tarissait pas d'éloges sur la plante miraculeuse, puisant ses arguments dans le souvenir des récits passionnés de son propre grand-père qui travaillait jadis à la culture et au rouissage du lin.[3]

La romancière se présente d'ailleurs elle-même, dans *La Reine du silence*, lors de son enquête, protégée par une robe de lin bleue qui joue les fluides armures.

Si le titre du récit de filiation de Delphine de Vigan peut donner d'emblée l'impression que l'espoir est à jamais bloqué au fond de la boîte de Pandore, le bel exergue emprunté à Pierre Soulages vient immédiatement nuancer, voire « recolorer » cette impression :

> Un jour je peignais, le noir avait envahi toute la surface de la toile, sans formes, sans contrastes, sans transparences.
>
> Dans cet extrême, j'ai vu en quelque sorte la négation du noir.
>
> Les différences de texture réfléchissaient plus ou moins faiblement la lumière et du sombre émanait une clarté, une lumière picturale, dont le pouvoir émotionnel particulier animait mon désir de peindre.
>
> Mon instrument n'était plus le noir, mais cette lumière secrète venue du noir.

La violence des accès de délire auxquels sa mère était sujette n'a pu que marquer douloureusement l'enfance de Delphine de Vigan, qui, en une occasion particulièrement terrible, a même dû porter secours in extremis à sa sœur, alors que leur mère, « nue et peinte en blanc » (*RSN* 266) aux prises avec de terribles hallucinations, tentait de lui planter des aiguilles d'acupuncture dans les yeux.

Parallèlement, le point de départ de l'enquête de Marie Nimier montre bien que ce père, si peu connu, n'a pas manifesté à son égard la bienveillance, voire le simple intérêt, qu'elle aurait pu en espérer, et des réminiscences particulièrement difficiles à intégrer pour une toute jeune enfant sont sans doute à l'origine de beaucoup de ses peurs d'adulte : des échos de la nuit où Roger Nimier a tenté de se suicider en se taillant les veines, le souvenir plus

3 Marie Nimier, *Sirène* (Paris : Gallimard, 1985), p. 180.

précis d'un soir où son père, ivre, tombe dans l'escalier et l'insulte quand elle a l'impulsion de venir à son aide, l'impression persistante qu'avoir eu une jambe fracturée dès sa première année est « signe de quelque chose qui n'avait peut-être rien à voir avec une chute ou un escalier et que tout le monde voulait oublier » (*RS* 202).

La lourde pathologie psychique dont Lucile Poirier était atteinte l'exempte de vraie culpabilité, et la lutte courageuse et acharnée qu'elle a menée, victorieusement dans les dernières années, pour mener malgré tout une vie « normale » et être présente pour les siens ne peut que forcer le respect. Même si Roger Nimier quant à lui n'a pas fait l'objet d'un diagnostic médical, on peut penser à lire les anecdotes concernant sa violence, voire son « sadisme ordinaire » (*RS* 127), qu'il pourrait lui aussi bénéficier de circonstances atténuantes qu'on accorde à qui n'est pas maître de ses actes. Il n'empêche que les enfances des deux écrivaines ont toutes deux été marquées par l'incompréhension et la peur vis-à-vis de ceux-là mêmes qui étaient censés les protéger.

Or, ce qui frappe, dans nos deux récits de filiation, c'est la lumière à la fois franche et douce que leurs auteures arrivent à faire triompher à la fin de leur enquête, loin d'un quelconque « règlement de comptes », mais également en toute lucidité, loin d'une cécité et d'une surdité toujours plus ou moins volontaires, à en croire Marie Nimier :

> Le silence est un contrat tacite, une clause partagée. Il y a d'un côté celui qui se tait, et de l'autre celui qui ferme ses oreilles. Il ne suffit pas que le premier se décide à parler pour que le second l'entende. (*RS* 80)

On connaît le célèbre tableau de Brueghel titré, comme beaucoup d'autres après les ravages de la peste noire en Europe, « Triomphe de la mort » ; dans *La Reine du silence* et *Rien ne s'oppose à la nuit*, la mort ouvre le bal à l'incipit, mais, au terme d'une enquête convoquant les affects les plus contrastés, condamnant souvent ses actrices et leurs proches à des nuits perturbées par l'insomnie ou les cauchemars, c'est bien plutôt un sentiment de vie et « d'amour » (*RSN* 436) qui se fraie un chemin et, modestement, triomphe.

Approchant du terme de son enquête, Marie Nimier a l'impression d'avoir réussi à terminer la bordure d'un grand puzzle mais s'inquiète de voir qu'à l'intérieur les pièces semblent encore flotter dans un « grand vide » (*RS* 200). C'est le rappel d'une anecdote liée à l'accident mortel de son père qui va être à même de susciter un déclic, magique à première vue, mais en fait souterrainement préparé de longue date : plus encore que celui de Delphine de Vigan, nous l'avons dit, le récit de filiation de Marie Nimier accorde à l'inconscient le rôle d'acteur principal. L'histoire de la « chaussure orpheline » (*RS* 199) de Roger Nimier retrouvée par hasard et en tout ignorance quant à l'identité de son propriétaire, sur les lieux de son accident mortel, par l'épouse de Frédéric Dard et doucement replacée dans l'habitacle avait déjà été contée à sa fille. Mais c'est tout le travail intérieur et tout le travail d'écriture effectués depuis qui permettent à cette histoire de jouer soudain un rôle déterminant. En effet, dans la mesure où ce n'est pas l'exhaustivité mais la restauration du lien, la *reconnaissance* qui est visée, le périlleux pari est gagné :

> Alors les pièces se sont animées. Une silhouette bougeait au centre de l'image. Il était là, ce papa compliqué, et il marchait comme marchent les hommes, sur ses deux pieds. Il se retournait et je pouvais le reconnaître, comme un père reconnaît ses enfants. Reconnaître non seulement sa démarche, mais aussi, et dans un même mouvement de tendresse, reconnaître son visage, ses traits, ses expressions. Son front haut. Ses yeux verts. La courbe parfaite de ses sourcils. Je pouvais les voir, les imaginer. Et pour la première fois depuis longtemps, je me suis sentie apaisée, comme si le monde enfin marquait une pause. (*RS* 202–3)

De manière symétrique, Delphine de Vigan qui dit avoir écrit *Rien ne s'oppose à la nuit* pour « [s]'approcher » (*RSN* 297), achève son récit sur un portrait de sa mère ; il s'agit en l'occurrence d'un détail issu d'une photographie de groupe prise à la table familiale, celui qu'elle a choisi pour la couverture de son récit de filiation :

> Lucile y apparaît de profil, elle porte un col roulé noir, tient une cigarette dans la main gauche, elle semble regarder quelqu'un ou quelque chose, mais probablement ne regarde rien, son sourire est d'une obscure douceur.
>
> Le noir de Lucile est comme celui du peintre Soulages. Le noir de Lucile est un *Outrenoir*, dont la réverbération, les reflets intenses, la lumière mystérieuse, désignent un ailleurs. (*RSN* 436–7)

À l'issue de ce qui ressemble pourtant par bien des points à une mélanographie,[4] c'est toute l'aura de leur beauté d'exception, de leur personnalité d'exception, qui est restituée aux disparus. Roger Nimier et Lucile Poirier sont arrachés à l'horreur de l'incipit des deux récits de filiation ; la violence de l'accident, la violence du suicide sont mises à distance par la reconstitution de leur être intact vers laquelle le récit a cheminé de manière non-linéaire et par là même plus sûre : « Lucile est morte comme elle le souhaitait : *vivante* » (RSN 437), écrit même Delphine de Vigan.

Rien ne s'oppose donc à l'envie de laisser ici le dernier mot à *Osez Joséphine*, la chanson d'Alain Bashung à laquelle Delphine de Vigan a emprunté un vers pour en faire son titre, en terminant sur un autre de ses vers, en forme de caressante prière :

> « Et que ne durent que les moments doux. »

4 Nous empruntons cet éloquent néologisme à Frédéric Sounac in *Black Bach : mélanographie culturelle d'une valeur*, à paraître.

THIERRY ILLOUZ

Je suis un homme ou l'édification du sujet

Alexis Leriche, le héros du roman de Marie Nimier *Je suis un homme*, est un macho. Un vrai. Un vrai de vrai. C'est-à-dire qu'il est le siège d'un théâtre, d'une organisation, d'un projet construit de toutes pièces depuis l'enfance.

C'est bien le travail qu'opère le roman de Marie Nimier, cette déconstruction au sens philosophique du terme qui suit un parcours chronologique pour, et c'est la force du travail romanesque, dévoiler le personnage, l'ausculter comme on le ferait d'un malade pour comprendre sa machinerie intérieure.

L'histoire de cet enfant de boucher commence par un double déni.

Un déni surprenant, profond, vertigineux, une 'affirmation négative' qui bat en brèche tout ce qui est le projet même, l'archéologie du sujet. D'abord cette proclamation, « L'enfance n'existe pas »,[1] sur laquelle s'ouvre le roman. Cette ouverture donne en réalité l'idée précise de ce combat entre le personnage-sujet et le roman lui-même comme objet narratif, et cette lutte va conduire à l'élaboration d'un appareil profondément original.

Le 'sujet' qui raconte sa vie à la première personne dément littéralement le projet du romancier, lui refuse toute clairvoyance et toute légitimité, se refuse en réalité à l'examen. Mais le tour de force consiste dans l'écriture de Marie Nimier à faire de ce déni lui-même, comme de nombreuses des postures de son personnage, un outil d'élucidation. Alexis est un personnage contradictoire, dialectique pourrait-on dire, qui porte à la fois une fragilité et une violence, une lucidité et un aveuglement.

Dès après le premier déni c'est encore un refus que l'on assène, un rejet, un regret, le regret du nom. LERICHE, « comme j'ai pu le détester, ce

1 Marie Nimier, *Je suis un homme* (Paris : Gallimard, 2012), p. 11. Cet ouvrage sera désormais désigné dans le corps du texte par les seules initiales *JSH*.

nom qui disait le contraire de ce que nous étions » (*JSH* 11). En quelques paragraphes le personnage a déjà récusé les deux premiers éléments indiscutables de la biographie, l'enfance et le nom.

Marie Nimier nous a habitués à ces soubresauts du refus, elle traque depuis longtemps le démenti, la contradiction, jusqu'au cœur du langage, et ce faisant elle dévoile un des pans les plus absolus de toute littérature, le paradoxe d'être et le paradoxe du roman.

On garde en mémoire l'incipit de son grand roman *La Reine du silence* : « Il n'y a rien à raconter »,[2] et le vertige de cet obstacle tenace au roman qui en fait tout le prix, ce rien dont il s'agit de débattre. Bien mieux, ce rien qui constitue l'essentiel de la condition humaine.

En faisant d'Alexis la voix de son roman elle radicalise encore cet examen. Alexis est fait de tout ce qu'il refuse, de tout ce qu'il combat, et cette position fonde son rapport au monde en général et aux femmes en particulier.

Le père, le frère, la mère, ce premier noyau est déjà l'objet de tous les rejets. Mais le rejet ne suffit pas. Au contraire : il signe une résistance opposée à ce qui nous rattrape autrement et nous rejoint finalement. Ce dont nous portons la trace.

Le roman travaille très vite cette question biographique. La biographie, l'origine, la famille, le travail, la position pourrait-on dire de manière générique, position au sens de la place, dans la famille, dans la ville, et plus encore position sociale.

Ainsi la scène de l'inauguration de la boucherie du père est une fois encore une métaphore et un dévoilement des enjeux. Par son sens même, une inauguration, donc un début, une promesse, une présentation, et par son déroulement un épisode emblématique, une scène fondatrice.

La place d'Alexis s'y précise, un père une mère, un statut, père-boucher mère-cuisinière. Les éléments biographiques y apparaissent mais aussi et toujours un refus, une opposition. Position et opposition. Et le procédé s'accélère et se dédouble : opposition au cercle familial et opposition à la narration. La virtuosité de l'écriture n'est pas gratuite, elle rend compte de

2 Marie Nimier, *La Reine du silence* (2004) (Paris : Gallimard, « Folio », 2007), p. 9.

la façon dont la première personne de narration peut entrer en collision avec la position du roman du romancier.

« C'était à mon tour de parler, au tour d'Alexis [...], et Alex avait lâché ces mots à la surprise générale, il avait déclaré qu'il ne travaillerait pas à la boucherie, que l'idée même le dégoûtait » (*JSH* 13). De la première personne Alexis passe à la troisième, le romancier reprend la main contre son sujet et son sujet clame pourtant son opposition au système familial, à la 'boutique' qui ici encore est un lieu symbolique, le lieu de l'enfance et le lieu de la boucherie, du carnage donc. Vertige et virtuosité du style signifiant.

Toute cette archéologie du sujet est brutalisée par le personnage qui se dresse contre la logique même de l'histoire et de l'enfance. Le propos est une fois de plus énoncé clairement : « Commencer par le début n'est pas chose facile » (*JSH* 24). Pourtant c'est bien cette construction qui donne accès au sujet, ce programme-là : refuser d'être tout en étant : le fils, le frère, l'enfant et l'adulte à la fois.

Les procédés de l'opposition sont multiples, les déclarations directes, le rejet, le refus, le mépris et bien sûr la honte, reprise par la mère par exemple et immédiatement confirmée par Alexis, bien mieux que confirmée puisqu'ici encore le texte fusionne la parole de la mère et le récit du fils. La honte est par nature ce point en nous qui déplore ce qui est :

> On dirait qu'il a honte de nous. [...] j'avais honte de mes parents. Honte de venir d'une famille qui trouvait que la toile cirée, un coup d'éponge et hop ! Honte des romans à l'eau de rose de ma mère et honte plus encore quand mon père les appelait *tes conneries*, range un peu tes conneries, tu les laisses traîner partout. (*JSH* 25)

Mais tout ce qui s'insinue est subtil, profond et constitutif. L'impossible arrachement devient le socle du projet, et l'édification du sujet se met en place sur ces systèmes antagonistes.

D'abord le père et son affreuse boucherie, son affreuse vie, son rapport aux femmes, aux blagues sexistes, tout cela va s'imposer, s'immiscer au cœur d'Alexis, la parole du père qui façonne le garçon, mais aussi la figure de référence, le geste, le corps, l'acceptation de la mère :

> C'était à pleurer, cette façon qu'elle avait de tout lui pardonner. Je la revois dans son lit d'hôpital, sa petite tête chiffonnée. Ton père, il faut le prendre comme il est. Ton

> père, c'est ton père, il est d'un bois spécial. On ne peut pas lui en vouloir, à ton père. On ne peut pas.
>
> – Et pourquoi on ne pourrait pas ?
>
> Je m'étais ramassé un regard noir, comme si j'étais le dernier des imbéciles. On ne pouvait pas lui en vouloir, un point, c'est tout. (*JSH* 116)

Cette acceptation-là, insupportable en soi, est à déposer dans la liste de ce qui fabrique le rapport entre les hommes et les femmes.

Tout ce qui dégoûte et qui malgré tout s'imprime, tout cela est transcrit, évoqué, rappelé. Les mots eux-mêmes, la façon, les gestes. Le livre compile ainsi les blagues du père. On peut s'interroger sur le statut de ce discours qui devient un environnement, un sous-texte. Comment se forge-t-on si ce n'est par cette fréquentation de discours ? Comment surgit dans l'imaginaire la figure féminine :

> – Avec quoi prend-on les femmes ? Vous donnez votre langue au chat ? Écoutez bien, les jeunes, ça peut servir : les femmes se prennent comme les lapins, par les oreilles …
>
> […]
>
> – Et celle du meurtrier, reprend mon père, vous la connaissez, celle du meurtrier ? On s'accroche. Quelle est la différence entre un meurtrier et un homme qui vient de faire l'amour ? Aucune. Ah ! Ah ! Je vous ai bien eu. Aucune, et pourquoi aucune (n'écoute pas, chérie) ? Ils ne savent ni l'un ni l'autre comment se débarrasser du corps! (*JSH* 16–17)

Tout cela procède bien de cette édification, tout se dépose dans le sujet, tout y est consigné.

Dans cette suite de refus la place du frère est du même ordre, méprisé et jalousé à la fois. Après l'opposition au père donc, et à sa boucherie, l'opposition au nom, l'opposition à l'enfance, l'opposition au frère a nécessairement sa place, c'est un double dans la famille et un autre homme à la fois : « Mon frère était petit, en taille aussi, petit, et terriblement jaloux » (*JSH* 11).

Le frère « terriblement jaloux » à qui l'on vole sa conquête Louise comme si on cherchait justement à le rendre jaloux à son tour, comme une vengeance. « Du jour au lendemain, elle quitta mon frère, et vint sonner à ma porte » (*JSH* 32).

Cette édification du machiste est donc le fruit patient d'une transmission, d'un apprentissage d'une forme de désir exacerbé qui dans sa relation avec tous les systèmes de référence s'installe dans le rapport de tiers avec la référence, le référent, et fait en fin de compte l'économie paradoxale des femmes.

Après cette large part familiale il y a la vie d'Alexis adulte héritier de l'enfance qu'il récuse, héritier jusque dans son corps, ses gestes, son image de lui-même, de tout l'appareil mis en place. C'est bien cela qu'affronte sans cesse le roman de Marie Nimier, cette question scandaleuse de ce dont nous sommes la résultante. Scandaleuse parce qu'elle heurte une notion contemporaine de la liberté ou du choix héritée de la psychanalyse, entre autres, ou de l'existentialisme. En soi elle façonne d'une manière singulière et cinglante une théorie du genre.

Deuxième étape de la construction du sujet : son corps lui-même, qui commence par la même question de l'héritage, de ce qui échappe, de ce qui est irréductible. « J'étais beau, tout le monde s'accordait à le dire, de cette beauté rugueuse que je tiens de mon père » (*JSH* 11). Le père à nouveau, omniprésent jusque sur son visage.

Puis la spécificité de ce qui arrive au corps, l'accident au sens large, au sens figuré puis au sens propre. Au figuré, l'accident c'est l'hyperacousie. Infirmité superlative dont on fait sa vie. Il entend tout plus fort. Le son viendra en témoigner. Il lui faut assourdir le monde pour le supporter. Le monde et le bruit du plaisir des femmes. L'étouffer.

Son travail lui-même est sonore, c'est ce continuum que par des approches multiples le roman sonde, ce lien entre ce qui façonne le sujet et ce que sera son parcours, sa vie, son plaisir : Alexis est à la tête de sa petite entreprise le « Paradis des voix », un casting de voix au service des entreprises et bientôt du métro. Alexis est le maître des voix. Une hyperbole, Alexis est un mâle hyperbolique.

Ce qui arrive au corps au sens de l'accident c'est aussi la pulsion incompréhensible dont il est à la fois le sujet et l'objet, la pulsion du désir et de la violence réunis évoqués sous une forme sibylline par Alex. En effet, après une description quasi géométrique du corps de Louise qui en neutralise la personnalisation – « Elle a des grains de beauté symétriques sur les seins, deux et deux, qui forment un triangle parfait avec ses tétons » – Alexis parle de « cette lubie d'obliger les triangles à rentrer l'un dans l'autre pour qu'ils forment une étoile » (*JSH* 38), formule qui pourrait sembler illisible ou du moins abstraite par son caractère presque mathématique, si ce n'est sous l'angle de ce qui est à la fois plus fort que soi et indéchiffrable. Le désir violent. C'est ce plus fort que soi que le livre sonde sans cesse, exhorte sans cesse à penser, et sur lequel le discours général est souvent muet, comme si le dérangement est là :

> Le jour où je l'ai un peu bousculée, il faut l'avouer, je l'ai franchement bousculée, j'avais cette lubie d'obliger les triangles à rentrer l'un dans l'autre pour qu'ils forment une étoile. Comment expliquer ce besoin urgent, cette nécessité, c'était plus fort que moi, plus fort que le plaisir ou la douleur, ça emportait, cette vision d'étoile, ce besoin de relier, comme si je pouvais d'un seul geste entrer en connexion avec le ciel. (*JSH* 38–9)

Au propre, enfin, l'accident qui surviendra réellement, cet accident de la route, cette autre forme radicale du « plus fort que soi », son terme logique et l'événement central dans le travail de Marie Nimier, atteindra le corps, mais ne déconstruira pas le modèle construit, édifié pierre par pierre, et c'est bien cela la leçon : toute construction est irréversible.

Cette édification du machiste est donc le fruit patient d'une transmission, d'un apprentissage et d'un périmètre tracé petit à petit, fait d'illusions, de conditionnements, de modèles. Les femmes n'arrivent donc qu'à la fin du parcours, elles sont une projection de ce qui est donné et exploré auparavant.

Ainsi les deux femmes importantes obéiront à deux modélisations.

Delphine, l'idéale, la sainte, l'intouchable. Le ton est donné, la sexualité elle-même est issue de toutes les programmations, de toutes les déterminations, sociale, familiale, religieuse. La beauté de Delphine, son caractère inaccessible tout autant que désirable sont reliés aux ficelles du sujet. Elle convoque la mosaïque intérieure. Elle est donnée immédiatement comme idéale, par ce qu'elle porte de la jeunesse d'Alexis, au sens le plus vénéneux, risqué, périlleux : elle a voulu se suicider pour lui. À ce titre l'information n'est jamais totalement vérifiée, mais ce seul mécanisme pointe une fois de plus toute la mécanique du roman. La vérité n'est jamais seule en cause. Une fois encore dans le même sens, il y a plus fort que le réel – c'est le mental, l'imaginaire, l'héritage.

Et Zoé moins idéale, mais réelle, compréhensive, celle du quotidien, du soutien, du travail. Ni vierge, ni intouchable.

Enfin le roman se dessine une fois de plus et de toutes les manières comme le vrai roman du père. Il met de nouveau en évidence le travail de Marie Nimier sur la place du père, sur l'ombre du père, l'absence, le manque du père élargis à toute trace, tout manque, tant dans *La Reine du silence* bien évidemment dont le titre porte en lui à la fois la présence et le secret, que dans nombre de ses livres jusqu'à *La Plage* et cette lettre impossible à poster que l'on espère lui remettre « en main propre »,[3] et jusqu'aux *Confidences* où elle affronte cette question de ce qui hante et qui prend tous les chemins possibles.

> Ce que j'attendais ? Qu'est-ce qu'on peut bien attendre au mois de novembre, loin de chez soi, dans une pièce nue, sur un parquet flottant ? Un ami peut-être. Quelqu'un que l'on a perdu de vue. Un inconnu.
>
> Ou un père, pourquoi pas. Un papa.[4]

Ici Alexis dans sa réfutation ne cherche que cette réconciliation avec ce qui l'anime, avec ce père qui prend acte de sa spécificité acoustique tout en la ramenant encore à lui, confirmant ainsi le lien indéfectible, de corps à corps :

> Mon père me tapa sur l'épaule, comme pour dire qu'entre cas on se comprenait. Il me félicita de m'en être sorti tout seul. Il était fier de moi, fier de son fils aîné. Lui qui travaillait du matin au soir dans et avec des corps (des corps d'animaux, mais des corps tout de même) se méfiait de la médecine. Nous portions en nous, affirmait-il, tout ce qu'il fallait pour nous soigner. (*JSH* 115)

Le père au sens du legs, le legs méprisé mais impérieux est donc présent dans le tissu d'Alexis et de tout ce qui l'entoure. Delphine y est reliée évidemment. Sa 'découverte', son invention au sens du trésor est donc mise en relation.

– Vous connaissez sainte Delphine ?
– Moi et les saintes ... Non, je ne la connais pas. Mais je connais une Delphine, nous étions au lycée ensemble, enfin je connaissais une Delphine ...

3 Marie Nimier, *La Plage* (Paris : Gallimard, 2016), p. 150.
4 Marie Nimier, *Les Confidences* (Paris : Gallimard, 2019), pp. 163–4.

– Elle était mariée, précisa Klara en désignant le portrait de la sainte, et néanmoins vierge. Obsédée par le mépris du corps. Je suis une viande, disait-elle à qui voulait l'entendre …
– Une viande ?
– Une viande, oui, destinée aux vers. (*JSH* 52)

La viande donc, la boucherie, le désir, la chair, le corps. Le père encore et toujours.

Il reste que le cœur du roman, la 'nature d'Alexis', la jalousie, la violence, s'inscrit dans ce fil sans que la conclusion n'en soit explicite. C'est ce kaléidoscope de l'édification qui fait sans cesse écho. C'est ce qui fait le prix du roman et le vertige dont il est le siège.

Le comportement d'Alexis avec les femmes, la violence avec Louise l'amie de son frère, la jalousie terrible qui le saisit devant le journal de Zoé, elle, la fidèle, la femme réelle, celle qu'il finit par épouser et qui accepte, qui consent à ce machisme, tout cela confirme sans cesse le double mouvement qui secoue Alexis, qui devient un fonctionnement, l'antagonisme, le double élan.

Comme il le fait avec tout ce qui l'entoure, Alexis avance et recule, adopte et réfute, étreint et rejette. C'est de cette complexité incontournable qu'il est l'enfant, il est convaincu par une image de l'homme, qui s'impose malgré tout. « À son corps défendant » ne serait pas la bonne expression. Au contraire.

Si *Je suis un homme* dérange, perturbe, c'est que le roman affronte sa question frontalement, que son personnage central n'est pas un bourreau, un indéfendable, mais qu'il est un sujet, c'est-à-dire un tissu fait d'une histoire, d'une famille, d'une enfance, d'une représentation, et donc d'une croyance. C'est cette croyance que le livre dissèque sans cesse, et que de manière surprenante on se refuse à questionner d'ordinaire, alors qu'il y a urgence à le faire : c'est la croyance qui est le danger.

Écrire le moi sensible, sensuel

Writing Sentience and Sensuality

CAROL J. MURPHY

Marie-Marie : l'optique kaléidoscopique dans *Photo-Photo*

Dans un entretien avec Karin Schwerdtner en 2015, Marie Nimier décrit la quatrième de couverture éditoriale comme un casse-tête posé à tout auteur obligé de réduire son texte à quelques lignes de l'histoire, et, dans le cas de *Photo-Photo*, « celui-là plus que tout autre. [...] Parce qu'elle ne donne pas *la couleur* du livre. »[1] Un départ stylistique des romans précédents, *Photo-Photo*[2] déborde néanmoins de thèmes et de techniques familiers aux lecteurs de Marie Nimier : le spectre du père et de la mort, les identités fragiles, l'imaginaire dans le quotidien, les doubles, le morcellement du corps et aussi la fragmentation du texte, celle-ci par l'emploi narratif du méta-texte et de la mise en abyme. Ce qui distingue *Photo-Photo* des autres romans de Nimier, me semble-t-il, est la densité de ses références, la nature hyper-fragmentaire du texte, et la multiplicité parfois vertigineuse des cadrages déployés pour donner de nouvelles formes d'expression aux traumatismes du passé mis sous silence ou rendus invisibles.[3] Mon essai traitera de trois axes du livre afin de dégager des mécanismes et dispositifs de sa dynamique textuelle, tous

1 Karin Schwerdtner, « Se risquer à raconter (des histoires). Entretien avec Marie Nimier », *French Forum* 40.1 (2015), 47–61 (pp. 59–60).

2 Marie Nimier, *Photo-Photo* (Paris : Gallimard, 2010). Cet ouvrage sera désormais désigné dans le corps du texte par *Ph*.

3 Ces cadrages ou dispositifs dotent *Photo-Photo* de nombreuses illustrations de la créativité artistique sous ses différentes formes : peinture, musique, dessin, livre, poésie, film, photographie, parmi d'autres. Comme mon titre l'indique, cet essai se concentrera sur l'emblème du kaléidoscope pour capter la nature changeante et dynamique de ces divers dispositifs.

les trois dominés par la métaphore oculaire omniprésente dans le texte qui met en scène la vue/la vision – voir, et son contraire – ne pas voir.[4]

Dans un premier temps, Nimier emprunte au genre du polar en faisant de sa narration une enquête sur des situations familières devenues étranges. La narratrice cherche à résoudre des énigmes – l'angle d'un chat fantôme, les mystères de la photographie, la curieuse personne d'Huguette Malo, la découverte d'un sosie qui habite en Allemagne, un dessin inachevé datant de son enfance, pour en nommer quelques-unes – et invite le lecteur, ou plutôt ses regards, à suivre sa piste : « Parfois je les imagine, ces regards qui balayent les pages, vos regards – ton regard, » écrit-elle dans un méta-texte qui caractérise le livre comme « une zone protégée » (*Ph* 126). Figure de « private eye »,[5] ou détective privé, la narratrice cherche à voir plus clair dans ses propres expériences. L'enquête qu'est le roman lui fournirait donc une nouvelle optique sur sa situation, celle d'un œil privé, à la fois l'œil d'une détective et un œil intériorisé. Selon la voix narrative dans un méta-texte énoncé tôt dans le récit, il s'agit d'« Une histoire inscrite entre deux angles, deux points de vue. Deux photographies, en somme, l'une qui se voit, et l'autre, qui ne se voit pas » (*Ph* 32), inscrivant ainsi le motif du double qui gouverne le titre et le texte.

Dans le premier chapitre du texte, la narratrice est comparée avec la chambre noire de la photographie quand elle imagine la prise de sa photo

4 Le sujet de la visibilité-invisibilité dans ce texte a été étudié par Ana de Medeiros à l'égard de la figure du double paternel, et par Adrienne Angelo qui voit la coexistence du visuel et de l'invisible comme marqueur « singulier » du travail de deuil fait par la narratrice. Voir A. de Medeiros, « Now I see me, Now you don't: Working With/Against Paternal Influence in Marie Nimier's *Photo-Photo* », in Thomas Baldwin, James Fowler et Ana de Medeiros, *Questions of Influence in Modern French Literature* (London: Palgrave MacMillan, 2013), pp. 194–207 ; et A. Angelo, « Visualizing the Self and Vanished Others: The Specters of Loss in *Photo-Photo* », in C. Fréville et A. de Medeiros, *Marie Nimier : Absence et perte* (Caen : Éditions Passage(s), 2017), pp. 37–57.

5 Le terme anglais « private eye » remonte au 19e siècle et est fortement associé à la naissance du roman policier. Les agences de détectives privés indiquaient souvent leur présence par une enseigne représentant un œil. Voir Andrea Goulet, *Optiques: The Science of the Eye and the Birth of Modern French Fiction* (Philadelphia: University of Pennsylvania Press, 2006), p. 138, et p. 246 note 5.

par Karl Lagerfeld comme mortelle, l'enterrant dans une tombe : « Oui, quelque chose en moi se laissait embaumer, pour préparer le passage de mon être de trois à deux dimensions. Un déclic et clac ! dans la boîte, comme les autres écrivains qui m'avaient précédée. Une mort sans cadavre » (*Ph* 28). Le fantasme d'un crime photographique à résoudre est soulevé quand la voix narrative ajoute : « Le clic-clac de l'appareil, des os qui craquent [...], le bruit des menottes qui se referment » (*Ph* 35). Une visite plus tard chez l'ophtalmo lui révèle qu'elle souffre d'une « chambre étroite » de l'œil, la source de ses troubles de vision qui explique pourquoi elle avait cru voir le chat blanc du voisin écrasé sur la route, le fameux « angle du chat », répété à plusieurs reprises dans le texte comme signifiant de sa mauvaise vision où elle voit ce qui ne se voit pas par les autres, mais aussi comme emblème de sa recherche d'un sens unique à sa vie : « Cet angle, je le connaissais intimement. Il indiquait une place originale dans le monde, une place singulière, comme moi, [...] mais ça ne se voyait pas » (*Ph* 32). Dès le début donc, la voix narrative est métaphorisée comme une camera obscura, dont l'enjeu peut être mortel et criminel. Cherchant « à mieux voir » (*Ph* 117), elle se présente comme un personnage en quête d'une correction de vision.

Dans un deuxième temps, la tonalité d'une inquiétante étrangeté baigne le texte d'une atmosphère d'angoisse et de malaise, générée d'abord par des troubles de vision qui sont doublés par des troubles d'écriture. Le familier commence ainsi à lui paraître étrange, signalant dans le texte le topos de l'inquiétante étrangeté. Idée rendue célèbre par l'essai de Freud[6] qui fut nourri par un essai d'Otto Rank (dont le nom est cité dans le livre de Nimier [*Ph* 19]), l'inquiétante étrangeté signifie dans la psychanalyse freudienne d'abord une considération du phénomène de la répétition du même comme semblable. Comme illustration, Freud raconte sa propre expérience d'avoir vu une image dans la vitre en sortant du compartiment d'un train. La silhouette, observée comme antipathique et désagréable, était en effet son propre reflet qu'il n'avait pas reconnu et qui a provoqué un malaise chez lui. D'où la notion de l'inquiétante étrangeté selon Freud où ce qui est familier (*heimlich*) est vu, sous une autre optique ou un autre angle, comme

6 Sigmund Freud, « *L'Inquiétante étrangeté* » *et autres essais* (Paris : Gallimard, 1985). Traduit de l'allemand par Bertrand Féron.

étrange, ou plus précisément, non-familier (*unheimlich*). Donc le premier sens de l'inquiétante étrangeté chez Freud souligne les différentes optiques que le moi peut porter sur lui-même, posant la question de l'identité et de la différence.[7] Un second sens provient de l'analyse par Freud, dans le même essai sur l'inquiétante étrangeté, de *L'Homme au sable*, publié en 1816 par l'auteur romantique prusse E. T. A. Hoffmann. Pour Freud, le récit de Hoffman suscite la notion de l'inquiétante étrangeté comme liée avec le retour d'un affect refoulé depuis l'enfance. Aux yeux de Freud, il s'agit du resurgissement des complexes infantiles (de la castration, du fantasme du sein maternel, parmi d'autres) qui provoquent une angoisse chez l'adulte. Selon le conte, la figure de « L'Homme au sable » jette du sable aux yeux des enfants et les leur arrache, sanglants. Des figures de doubles se multiplient dans l'histoire (le bon père Spallanzani et le mauvais Coppola, Clara et Nathanaël, Nathanaël et Coppelius, Nathanaël et l'automate Olympia), ainsi approfondissant l'incertitude identitaire qui y règne. De plus, quand Nathanaël observe, à l'aide de la lunette de l'opticien Coppola, les yeux arrachés à la poupée Olympia par ce dernier, il se suicide en se jetant d'une balustrade, incapable de surmonter sa peur de la castration.

Mon intention en citant Freud n'est surtout pas de faire une lecture psychanalytique du livre de Nimier mais plutôt de montrer comment une toile d'associations tissée dans le roman se sert des composants de l'essai sur l'inquiétante étrangeté : l'importance des yeux et des regards, une multiplicité de doubles, des figures paternelles, la photo comme engin de mort, un ophtalmo avec une lunette, les enfants angoissés à Baden-Baden, et même des poupées (*Ph* 95). Tous ces éléments attirent notre attention, de façon hypercodée, sur l'essai de Freud et sur le thème de la coexistence du familier et de l'étrange, du vu et du non-vu, de l'identité et de la différence en même temps qu'ils font de la lecture du livre un polar,

7 Le livre de Nimier illustre cette idée de plusieurs façons, notamment dans la discussion concernant l'envers inversé qui n'est pas l'endroit (*Ph* 194). Nimier exprime son intérêt pour le phénomène d'être une chose et une autre dans son entretien avec Karin Schwerdtner : « [...] il y a sans doute quelque chose de constitutif de mon travail – et qui m'intéresse – dans cette façon de reconnaître qu'on est à la fois une chose et une autre. » Schwerdtner, « Se risquer à raconter (des histoires) », p. 53.

où le lecteur est appelé à faire un décodage des différents éléments du texte pour en faire un sens.[8]

Or, il devient clair que Nimier inclut ces éléments de l'essai de Freud pour les subvertir, étant donné qu'un des dispositifs de *Photo-Photo* se centre sur l'impulsion de la narratrice de voir autrement, sous un autre angle et un autre affect, son passé douloureux qui est doublé par celui des enfants à Baden-Baden. Une des questions posées par le texte serait de savoir comment faire une correction de vision pour triompher sur le complexe de castration : la réponse suggérée, c'est de faire éclater le mécanisme de la photo qui réduit et fige ce qu'elle capte dans une image statique. D'ailleurs, à mi-chemin du texte la voix narrative déclare ouvertement vouloir « Clore l'épisode de la chambre étroite » (*Ph* 118).

Ce qui m'amène au troisième axe de mon analyse : le remplacement de l'optique narrative d'une camera obscura (chambre étroite) associée avec le statisme de la mort par celle, dynamique, d'un kaléidoscope. Instrument scientifique inventé par le physicien Sir David Brewster en 1816 dans le cadre de ses études sur la polarisation de la lumière,[9] le tube de miroirs réfléchissant à l'infini et en couleurs la lumière est aussi un jouet magique pour enfant. En regardant dans l'œil du tube, on voit des assemblages de formes mobiles en verres colorés qui font de belles images, d'où le nom de l'instrument, du grec *kalos* (beau), *eidos* (image) et *skopein* (regarder). Comme topos métaphorique, le kaléidoscope démontre qu'on peut créer quelque chose de nouveau en faisant d'autres assemblages de ce qui existait déjà – et, par extension dans le texte de Nimier, ce qui avait existé pendant l'enfance. Symboliquement la figure du kaléidoscope illustre une

8 Carine Fréville a étudié la notion de l'inquiétante étrangeté comme sous-texte dans *Photo-Photo* pour signaler différents aspects signifiants du livre, notamment les doubles, le visuel et l'importance des couleurs. Voir C. Fréville, « '… et qui saura photographier le langage ?' Visualité, disparitions et dédoublements dans *Photo-Photo* de Marie Nimier », in Fréville et Medeiros, *Marie Nimier : Absence et perte*, pp. 59–78.

9 Sir David Brewster, *The Kaleidoscope, its History, Theory and Construction with its Application to the Fine and Useful Arts* (London: J. Murray, 1858), <https://fr.wikipedia.org/wiki/Kaléidoscope>.

réconciliation des termes opposés de la permanence et du changement, de l'identité et de la différence.

Des images de l'instrument se trouvent dans le texte. Dans sa deuxième chambre secrète et fermée sous clé spéciale à l'Hôtel Carmen, Huguette Malo montre avec fierté ses « Karleries » à la narratrice, en particulier « un écrin doublé de miroirs » (*Ph* 79) ayant servi d'emballage à la bûche de Noël créée par Karl Lagerfeld pour les 50 ans de Lenôtre. Plus tard, chez l'ophtalmo, l'examen de la chambre antérieure de l'œil de la narratrice se fait avec « un verre à trois miroirs » (*Ph* 97), suivi d'un autre examen à l'aide de la « pièce maîtresse [...] [qui] ressemblait à un kaléidoscope » (*Ph* 102). La narratrice continue : « [...] le médecin posa son instrument contre ma cornée. Des flaques de couleurs apparurent, des éclats de néon » (*Ph* 103). L'œil de la voix narrative – son œil privé ou « private eye » – est ainsi transformé métaphoriquement en une espèce de kaléidoscope, faisant ainsi un clin d'œil au mécanisme dynamique gouvernant le texte.

Composé de morcellements et de rassemblages de fragments tirés de l'univers romanesque de Nimier tout en introduisant de nouveaux éléments qui effectuent la correction de vision recherchée, *Photo-Photo* joue avec la notion de l'inquiétante étrangeté et la peur enfantine de se faire arracher les yeux. Sous l'effet de l'œil kaléidoscopique narratif, le texte est troublé par des fractionnements linguistiques (au niveau des mots et des sons), parsemé de bribes d'autres textes, et truffé d'images en éclat qui tous circulent et servent à « crever » certains points de l'essai de Freud.

À commencer par le topos des yeux qui gouverne le récit. L'ophtalmo, collectionneur[10] des instruments de vision, – « Un Malo de la lunette ? » (*Ph* 103) se demande la voix narrative – se promène, de façon cocasse, avec un modèle de l'œil en plastique. La narratrice le décrit ainsi : « De retour derrière son bureau, il sortit d'un tiroir un œil en plastique de la taille d'un ballon de basket et commença à le démonter [...] en tripotant l'organe monstrueux » (*Ph* 97). Pendant une visite ultérieure, elle précise cette fascination pour l'œil ainsi : « L'ophtalmo avait coincé sous son bras

10 Adrienne Angelo a examiné le rôle des collectionneurs et des cabinets de curiosité dans les écrits de Marie Nimier. Voir A. Angelo, « Taking Stock: Marie Nimier's Textual Cabinet of Curiosities », *Studies in Twentieth and Twenty-First Century Literature* 38.2 (2014), Article 4 : 1–19.

le gros œil en plastique, comme s'il l'avait mis à couver […], la présence de l'œil sous son aile le réconfortait. C'était son doudou, en somme, son objet fétiche » (*Ph* 116–17). Cet épisode, un clin d'œil comique à la thèse freudienne de la castration phallique, fait ressurgir pour les lecteurs attentifs de Marie Nimier une autre scène primordiale de son œuvre. Il s'agit de l'épisode dans *La Reine du Silence* de l'œuf sur le plat en plastique que la petite fille prépare avec amour et considération et offre à son père. Quand elle le retrouve plus tard sur la table du travail de celui-ci, l'œuf est crevé par un mégot « *planté à angle droit* dans le jaune, creusant un cratère dans le plastique calciné ».[11] *Photo-Photo*, me semble-t-il, en se moquant légèrement de l'ophtalmo et son œil en plastique, récrit cette scène antérieure de l'enfance, blessante et par conséquent refoulée, en faisant un assemblage différent de l'épisode de la crevaison originelle. L'œuf-œil en plastique, symbolique d'une castration de la fille par son père, est aussi une scène de l'impuissance du père. La petite se croit coupable de l'avoir empêché d'écrire en l'interrompant parce qu'il quitte son bureau peu après. Dans le texte postérieur, *Photo-Photo*, la scène refoulée ressurgit mais dans une autre tonalité, comique, vue d'un autre angle, féminisé.[12]

L'œil privé kaléidoscopique de *Photo-Photo* génère de « belles images » faites d'autres angles que celui du mégot planté à l'angle droit dans le jaune d'œuf. Les yeux de la voix narrative s'ouvrent sur de nouveaux assemblages dynamiques et colorés qui réarrangent de façon ludique et parfois joyeuse son passé enfantin. Elle commence à voir des mots (*Ph* 189).

Tout au départ, l'angle aigu du chat écrasé sur la route fascine la narratrice (*Ph* 32) qui part à la recherche d'autres angles : « Les angles de cristaux […]. Ceux des flocons de neige » (*Ph* 39), et, par extension, sa « place singulière » (*Ph* 32) dans le monde. Tout chancelle : « Je sors toujours bancale des séances de pose, » nous dit-elle (*Ph* 44). Les lettres qu'elle

11 Marie Nimier, *La Reine du silence* (Paris : Gallimard, 2004), p. 61 (c'est moi qui souligne).

12 Nimier, à cet égard, emboîte le pas à Hélène Cixous qui, dans son essai « Fiction and Its Phantoms », défait aussi la lecture faite par Freud du récit de Hoffmann. Voir H. Cixous et Robert Dennomé, « Fiction and Its Phantoms: A Reading of Freud's *Das Unheimliche* (The "Uncanny") », *New Literary History* 7.3 (1976), 528–48 + 619–45.

reçoit d'Huguette Malo la frappent par leurs mots « en diagonale » (*Ph* 55) et « de biais » (*Ph* 56), et quand elle se met à écrire, ses propres phrases sont caractérisées de « bancales » (*Ph* 40).

De même le langage dans le texte est brisé. La narratrice avoue avoir perdu le contrôle de ses mots : « si je suis bien l'auteur de ce texte, de ces phrases qui défilent sous vos yeux, je ne tiens pas forcément à le savoir. Les mots parlent pour moi [...] » (*Ph* 44). La lettre « k » du kaléidoscope semble dériver en Karl, Kapsule, Kaiser, Kapote et Karleries (*Ph* 42). Une douzaine de pages sont dotées d'une prolifération de la lettre « p » en allitération (*Ph* 47–59). Les liens entre signifiés et signifiants sont souvent lâchés. Par exemple, le titre *Photo-Photo* est aussi le nom du chat d'Huguette Malo, Photo, et cette dernière aime l'eau de toilette pour hommes de Karl, *Photo* (en italiques dans le texte). Baden-Baden désigne non seulement la ville de Frederika mais aussi le nom que la narratrice veut donner au chat du voisin. Des mots sont brouillés, éclatés, en désagrégation : « Otto-Toto-Photo » (*Ph* 19) ; « K.-O., O.K. » (*Ph* 164) ; Oos, nom de la rivière en Allemagne, fait penser à la narratrice à « out of service », « out of style », mais aussi « SOS » et « OSS » (*Ph* 163). Certaines associations de lettres ressemblent à des bredouillements : « BdBd, SgSg, BrBr » (*Ph* 143), et beaucoup de mots sont doublés ou jumelés à l'instar du titre, comme par exemple « Baden-Baden », « Sing Sing », « Bora Bora » (*Ph* 143), avec une prépondérance de mots qui semblent exister uniquement grâce à leur trait d'union : « tic-tac », « clic-clac » (*Ph* 35), « ping-pong » (*Ph* 53), « *nïan-nïan* » (*Ph* 17), « agar-agar », « dare-dare » (*Ph* 143) et bien d'autres, jouant sur le motif du double qui figure dans l'essai de Freud mais surtout sur la construction en miroirs d'un kaléidoscope qui sert de dispositif principal dans le texte.

La fragmentation comprend aussi des références en bribes à d'autres textes – ceux de Marie Nimier, trait caractéristique de son œuvre, mais aussi ceux d'autres écrivains, cinéastes et poètes, comme Édouard Levé et Chris Marker, cités dans les épigraphes et intégrés directement et indirectement dans le roman.[13] Parmi d'autres références qui fonctionnent comme des mises en abyme d'un texte en recomposition, citons un livre non écrit du

13 Le film de Marker est cité indirectement et directement par Nimier : « *Jeter* quelques idées en français, avait dit Frederika, pour le discours, et c'est à *La Jetée*

père, « *Le ciel comme un endroit ...* » (*Ph* 126) ; un vers « volatilisé » (*Ph* 21) de Paul-Jean Toulet, auteur des contre-rimes, dont le nom ne paraît même pas dans le texte mais est plutôt suggéré par sa poésie ; et des films, *Mortelle Randonnée* (*Ph* 123) et *Lagerfeld Confidentiel* (*Ph* 78).

Enfin cette dynamique des différents assemblages et rassemblages dans le texte en mouvement est hautement colorée, même coloriée.[14] Le propos de Marie Nimier signalé au début de mon étude que la quatrième de couverture de *Photo-Photo* ne captait pas la couleur du livre s'avère justifié dans le texte au sens propre comme au sens figuré. Une « palette de couleurs » (*Ph* 188) dans différentes teintes et nuances embellissent le texte mais aussi résonnent de significations multiples. En ce qui concerne les bleus, on trouve la bague en pierre bleue d'Huguette Malo (*Ph* 64) et les yeux bleus de l'ophtalmo, liquides, virant au turquoise (*Ph* 92), d'un « bleu chromo » (*Ph* 103), couleurs qui suggèrent le minéral, la mer et le ciel. Les verts sont nuancés en tilleul des baskets, vert olive du manteau porté par la narratrice pour la séance de photo, et herbe des champs derrière la maison de la narratrice, complétés par le gris taupe du velours qui tapisse les murs de la salle d'attente du médecin (*Ph* 89), le tout évoquant les fruits de la terre.

Les couleurs dominantes, cependant, sont le rouge et le blanc. La blancheur du chat imaginaire écrasé sur la route est tranchée par « un filet de sang s'échappant de son ventre » (*Ph* 31). Le rouge se décline en de multiples teintes : celles du vernis à ongles, des géraniums de l'Hôtel Carmen (nom provenant de carmine, signalant un rouge vif), de la valise de la narratrice, du canapé chez l'ophtalmo, du titre en rouge dans *Paris-Match* de l'article sur la séance de photo des écrivains, du rouge à lèvres

---

que j'avais pensé » (*Ph* 166). Les mots « jeter » et « jetée » signifient indépendamment mais aussi en résonance avec d'autres assemblages dans le corpus de Nimier et celui auquel elle emprunte. On est amené à penser, par exemple, à la narratrice de *La Sirène* qui s'est jetée d'un pont sur la Seine, et, par extension, à Nathanaël qui se jette d'une balustrade à sa mort dans le conte d'Hoffmann. La nature kaléidoscopique de *Photo-Photo* génère un nombre impressionnant d'associations intertextuelles.

14 « Frederika me ressemble, soit, mais [...] je suis moins bien dessinée, moins bien coloriée, moins bien finie que Frederika » (*Ph* 154), annonce la narratrice, soulignant l'emploi des couleurs dans la fabrication du texte.

d'Huguette Malo, des yeux rouges de la narratrice (*Ph* 87) chez l'ophtalmo. La couleur se nuance en « Rouge sang, rouge baiser. Rouge au joue des émotions partagées » (*Ph* 66) et parfois se voit comme l'autre face du blanc : « Je rougis, m'a-t-elle vue rougir ? Ça aussi, nous le partageons, cette façon de nous enflammer pour un rien ou de devenir très blanches quand nous sommes fatiguées [...] » (*Ph* 155) dit la narratrice d'elle-même et de Frederika. Le blanc se décline en manteau blanc de Frederika (*Ph* 163) ; le blanc du plâtre de la narratrice (*Ph* 109) qui s'assimile au « plâtre » de neige qui recouvre la terre noté par la narratrice en route pour Baden-Baden (*Ph* 125) ; le blanc de la feuille de l'ordonnance de l'ophtalmo : toutes des surfaces qui invitent un texte, en particulier celle du plâtre décoré en peau de zèbre par le fils du voisin de la narratrice (*Ph* 112). La manucure remarque « la main artistique » de la narratrice qui elle-même souligne le mot piégé : « Manicure [...]. Mais non, manucure. Comme manuel, manufacture et surtout manuscrit » (*Ph* 23). Il n'est pas surprenant que la recherche d'un nouvel angle sur sa vie soit colorée par le rouge et le blanc, étant donné que le livre fut publié en 2010 par la maison Gallimard et arbore ses fameuses couleurs.

La couleur jaune est aussi riche en résonances. L'écharpe en cachemire du réceptionniste Nadir (dont le nom suggère qu'il est le nadir, ou l'opposé, de Nadar, un des pionniers de la photographie) est de couleur jaune moutarde, qui est en même temps la couleur du tissu qui double et donc protège l'écrin à deux verres d'Huguette Malo et aussi celle de la boîte du kaléidoscope de l'ophtalmo. La narratrice pense à faire un manteau jaune pour le chat du voisin, et trouve amusante la pub de la Sécurité routière où Karl porte le gilet à bandes réfléchissantes exigé pour la route : « C'est jaune, c'est moche, ça ne va avec rien mais ça peut vous sauver la vie » (*Ph* 41). Et, comble de précision et d'attention aux détails si favorisées par Nimier dans son œuvre, les gouttes dont se sert tout ophtalmo pour examiner l'œil tout en le protégeant par une couche fine de liquide sont de couleur jaune moutarde qui interagit avec la lumière bleue projetée sur l'œil pendant l'examen. Le jaune de l'œuf en plastique de *La Reine du silence* qui revient dans *Photo-Photo* comme œil en plastique et qui fait ainsi écho à l'œil « crevé » dans l'essai de Freud se transforme ici en manteau protecteur (écharpe, doublure, gilet, gouttes) d'un œil kaléidoscopique qui annonce non la douleur et la cécité de la castration mais le soleil et la lumière de la créativité.

Seul le noir n'offre pas de variation ou de nuance. C'est la couleur préférée des enfants de l'atelier de Frederika dont les images noires expriment leur angoisse. Le noir marque aussi « la chambre noire » que la narratrice s'imagine en rêve habiter avec Édouard Levé et à laquelle elle renonce (*Ph* 99) ; la peur de la cécité possible annoncée par l'ophtalmo ; et l'épisode de la séance de photo que la narratrice voudrait « clore » (*Ph* 118). Il s'agit enfin de changer le « noir » de la détresse en une palette de couleurs : « A un certain point du livre [...], la palette des couleurs se précise [...]. Les repentirs font partie intégrante du tableau, et se tiennent serrés autour du *trait* principal. Raphia ou bolduc [...] » (*Ph* 188 ; c'est moi qui souligne).

En guise de conclusion, notons tout d'abord la résolution ou plutôt la réécriture d'énigme posée par le texte. La voix narrative, œil privé (de détective) tourné vers l'extérieur et œil privé (kaléidoscope) tourné vers l'intérieur, cherche à recomposer l'essai de Freud sous un autre angle, coloré – l'angle singulier de sa place au monde –, et avec un autre affect. Si la tonalité du livre est inquiétante et étrange au départ, elle se transforme en un air réparateur, joyeux et ludique à l'arrivée. Un autre motif important dans le livre est celui d'un passage où, à l'aide du Kaiser-Charon et des panneaux de signalisation parfois contradictoires le long de la route (*Ph* 30), des connexions sont forgées entre passé et présent, moi et l'autre, Marie et Marie. On pourrait imaginer donc que le « trait principal », le bolduc ou raphia du livre-kaléidoscopique qui prend forme et rythme dans la palette de couleurs choisie, serait le trait d'union qui figure dans le titre *Photo-Photo*. Le trait d'union gouvernerait donc le mouvement du texte, étant un lien qui unit et sépare en même temps et ainsi symbolise le dynamisme d'un passage.[15] Ce trait d'union pourrait aussi être le trait noir qui manquait dans le dessin d'enfance inachevé de la voix narrative, celui d'un

15 Pour une étude détaillée du trait d'union et d'autres formes de dédoublements dans les écrits de Marie Nimier, voir David Gascoigne, « Les mots, le double sens et la double vue chez Marie Nimier », in Fréville et Medeiros, *Marie Nimier : Absence et perte*, pp. 81–99.

visage sans contours, qu'elle apporte chez Frederika pour en découvrir les mystères. Forgeant une identité comme différence – Marie-Marie – à travers les angles changeants et colorés de *Photo-Photo*, Marie Nimier dessine pour ses lecteurs comment être une chose et une autre, un moi et son double, dans le dynamisme kaléidoscopique et créateur du livre.

MARINELLA TERMITE

L'Odeur en papier : Anatomie d'un sens chez Marie Nimier

Dans le jeu entre les pleins et les déliés, Marie Nimier explore un paradoxe : le vide rassure – puisque tout peut encore être dit – et le plein inquiète – puisque le tout-dit abolit tant les marges que les limites, éléments actifs de la narration. Les odeurs constituent alors une source de vérité romanesque qui agit à l'intérieur des situations et des personnages de cette écrivaine à travers l'invisibilité. Au moment où l'espace et l'identité s'évaporent, l'écriture s'appuie sur cet effet sensoriel par un équilibre astucieux des antinomies qui lui assure consistance et concrétude. Si, d'une part, l'odorat gère le récit par le biais de la nourriture, de l'amour, de la mémoire, de l'autre, il se fait porteur d'un système d'alerte narrative capable d'interagir avec les choix créatifs et de dévoiler ainsi les frontières d'un monde de plus en plus dépourvu d'une sensibilité olfactive. Comment l'odeur s'installe-t-elle dans les pages de Nimier ? Quand et pourquoi l'écrivaine a-t-elle recours à cette ressource ? Quel est le rôle de ce sens en particulier par rapport aux autres évoqués ? Cette étude vise à analyser la fonction scripturale des odeurs en tenant compte de leur présence variable et de leur degré d'intensité afin d'établir un réseau littéraire qui, par son unicité et sa rareté, interroge les relations entre le langage des sens et son impact sur les sentiments – relations désormais problématiques à cause de la présence de plus en plus envahissante de la sensation brute et d'une subjectivité impulsive.

Odorothèque

Sens au statut problématique du point de vue linguistique,[1] culturel[2] et artistique,[3] l'odorat constitue un chantier ouvert de la science du flair à cause de son caractère instable et moins systématique par rapport à la vue ou à l'ouïe. Les restrictions langagières qui témoignent des limites du lexique olfactif ainsi que des transformations des notions impliquées – de la senteur, qualité exprimée sous forme d'outil rhétorique, à l'odeur comme principe dynamique – se posent ainsi comme une ressource scripturale à explorer au moment où à la désodorisation de la sphère publique correspond la mise au silence des odeurs elles-mêmes. Les effets de ce qu'Alain Corbin définit comme la révolution olfactive – à savoir le passage, entre le XIXème et le XXème siècle, de la puanteur des pauvres à la quête de nouveaux codes pour exprimer les parfums discrets de la bourgeoisie – impliquent la mise en évidence d'une marque individuelle que l'humain s'approprie. De plus, l'affirmation de la sensation au détriment de la formation avec la raréfaction des verbes *répandre*, *exhaler* en faveur de *sentir*, *respirer* – comme l'analyse de l'évolution des profils combinatoires de Peter Blumenthal[4] la dévoile – ouvre la voie à la montée des expressions de flottement qui font de l'incertitude et du doute les conditions ultérieures pour l'accès au littéraire. Le paradoxe d'un « sens sans parole »[5] réside ainsi dans le défi de construire une odeur – dépourvue de

1 Cf. les numéros thématiques de revue : n° 24 (1997) d'*Intellectica*, dirigé par Danièle Dubois et André Holley ; n° 47 (2006) de *Terrain*, dirigé par Isabelle Balsamo ; n° 181 (2011) de *Langages*, dirigé par Georges Kleiber et Marcel Villaume.

2 Cf. Alain Corbin, *Le Miasme et la Jonquille. L'Odorat et l'imaginaire social, XVIIIe–XIXe siècles* (1982) (Paris : Flammarion, « Champs », 2016) ; Annick Le Guérer, *Les Pouvoirs de l'odeur* (Paris : Odile Jacob, 2002) ; Chantal Jaquet, *Philosophie de l'odorat* (Paris : Presses Universitaires de France, 2010).

3 Cf. Chantal Jaquet (éd.), *L'Art olfactif contemporain* (Paris : Classiques Garnier, 2015).

4 Peter Blumenthal, « Odeur – évolution des profils combinatoires », *Langages* 181.1 (2011), 53–71.

5 David Howes, « Le Sens sans parole : Vers une anthropologie de l'odorat », *Anthropologie et société* 10.3 (1986), 29–45.

nom, de forme, de matière – par les mots et d'en faire un moteur narratif. C'est ce que l'écriture de Nimier essaie de sonder.

Dans *Photo-Photo*, elle aborde de près la création d'un parfum. À travers l'exploration des possibilités de se débarrasser de toute forme et de toute densité, de gommer le regard tout en regardant sans toucher, elle recherche un « langage de nature gazeuse »,[6] capable de vider un corps pour habiter le texte.[7] Le roman, qui s'écrit à partir d'une séance photo avec Karl Lagerfeld, suit cette quête puisque tout aspect créatif se décline par le biais de l'équilibre entre ce qui est permanent et ce qui est instantané. L'outil de la photo ici évoqué essaie de fixer un souvenir tout en étant porteur du nom d'un parfum et d'une eau de toilette pour hommes du styliste allemand ; la définition de son bouquet fruité – comprenant entre autres la lavande, le jasmin, le pamplemousse, le géranium soutenus par l'arrière-fond d'arôme de bois et de cuir – est aussi évanescente que celle de l'essence produite. D'où le recours à une dénomination tournée vers des traces extérieures, telles que l'appui à une vedette d'un secteur éphémère comme celui de la mode. Les pages suivent ce parcours en s'inscrivant du côté des caractéristiques olfactives d'une évaporation qui veut rester tout de même ancrée à la narration. C'est pour cela que la diffusion des deux créations de Lagerfeld – *Photo* et *Kapsule* – constitue à plusieurs reprises le pivot du récit. Le renvoi aux témoins extérieurs assure une consistance au produit tout en laissant aux mots l'évaluation de l'effet engendré. Par exemple, la voisine de la narratrice et son meilleur copain parlent toujours de ce couturier allemand lorsqu'ils apprennent qu'elle l'a rencontré. Ils savent tout de lui. Face à cette sollicitation tout à fait externe, la présence d'un chat sur le rebord de la fenêtre – exemple de cadre spatial, à la limite – déplace l'action pour la reprendre après et souligne la marginalité narrative des habitudes :

> Quelques jours plus tard, je leur demande s'ils ont entendu parler du nouveau parfum de leur héros, baptisé *Kapsule*, et oui, là aussi ils sont au courant, des parfums unisexes, récitent-ils, accessibles et raffinés, déclinés en trois senteurs, et ces mots sonnent drôlement dans leur bouche. Le chat fait toujours sa toilette sur le rebord de la fenêtre.[8]

6 Marie Nimier, *Photo-Photo* (2010) (Paris : Gallimard, « Folio », 2012), p. 135.

7 Cf. Angie David, « *Photo-Photo* », *La Revue Littéraire* 48 (2010), 106–9.

8 Nimier, *Photo-Photo*, pp. 46–7.

D'ailleurs, lorsque la même référence revient dans les séquences suivantes, elle ne fait que relancer l'action en expliquant d'abord les raisons du choix du nom et en insistant ensuite sur les nombreuses senteurs de cette essence, désormais diversifiée en fonction aussi de la dilution de ses composants. Entre parfum et eau de toilette aux sources ontologiques incertaines, jamais précisées, ce qui finit par apparaître comme expression de partage des personnages c'est une autre infusion – le thé – dont la texture s'impose de manière exclusive pour la recherche et l'évaluation du goût. Lorsque le « je » se rend chez la voisine pour voir le chat – marque du vivant – et que le chat entend parler du parfum dont il porte le nom, l'animal s'approche du « je », se laisse caresser et émet un ronronnement, capable de couvrir tout bruit. De cette manière, il participe ainsi à la conversation en assurant un rôle de médiation entre le parfum et le thé – présences qui montrent à la fois l'ouïe et le goût.

> – Je lui ai donné ce nom en hommage à Karl Lagerfeld. *Photo*, vous connaissez au moins ? C'est une eau de toilette pour homme qu'il a créée au début des années 90.
>
> Non, je ne connaissais pas *Photo*, je ne connaissais que *Kapsule*, décliné en trois senteurs différentes. Huguette Malo eut l'air surprise de mon ignorance et, posant sa tasse en équilibre sur le bras du fauteuil, partit à la recherche du flacon dans la chambre d'à côté.
>
> Elle revint quelques minutes plus tard, Photo sur ses talons, et l'autre *Photo* (l'eau de toilette) dans sa main droite. Elle avait changé d'avis, ou peut-être oublié qu'elle voulait me faire découvrir le parfum, car elle abandonna le flacon près de la bouilloire électrique, notant au passage qu'il faudrait qu'elle rachète du thé, celui-ci n'ayant plus aucun goût. Depuis la dernière visite de son fils, elle n'y avait pas touché. Autant dire, des lustres.
>
> Les papilles gustatives vieillissent-elles, comme le cœur ou la peau ? Moi, je le trouvais bon, ce thé.[9]

Photo-Photo croise également la construction « industrielle » des odeurs au goût de l'art culinaire – l'odeur accueillante de cannelle,[10] l'odeur de l'orange et du pain d'épices[11] – de manière importune afin de détourner

9 Nimier, *Photo-Photo*, pp. 77–8.
10 Nimier, *Photo-Photo*, p. 43.
11 Nimier, *Photo-Photo*, p. 86.

le regard narratif sans arrêter la possibilité de sentir. En effet, une autre intimité s'établit au moment où l'odeur de cannelle accueille le « je » dans la cuisine de la voisine en même temps que le chat qui s'approche pour lui demander des caresses. Flairer une présence suit le paradoxe du vide chargé d'odeurs comme le cas de l'emballage de la bûche de Noël créé par Lagerfeld pour fêter les cinquante ans de Lenôtre. L'auteur laisse imaginer le gâteau qui s'introduit par les lèvres et les odeurs de l'orange et du pain d'épices qui restent à l'intérieur de l'emballage une fois enlevé son contenu. Cette présentation de l'odorat implique également une perte de distance par rapport à la réalité et une redéfinition des postures narratives, à savoir la source de l'odeur et son déplacement vers l'effet produit ainsi que l'impact temporel en tant qu'intensité et durée de l'effet.

Comme Nimier le reconnaît dans *La Reine du silence*, la fonction du romancier est de parler en se taisant, ce qui implique sa mise à l'abri, entre parenthèses, et l'éclatement de la personne. Cette forme de résistance du point de vue agit à travers les odeurs, comme celle de vétiver destinée à parfumer les phrases,[12] celle de talc qui rassure[13] ou celle acide de la main qui rebute. Le parfum du vétiver entre en action en douceur dans les conversations légères entamées à l'occasion du mariage de la cousine de la narratrice puisque cet élément aléatoire réussit à créer des liens là où le sujet perd son point d'appui et reste en surface aux prises avec les conflits familiaux sous-jacents. L'odeur de poudre qui lie le « je » à sa grand-mère en l'embrassant fait sentir bon, engendre une complicité particulière mais faite de sentiments ambigus, comme la honte réciproque à cause de la gifle inattendue donnée par la grand-mère à sa petite-fille suite aux remarques de celle-ci sur l'emploi de l'argent recueilli à cette occasion ; l'odeur qui accompagne cette accolade révèle l'intimité du non-dit. La main qui sent mauvais est celle du moniteur de l'autoécole au moment où le « je » vient de rater pour la quatrième fois son permis de conduire. Quand elle passe devant le nez de la narratrice, c'est comme si, à travers l'odeur, elle introduisait le trouble, trace particulière des relations et des souvenirs familiaux

12 Marie Nimier, *La Reine du silence* (Paris : Gallimard, 2004), p. 93. *Vétiver* est aussi le nom du premier parfum de Jean-Paul Guerlain. Ce parfum épicé reprend la fraîcheur et la chaleur de la nature.

13 Nimier, *La Reine du silence*, p. 91.

qui reviennent souvent comme clé incontournable de l'univers de Nimier. Si la recherche des odeurs représente une manière oblique pour établir de nouvelles formes de contact entre l'intime et l'extime – sujet très sollicité chez cette écrivaine –, le nez est un outil pour relever une présence là où le vide capte l'éphémère et crée l'illusion. Dans ce choix de postures, l'attention portée par Nimier à la source des odeurs dévoile la tentative d'interaction de l'humain et de l'animal. Comme les capacités olfactives sont plus poussées chez les animaux, son écriture se pose de ce côté pour en explorer les enjeux.

Dans *La Caresse*, c'est l'humain qui renifle l'animal en adoptant ainsi l'action clé de ce dernier avant de renverser le point de vue de la narration de manière à ce que l'animal puisse agir selon les prérogatives propres à l'humain, acquérir sa parole et notamment se désodoriser. L'intérêt de ce processus réside dans le fait que les odeurs tendent vers l'autonomie par rapport au point de vue ; ce détachement de leur source engendre une tentative de définir les phases de la construction d'une odeur, de son identification en termes d'expériences personnelles jusqu'à sa dématérialisation, en passant par les stimulations de la mémoire sensorielle. La rationalisation des passages investit l'odorat d'une conceptualisation qui est loin de sa nature, ce qui – paradoxalement – permet d'engendrer un espace créatif. Si le pronom « on » résume la perspective humaine et introduit la présence de l'animal, les odeurs – de l'anis, de vétiver, de moisi, de viande crue et, de façon plus générale, le mélange indéfini de l'odeur de parfum – se transforment d'objets en sujets de l'action. L'odeur de l'anis a un pouvoir dérangeant pour l'animal[14] ainsi que celles de vétiver[15] ou de moisi[16] parce que ce sont des marqueurs de déstabilisation relatifs à l'état du carlin alors

14 Voir Marie Nimier, *La Caresse* (1994) (Paris : Gallimard, « Folio », 2004), p. 18 : « Il tient absolument à ce que je boive avec lui. L'odeur de l'anis m'incommode, il s'entête, promène son verre sous mon nez, les vapeurs d'alcool me piquent les yeux » ; p. 36 : « Dommage que ma maîtresse ait épousé un homme si peu gracieux, je commençais à m'habituer au goût de l'anis. »

15 Voir Nimier, *La Caresse*, p. 83 : « Une odeur de vétiver me tira de mon sommeil./ Un intrus, juste à côté du buffet. »

16 Voir Nimier, *La Caresse*, p. 39 : « Sans réfléchir, je m'engageai dans l'escalier. Une odeur de moisi me sauta à la gorge. Je m'immobilisai un instant, surprise par la violence de ce monde inconnu. »

que l'odeur de parfum exporte son trouble dans l'espace.[17] De plus, c'est le carlin lui-même qui prend conscience de la naissance des odeurs et qui en donne une lecture neurobiologique : faire stagner les sons dans son cerveau afin de les transformer en odeurs. L'animal décrit également comment son corps réagit aux odeurs, en soulignant tant la possibilité de se transformer en fantôme lorsque son corps est dépourvu d'odeurs que celle de donner consistance à cette image à travers l'appropriation des odeurs, témoins ainsi de vérité. Ce qui n'est pas négligé dans cette approche cognitive c'est, par conséquent, la double perspective sur l'odorat de la part du carlin et de la part de l'humain. L'animal rêve d'être humain alors que l'humain, toujours introduit par le pronom « on », exalte le pouvoir olfactif de l'animal. En effet, invitée le dimanche à prendre un pastis avec ses propriétaires, la chienne a une réaction de dégoût ; au fur et à mesure que cette invitation se renouvelle, l'odeur se transforme en goût comme si les habitudes rendaient tout paisible.

> Même en fermant les yeux, je voyais tout.
>
> L'amant s'éloigna. Au plus-que-présent succédait un autre temps, lourd et indéfini, quelque chose comme la fausse accalmie de l'imparfait. Mme Breton me caressait d'une main distraite. Je rêvais d'un monde aux parfums flous, d'un flair myope, d'une vie tranquille aux pieds inodores de maîtres effacés. Si mon sens olfactif avait été déficient, à l'égal de celui des hommes, je me serais construit une belle coquille. Alors seulement j'aurais pu développer ces facultés d'abstraction qui me faisaient défaut.[18]

Ces données sont confirmées par la reconnaissance réciproque des différentes caractéristiques qui se traduit en une lecture objectivée de la part de l'humain. « On parlerait de l'odorat des canidés. Le nez du chien, disait-il, contient deux cent vingt millions de cellules olfactives, contre cinq millions pour l'homme, sans compter les détecteurs à infrarouges. »[19]

17 Voir Nimier, *La Caresse*, p. 21 : « Chaque matin, Cathy me descendait en même temps que les poubelles. Quand elle invitait un ami, elle m'enfermait dans la penderie et mettait la musique très fort. Une odeur de parfum envahissait l'espace. Elle m'obligeait à avaler un petit cachet. Je me réveillais après la bagarre, seule et déshydratée. Je pense qu'elle avait honte de moi. »

18 Voir Nimier, *La Caresse*, p. 85.

19 Voir Nimier, *La Caresse*, p. 104.

Par ailleurs, la distinction entre humain et animal fait des odeurs – encore une fois – une frontière active puisque l'humain, associé d'habitude au vétiver, sent au contraire le canidé.

Or si le jeu des postures autour des odeurs déploie les références explicites ou implicites à une source qui la met en relation à une cause extérieure ou intérieure concernant l'objet-sujet, l'emploi de l'odorat – actif ou passif – met à l'épreuve la dimension sensorielle à travers des compléments de perception qui qualifient littérairement ce sens. Les romans de Nimier présentent ainsi plusieurs types d'odeurs capables de constituer une chaîne olfactive dont le caractère général laisse filtrer une spécificité fluide. À la distance physique liée à la posture et à la source de l'odeur correspond une distance temporelle ancrée aux souvenirs d'enfance mais, dans tous les cas, les deux distances jouent un rôle enveloppant qui permet à l'odeur elle-même de protéger les personnages. L'aspect rassurant qui en découle met en valeur des odeurs aux effets familiers, mais c'est la notion de propreté qui agit directement sur leur déroulement narratif.

À ce propos, c'est l'odeur du corps qui joue un rôle essentiel puisque Nimier exalte, d'une part, la dimension naturelle de cette essence et, de l'autre, cherche à en désodoriser l'impact sur l'écriture. L'eau de Javel et l'odeur d'éther en sont des exemples. Utilisée comme désinfectant et comme décolorant, l'eau de Javel est très diffusée dans les romans de cette écrivaine. Dans *Sirène*, elle permet de rappeler les odeurs de l'enfance – l'essence de térébenthine, l'alcool de menthe, les galettes de sarrasin, l'huile de foie de morue[20] –, de faire émerger la figure de la mère en sollicitant le sens de la vue, mais dans un contexte d'évaporation, comme si la précision des détails voulait arrêter l'action d'effacement, de dilution propre du temps. Marine – le personnage principal – s'en souvient au moment où elle planifie sa journée et se prépare à quitter la maison où elle habite avec Bruno. En tant que comédienne, elle est capable d'interpréter le désir des autres et agit comme les odeurs : faire émerger des images et des sentiments au moment où elle s'organise pour disparaître. Comme les sirènes, elle chante l'oubli et, quand elle se tait, les odeurs s'imposent comme le dernier rempart avant la rupture avec le vivant. Dans *L'Hypnotisme à la portée de tous*, roman où

20 Voir Marie Nimier, *Sirène* (1985) (Paris : Gallimard, « Folio », 2000), p. 14.

les mots font bouger le sujet, l'odeur de Javel agit sur la narratrice pour la faire exister, pour la réveiller en échappant à toute dimension ouatée.[21] Elle interrompt la digression rêveuse dans laquelle le « je » tombe pour prendre ses distances avec ses parents aux prises avec la nourriture abîmée (le thon en particulier) dans le frigo au retour des vacances. C'est là qu'elle se lie au besoin de propreté des espaces environnants ; l'odeur de blanchisserie ainsi que les qualités positives attribuées au verbe *sentir* et aux fleurs évoquées en amplifient l'effet avant d'introduire l'odeur anesthésique de l'éther, porteur d'absence, de source indéfinie, de froid. De même, le roman *Celui qui court derrière l'oiseau* où l'auteur insiste beaucoup sur les nuances négatives des odeurs – écœurantes et nauséabondes – tout en les rééquilibrant de temps en temps avec l'odeur de l'eau de Cologne et l'odeur de lessive, se situe entre l'odeur de Javel et l'odeur d'éther. Toutes les deux gardent un rôle singulier et de premier plan même si elles ne sont évoquées qu'une fois. L'odeur de Javel s'impose sur les autres en effaçant leurs effets mais en soutenant, comme un intrus dans les lignes, d'autres liens avec d'autres images où c'est la dimension visuelle – tangible ou envisagée – qui compte. C'est le cas du repas que Mikis Zarkos, jeune employé des salines, partage au restaurant avec Valérie Toss, sa voisine d'avion qui réapparaît à Salène :

> Ma portion de riz arriva, énorme et fumante dans son assiette creuse. Une odeur d'eau de Javel se dégageait de la masse. Seule une branche d'estragon, plantée au sommet du tas, illuminait de ses feuilles espiègles la blancheur du tout, me rappelant le chignon de Caroline et les petits bâtons du campement.[22]

Le profil indiscret de toute odeur apparaît également dans le cas de l'odeur d'éther qui se place, comme entre parenthèses, au milieu d'une séquence. Elle se distingue du contexte et joue un rôle de médiation entre le personnage et son changement d'état. Magda est bloquée par le chiffon collé contre son nez qui l'a fait évanouir. L'interruption de l'action et sa reprise suivent le rythme narratif imposé par l'odeur.

21 Marie Nimier, *L'Hypnotisme à la portée de tous* (1992) (Paris : Gallimard, 1994), p. 21.

22 Marie Nimier, *Celui qui court derrière l'oiseau* (1996) (Paris : Gallimard, « Folio », 2000), p. 192.

> Alors Magda entendit des pas, mais elle continua d'avancer : elle croyait que c'était moi, que j'avais réussi à entrer, elle ne voulait pas me parler. Un chiffon froid se colla contre son nez. Une odeur d'éther s'éleva. Elle se sentit disparaître, comme happée par les fibres du tissu.[23]

Ces odeurs relancent ainsi l'action en s'appropriant la technique des anacoluthes, des greffes dépourvues apparemment d'action. De cette manière, Nimier en fait des installations scripturales, prêtes à faire exploser leur nature volatile. D'où leur fonction d'alerte, par exemple, dans un récit policier comme *Domino*. L'idée de disparition véhiculée notamment par l'odeur d'éther revient ici pour rendre l'équilibre entre l'envers et l'endroit géré par le nez au moment où le personnage principal se souvient de Clément, son ancien camarade de classe, renvoyé de l'école sans aucune raison évidente, du moins pour les autres sinon pour le narrateur. Si la transpiration est, en effet, considérée comme un moyen pour revenir à la réalité, l'odeur d'éther sur laquelle l'écrivaine s'attarde ici vise à faire disparaître toute notion d'odeur et à reproduire en même temps les mots sur la page pour la dire, pour lui redonner une densité narrative. L'odeur d'éther se place ainsi, sous la forme d'une anacoluthe explicite, entre les moteurs de la respiration et les ressources gastronomiques en faisant glisser la notion de perte[24] – notion chère à l'écrivaine et point de repère initial de ce roman – vers les aliments. La respiration – trait fuyant, transparent, d'un « je » qui s'installe dans le corps d'un autre pour rester en vie – rythme la suite des phrases.

> Personne, sauf moi. Et j'ai gardé le secret. Je le garde toujours. Il est là, encombrant, souvenir satellite qui revient d'année en année, se chargeant à chaque passage d'une résonance nouvelle. Les poumons se gorgent d'air, puis se dégorgent. L'odeur de l'éther. L'odeur du chou blanchi à l'eau. L'image fugitive d'une assiette de concombre en rondelles rendant leur jus sous un semis de sel. La sensation de perte, oui, de perdre sa substance et de se ramollir. Se voir pâlir.[25]

23 Nimier, *Celui qui court derrière l'oiseau*, p. 275.

24 Cf. Ana de Medeiros et Carine Fréville (éds), *Marie Nimier : Absence et perte* (Caen : Éditions Passage(s), 2017).

25 Marie Nimier, *Domino* (1998) (Paris : Gallimard, « Folio », 2001), p. 100.

Lorsque l'odeur de Javel est évoquée dans des espaces enfermés, c'est elle qui garantit la souplesse narrative, comme dans *La Nouvelle Pornographie* où sa présence semble nettoyer les phrases des détails, en emboîtant tout de même les actions sans avoir recours aux relatifs. C'est ce qui se passe, par exemple, lorsque la narratrice a à faire avec Shusaku et son Bic. « Je profitai de l'irruption stridente d'une guitare électrique pour quitter la chambre. L'ascenseur sentait l'eau de Javel. Le réceptionniste me demanda si le Japonais restait pour la nuit. »[26]

Présent diffusément dans les romans de Nimier, le goût de la propreté ne se limite pas au jeu des odeurs entre eau de Javel et éther : il tient compte aussi de l'impact avec le corps. D'où les nombreuses références à la salle de bain qui enracinent l'odeur dans un lieu spécifique au risque de friser le stéréotype. C'est le cas de l'after-shave de Bruno, l'un des personnages de *Sirène*. Produit industriel qui reproduit à l'identique la même odeur, il permet d'établir avant tout une sorte de familiarité entre l'endroit et ce personnage mais, lorsque son intensité s'impose, elle dévoile la fausseté de la relation olfactive puisqu'une odeur si forte a un pouvoir désodorisant. C'est pareil avec le bonnet de bain et le shampooing de Magdalena dans *Celui qui court derrière l'oiseau* ; ils établissent des relations incongrues avec leurs odeurs – de fleurs en caoutchouc pour le premier et de terre pour le second[27] –, puisque les effets de ces odeurs dérangent par rapport à la nature de leurs sources. L'odeur de lavande présente dans *La Girafe*[28] apparaît comme la trace du rasage tardif du médecin appelé le soir pour soigner le « je » traumatisé par le meurtre qu'il vient de commettre et par le souvenir obsessionnel du médecin qui lui a infligé l'amygdalectomie. Dans *La Nouvelle Pornographie*, l'odeur du savon en forme d'ogive[29] – typique des vestiaires – accompagne aussi un moment de violence intense, le lien charnel établi de manière forcée entre le personnage principal et son directeur ; celle du déodorant issu « d'un mélange de talc et d'eau de Cologne »[30] – que l'hôtesse de l'air laisse flotter en se penchant sur la

26 Marie Nimier, *La Nouvelle Pornographie* (Paris : Gallimard, « Folio », 2002), p. 70.
27 Nimier, *Celui qui court derrière l'oiseau*, p. 35.
28 Marie Nimier, *La Girafe* (1987) (Paris : Gallimard, « Folio », 2004), p. 189.
29 Nimier, *La Nouvelle Pornographie*, p. 24.
30 Nimier, *La Nouvelle Pornographie*, p. 55.

narratrice pour l'envelopper – sollicite des fantasmes érotiques concernant le Japonais assis à son côté. Toutes ces odeurs ainsi que l'odeur de poudre de *La Reine du silence*[31] – celle de la grand-mère paternelle qui gifle la narratrice – et de *Vous dansez ?*[32] soulignent la dimension identitaire du corps acquise par des éléments extérieurs qui masquent sa condition naturelle. Ce n'est que dans *Les Inséparables* que cet aspect est détourné et mis en accusation puisque le corps humain produit des odeurs qui représentent le trait intime d'identification de tout sujet.

> John Palmer avait les cheveux aussi noirs et raides que Léa les avait roux et bouclés. Il les portait en arrière, plaqués au Pento, une sorte de brillantine au parfum singulier. C'était la seule chose qu'il acceptait de mettre sur ses cheveux. Il ne les lavait jamais. Il avait développé une théorie là-dessus aussi, comme avec les dindes, les communistes et les pigeons.
>
> Se laver les cheveux, c'était des conneries inventées par les marchands de savon, qu'est-ce qu'ils ont tous avec leurs conneries.
>
> Les déodorants, des conneries, idem.
>
> Transpirer, ce n'était pas inutile, émettre des odeurs, tout ce qui sortait de la peau servait à quelque chose – il faisait le tour de la question, citant au passage un médecin militaire qui l'avait semble-t-il beaucoup marqué, un certain Flix ou Flict, avant de revenir au point crucial : le corps humain était une machine extraordinaire. Le cuir chevelu savait très bien lui-même comment entretenir ses propres poils, si on le laissait vivre à son propre rythme.[33]

Si la mièvrerie de la lavande est ironiquement chargée d'une extrême violence, l'érotisme se fonde sur une approche déplacée de l'autre dans un contexte tout à fait fantomatique. De même, la chaleur familiale garde toujours une dimension ambivalente qui, à différents degrés, comme dans les exemples précédents, crée les conditions pour que l'écriture rende le non-dit à travers le recours aux odeurs dans les moments d'intimité et de proximité en faisant court-circuiter tout type de relation. Toutes ces

31 Nimier, *La Reine du silence*, p. 91.

32 Voir Nimier, *Vous dansez ?* (2005) (Paris : Gallimard, « Folio », 2007), p. 44 : « Nous allions l'embrasser, j'aimais son odeur de poudre./ Elle est morte un jeudi, nous avons fait le pont. »

33 Marie Nimier, *Les Inséparables* (2008) (Paris : Gallimard, « Folio », 2010), p. 64.

odeurs qui concernent le corps sont ainsi traitées par Nimier d'un œil critique de manière à déjouer leurs sources, leurs contextes et les fonctions que les clichés leur attribuent. Au moment où leur généralité risque de les faire passer inaperçues, l'olfaction s'installe dans l'écriture en polissant les détails et en devenant active même à travers des formes apparentes d'immobilité – comme, par exemple, les médiations des anacoluthes et des phrases suspendues. Le corps qui définit un lieu et qui établit un lien d'appartenance se fait écriture des odeurs en s'emparant des caractéristiques fluctuantes de ce sens.

D'autres odeurs répandues dans l'œuvre de Nimier sont celles du tabac, du café et de l'alcool contre lesquelles agissent les déodorants ou même les chewing-gums afin de saturer leur action dérangeante. Elles bougent en s'intégrant au tissu narratif et en sollicitant parfois des comparaisons.

Une autre odeur particulière est celle du fer à cause de son statut ambivalent, indirect. D'habitude, il s'agit d'une odeur qui n'est pas volatile et qui a à voir avec le toucher. En effet, les métaux peuvent être odorants ou inodores à cause de la présence plus ou moins forte de molécules organiques volatiles qui permettent aux récepteurs olfactifs de les détecter. C'est la réaction au toucher dans un contexte spécifique qui dégage cette odeur diversifiable par son intensité et qui en fait un témoin possible d'une présence à constater. Nimier évoque cette odeur dont elle partage les effets sur ses choix scripturaux mais avec une connotation différente. Dans *La Girafe*, l'odeur de fer, classée parmi les odeurs aimées par Joseph à l'opposé des odeurs détestées comme la mer, dévoile sa capacité relationnelle qui constitue sa condition ontologique ; d'où les liens entre l'ouïe et le goût qui s'établissent dans les espaces anonymes des gares où l'odeur des chemins de fer change en fonction des destinations des trains en faisant de l'olfaction le seul sens capable d'éviter tout anéantissement de la perception individuelle. « Je naviguais à l'oreille. J'aimais l'odeur du fer et le goût âcre qu'il laisse, longtemps après, dans la bouche [...]. J'ai toujours détesté la mer, son odeur, son immensité. »[34]

Dans *L'Hypnotisme à la portée de tous*, cette odeur est associée au vent – facteur de dissolution, de diffusion de l'invisibilité – à l'intérieur

34 Nimier, *La Girafe*, pp. 27–9.

d'une anacoluthe qui joue le rôle d'une molécule incapable d'agglutiner ses composants tout en parvenant à en faire une source odorante paradoxale. En effet, cette fragilité, effet contraire au matériau évoqué, devient, tout de suite après, la caractéristique du narrateur. L'odeur de fer de la locomotive s'envole et ce mouvement se traduit dans le tremblement des jambes de la narratrice ainsi que dans l'élan du livre qui porte le nom du titre du roman de Nimier. « Le vent, l'odeur de fer. Mes jambes se mirent à trembler. Je dus m'accroupir. »[35]

Dans les deux cas, l'odeur de fer s'installe là où la subjectivité est en danger, condition scripturale que Nimier parcourt sans cesse pour dire l'authenticité d'un « je » liquide.[36] Le caractère instable des odeurs qui s'appuient sur d'autres sens pour émerger est également confirmé par le recours à l'anis. Dans *La Caresse*, on en trouve à la fois l'odeur et le goût[37] alors que, dans *Je suis un homme*, Marie Nimier l'utilise sous forme de parfum par la médiation du toucher.[38]

Or l'odorothèque que Nimier élabore dématérialise tout aspect spatial et toute distinction entre sujet et objet, de manière à ce que l'évanescent puisse également se configurer et se répandre sans consistance ni solidité. La macération due à la fréquence de ces odeurs en distille les effets, ce qui fait décanter notamment leur durabilité. La mémoire elle-même se plie aussi aux contraintes temporelles. En effet, les odeurs de l'enfance constituent une catégorie générale, malgré les efforts d'en préciser les contours sous forme de liste d'arômes. L'eau de toilette côtoie l'eau de parfum avec son intensité plus imperceptible et moins durable. C'est pour cela que les choix littéraires de Nimier s'orientent plutôt vers un art olfactif que Chantal Jaquet définit comme « trans-art » et qui appartient aux démarches contemporaines, à savoir un art élargi capable de repousser les limites au nom de la performance.

35 Nimier, *L'Hypnotisme à la portée de tous*, p. 179.

36 Cf. Marie Thérèse Jacquet, « Finir avant de commencer ? Pour une écriture liquide de Marie Nimier à Patrick Deville », in Matteo Majorano, *Tendance-Présent* (Bari : B.A. Graphis, « Marges critiques/Margini critici », 2007), pp. 5–26.

37 Voir Nimier, *La Caresse*, pp. 18 et 36.

38 Marie Nimier, *Je suis un homme* (2013) (Paris : Gallimard, « Folio », 2014), pp. 96–7.

Renifler

Si le système d'odorisation est un outil de découverte et de description de l'équilibre entre le plein et le vide, c'est l'écriture qui apprécie la qualité de l'odorothèque de Nimier. Dans *La Plage*, l'inconnue – nom emprunté aux mathématiques – souhaite s'emparer des caractéristiques des végétaux, de leur sens de discernement, fondé sur l'expérience, sur le vécu et non sur la conceptualisation. Comme les fleurs ne produisent que de bonnes odeurs, elle se frotte les cheveux avec les immortelles pour se doter de leur parfum. « La petite cueille des immortelles qu'elle chiffonne entre ses paumes. Une odeur de curry s'en dégage, elle s'en frotte les cheveux, elle veut sentir comme ces fleurs, ce parfum la bouleverse. »[39]

Cette méthode d'approche en évalue ainsi les effets. Si les démonstratifs (*ces* fleurs, *ce* parfum) servent à gérer la distance d'une source plus ou moins explicite tout en sauvegardant les références indistinctes nécessaires pour entamer un processus d'olfactisation, les modificateurs de qualité des odeurs – tels que les adjectifs « bon » ou « mauvais » – s'imposent sur leur quête d'identité, sur leur densité, et déclinent plutôt la relativité et le dynamisme de la perception. Les odeurs délicieuses appartiennent notamment au domaine de la gastronomie. C'est le cas des distractions olfactives des choristes d'*Anatomie d'un chœur* puisque les bonnes odeurs pénètrent dans la tête et aident à bien chanter. Les variations autour de la viande à l'aide des épices – du fumet du lapin au civet – ou celles concernant les boissons – comme le mélange de menthe et de citron – ont un impact positif sur leurs prouesses sonores et interrogent la nature subjective de la création. Le chœur est ainsi mis à l'épreuve des effets complices de la cuisine :

> Un néon blanc éclaira les murs tachés de graisse. Jean pensa tout de suite aux champignons sautés et au civet, ces odeurs délicieuses qui venaient chaque semaine chatouiller les narines des choristes pendant les répétitions. Qu'un tel délice olfactif

39 Marie Nimier, *La Plage* (Paris : Gallimard, 2016), p. 107.

> puisse être concocté dans ce réduit puant donnait à méditer sur la nature du plaisir et les coulisses de sa création. Pour ponctuer les réflexions, deux cafards tombèrent du plafond, juste devant lui, et se précipitèrent l'un derrière l'autre dans le four entrouvert. Jean s'avança.[40]

Les odeurs de la cuisine sont envoûtantes ; de plus, au moment où les variations gastronomiques apparaissent, le recours à « ça » souligne un effet de familiarité en fonction des contextes des repas puisque ce pronom rapproche le sujet et l'objet et promet d'autres liens savoureux :

> Pour le dîner, il y avait du curry d'agneau. La maison embaumait d'épices. Jean aimait bien les nourritures relevées, ça le changeait des béchamels et autres mièvres accommodements de ses menus d'affaires.[41]

Renifler signifie alors transformer le sujet en acteur pour réfléchir sur la nature de l'odeur. L'écriture de Nimier agit par imprégnation ou par prédication puisque les propriétés volatiles de ces essences se dégagent à l'aide de modificateurs ou de spécificateurs. Au moment où ceux-ci se font porteurs d'incongruités, ils laissent ouvert tout aspect problématique de la question identitaire et garantissent les propriétés volatiles de l'essence à l'espace scriptural.

Pour conclure, lorsque Nimier met en papier les odeurs, son écriture configure à la fois la prise de la distance avec la réalité et la prise de conscience des formes. L'effet est théâtralisant puisqu'en déplaçant constamment les frontières, l'invisible – domaine d'action privilégié de l'odorat – fait court-circuiter toute expression conceptuelle, réveille l'indescriptible et s'insinue dans le registre de l'intimité pour atteindre un partage paradoxal à travers des contrecoups scripturaux désodorisants, tel que le recours à certains arômes généraux très diffusés et, par conséquent, dotés d'un pouvoir affaiblissant. L'odorothèque de cette écrivaine permet de jouer avec l'envers et l'endroit des situations pour décanter les doublements. L'imaginaire qui en dérive amplifie la question du vide et

40 Marie Nimier, *Anatomie d'un chœur* (1990) (Paris : Gallimard, « Folio », 1992), p. 219.

41 Nimier, *Anatomie d'un chœur*, p. 210.

de la fluidité de toute frontière au nom d'un corps-à-corps avec les mots, entre sujet et objet, humain et animal, intime et extime, capable d'animer des stratégies attentives au côté immatériel des données évoquées. Ce détour fictionnel fait de l'expédient de l'odeur un autre dispositif pour que l'écriture défie le réel et le piège.[42]

42 Cf. Thierry Illouz, « 'Piéger le réel'. Petites réflexions autour du roman de Marie Nimier *Les Inséparables* », in Fréville et Medeiros, *Marie Nimier : absence et perte*, pp. 25–33.

CHRISTIAN UWE

La Partition du désir

Prolongeant une réflexion antérieure sur « l'écriture et son double » dans l'œuvre romanesque de Nimier,[1] les pages qui suivent s'arrêtent sur le rapport entre musique et désir dans *Anatomie d'un chœur*.[2] Le motif du double se manifeste ici à travers la tension entre l'aventure amoureuse et le projet musical porté par le personnage principal. Cette tension mobilise l'imagination comme principe esthétique capable de transformer les données de départ d'une situation somme toute médiocre. C'est dans cette perspective que l'aventure amoureuse, qui est de l'ordre privé, se révèle une force susceptible d'influer significativement sur la sphère plus publique de l'interprétation musicale, jouant à la fois des rivalités et de l'ineffable pour mieux les dépasser.

D'un secret à l'autre

À la lecture du roman de Nimier, on pourrait caractériser le rapport entre musique et désir comme une tension entre deux secrets dont l'un relève de la musique et l'autre du désir. En effet, au commencement, le personnage central du roman – Thomas Morhange – a pour mission

1 Référence aux actes d'un colloque tenu à Lyon en avril 2017 : voir Christian Uwe (dir.), *Marie Nimier : L'écriture et son double* (Paris : L'Harmattan, 2019), actes d'un colloque tenu à Lyon en avril 2017.

2 Marie Nimier, *Anatomie d'un chœur* (1990) (Paris : Gallimard, « Folio », 1992). Cet ouvrage sera désormais désigné dans le corps du texte par les seules initiales *AC*.

(au sens presque sacré du terme) de réhabiliter la mémoire de son aïeul. L'oubli qui recouvre l'œuvre du compositeur Alkan est en effet ressenti par ses descendants comme une profonde injustice et le jeune Thomas a été élevé dans l'idée de réparer cet oubli en faisant découvrir au monde le génie de son aïeul. Or, quoique profondément attaché à cette figure quelque peu écrasante, Thomas découvre peu à peu le caractère inachevé, pour ne pas dire chaotique, de son œuvre. Il remanie alors les œuvres d'Alkan et présente comme authentiques des partitions qui ne le sont qu'à moitié. C'est le premier secret de Thomas Morhange : pour la cause de l'aïeul, il est prêt à s'arranger avec les faits. L'Alkan que découvrira le public est donc partiellement réinventé. On le sait, le propre même du secret est d'être inavouable, et c'est pourquoi, pour l'amateur de chantage – comme le ténébreux Médard –, il n'y a rien de tel qu'un secret mal gardé.

Le projet de Thomas est donc de faire admirer cet Alkan quelque peu contrefait. Pour cela, il faut amener le chœur des Célestins à se surpasser. Ce chœur doit lui-même se réinventer. Et cela passe par la capacité de Thomas Morhange à susciter de l'ambition, de la confiance et même du désir dans le chœur qu'il dirige. On constate ainsi un premier déplacement sémiotique puisque Thomas recourt aux métaphores pour décrire la musique qu'il souhaite atteindre. Pour créer l'œuvre musicale, il faut user des mots afin de donner au chœur une vision stimulante de l'œuvre qu'on attend de lui.

Or, non seulement Thomas Morhange doit réinventer le chœur, mais il doit se surpasser lui-même. Et pour cela, il lui faut une inspiration : ce sera Nouche, nouvellement arrivée dans le chœur et dont le mari et le fils font, eux aussi, partie du chœur. Nouche incarne l'idéal musical dont rêve Thomas. Mais cette muse suscite à la fois le désir et le sentiment d'interdit (*AC* 53). Si bien que le premier secret de Thomas (présenter au public un Alkan remanié) n'est réalisable qu'au prix d'un second secret : la liaison avec la femme d'un autre. On soutiendra ici l'idée selon laquelle la rencontre des deux secrets permet d'éclairer les dessous d'une anatomie fort étrange : celle d'un chœur qui vient à la vie à mesure qu'il est disséqué par la plume facétieuse de l'écrivain.

La musique entre imagination et transformation

Sans doute convient-il de constater d'emblée que la rencontre des deux secrets apparaît dès les premières pages du livre :

> La mélodie allait bientôt s'élever et le cortège se mettre en marche. Thomas imagina les chevaux noirs tirant la voiture funéraire, les gerbes de fleurs, la foule des admirateurs venus rendre un dernier hommage au défunt. Il imaginait les funérailles d'Alkan, des funérailles nationales cette fois et, emporté par ses rêves, accéléra le tempo. Il entendit que quelque chose se relâchait. Ses choristes s'abandonnaient au plaisir de chanter. Ils devenaient Nouche, le corps de Nouche allongé devant lui, nu, offert, ce corps désiré. (*AC* 21)

On voit clairement ici que la réalisation du souhait familial (réhabiliter la mémoire d'Alkan) coïncide avec la réalisation du désir érotique qui porte le chef de chœur vers Nouche. On remarquera la connotation érotique qui affleure dans cette accélération du tempo suivie d'un relâchement du chœur qui se laisse aller. On remarquera aussi le fait que si Nouche suscite explicitement le désir de Thomas, le chœur dans son ensemble apparaît comme le lieu symbolique du désir. C'est dans le chœur que le plaisir esthétique et le plaisir érotique se conjoignent.

À l'évidence, ces premières pages font appel à l'imagination comme principe à la fois de création et de réception. Cette idée se précise à travers un faisceau d'images formant l'isotopie de la vivification. Tout d'abord, et fort paradoxalement, c'est par le motif de secondes funérailles qu'Alkan, le défunt centenaire, revient à la vie : lui que seules « quatre personnes » avaient daigné accompagner lors de ses obsèques, on le retrouve cent ans plus tard qui « resurgit des oubliettes comme un diable de sa boîte » (*AC* 13). Et si l'on perçoit une pointe d'ironie de la part du narrateur, notamment avec cette comparaison à un diable sortant de sa boîte, on peut également y voir un constat de résilience. En effet, avec cette musique qui sort de l'oubli, c'est à la fois l'œuvre et l'artiste qui reviennent à la vie grâce à un phénomène de transmission qui commande le passage de funérailles confidentielles à des « funérailles nationales » (*AC* 21), le passage du défunt ainsi honoré au corps vivant de son descendant (« Thomas se sentait revivre » *AC* 20), et enfin le passage du même défunt au corps polyphonique que constitue ce chœur dont la transformation résume à elle seule la force de l'interprétation musicale : « D'un ramassis complexe de rancœurs et d'espoirs contrariés jaillissait l'ineffable » (*AC* 21).

Or, ce « monstre soumis » qu'est le chœur (*AC* 20) l'est par la force de l'imagination de Thomas Morhange. Non seulement le chef de chœur a dû trouver un langage apte à dénouer le faisceau de mesquineries qui font le quotidien des répétitions, mais il a dû également dompter un autre monstre, plus redoutable sans doute : l'œuvre récalcitrante de son aïeul.[3] Tantôt il a fallu user de séduction, et tantôt de ruse : dans les deux cas l'imagination a été le principe qui transforme la médiocrité. C'est ainsi que, dans l'esprit même de Thomas Morhange, l'œuvre musicale se profile comme une joute érotique qui le place face au corps « offert » et pourtant interdit de Nouche. De ce face à face découle un désir étrangement fédérateur : « Ils [les choristes] étaient ensemble, généreux et confiants, eux qui dans les coulisses s'accrochaient à ce qu'ils avaient de plus médiocre » (*AC* 21).

Le véritable auteur

La conjonction de la musique, du chœur et de la femme – avec le goût d'interdit qui, à en croire Denis de Rougemont, accompagne toute passion amoureuse[4] – est un aspect récurrent dans les passages qui évoquent la relation entre Thomas Morhange et Nouche. Lorsque, peu après le début des répétitions de la *Marche funèbre*, Thomas est confronté au

3 Plus loin (p. 130), la métaphore du monstre sera explicitement appliquée à la musique mais dans un sens infléchi : elle désigne l'idéal musical à atteindre et le terme de « monstre » se justifie par le caractère élusif et indéterminé que revêt cet idéal. Le monstre est alors cela dont la forme et la nature ne sauraient être déterminées.

4 Denis de Rougemont, *L'Amour et l'Occident* (1939) (Paris : 10/18, « Poche », 2006), pp. 15–18.

doute face à l'ampleur du défi qu'il s'est donné, la difficulté de la tâche apparaît simultanément avec l'image de Nouche en femme inaccessible :

> Son rempart s'écroulait. Jamais il ne s'était senti aussi vulnérable. Et puis il y avait cette femme, au premier rang, la femme de Jean qu'il n'avait pas le droit de voir. Le chœur tout entier disparaissait derrière son visage. (*AC* 52–3)

C'est une seule et même menace qui pèse sur la musique et sur l'amour naissant. Et la suite est comme gravée dans l'énoncé même de l'interdit. Tout en reconnaissant qu'il n'a pas le droit de voir Nouche, Thomas avoue, peut-être inconsciemment, qu'en réalité il ne voit qu'elle. En effet, si le chœur tout entier disparaît derrière le visage de Nouche, c'est que les yeux du chef de chœur bravent l'interdit dans l'acte même de la conduite du chant. Si bien que la musique et la femme se confondent, comme on le lit quelques lignes plus loin : « Il aimait les corps [de femmes] comme il aimait la musique : avec passion et humilité » (*AC* 53). Et, plus explicite encore, l'apparition de Nouche qui prolonge, en les surpassant, les « douces parenthèses » que constituent ces liaisons amoureuses, participe du même destin que le projet musical : « L'émotion que Thomas éprouvait en dirigeant le chœur des Célestins était du même ordre. Aussi, lorsque le chœur se dérobait, ne s'agissait-il pas d'une difficulté technique, mais bien d'*un échec sentimental* qui lui paraissait insurmontable » (*AC* 54 ; c'est moi qui souligne).

Cette collusion de la musique et du désir se renforce à mesure que le chœur s'approprie l'œuvre d'Alkan. Tout se passe comme si, emporté par ses métaphores[5] de plus en plus élaborées – et de plus en plus franches –, Thomas approchait du corps par le même mouvement qui le rapproche de la création musicale. D'abstraites, les métaphores deviennent sensuelles – et plus efficaces. Curieusement, à mesure que le récit progresse, le chœur cesse d'être la projection involontaire du désir de Thomas pour assumer son rôle symbolique, celui d'être le lieu où se réalise – sous les espèces esthétiques – le désir de son chef :

5 À vrai dire, ce que le texte nomme « métaphores » serait, aux yeux d'un rhétoricien sourcilleux, des « comparaisons ».

> Dans l'esprit de Thomas Morhange, les choses étaient plus claires : peu à peu, la Mort d'un Nénuphar s'était identifiée à la femme qu'il aimait. Chacun de ses mouvements, chacune de ses notes le ramenaient à elle, ses lèvres, la peau fine de ses poignets, son cœur qu'il sentait battre lorsqu'elle s'allongeait près de lui, sa nuque sous ses boucles brunes, ses ongles soigneusement peints. Chaque nuance de la partition lui rappelait sa propre émotion également, car c'était bien cela que les choristes percevaient : l'émotion de Thomas face au corps de Nouche. (*AC* 130–1)

On retrouve ici, exprimée de façon assez claire, cette double signification de la partition qui porte ici le texte musical et la charge du désir, superposant l'événement public (le chant) et l'événement privé et même secret (la liaison amoureuse). La force de ce rapprochement est telle que, dans un étonnant basculement, le rôle de l'écriture passe du compositeur à la femme aimée. Évoquant le rôle que Nouche joue désormais dans sa vie, Thomas se fait explicite : « Tous les jours il la remerciait. Ce n'était ni lui, affirmait-il, ni Alkan l'auteur de la Marche funèbre, mais bien elle, elle seule qui avait été capable de lui insuffler la vie » (*AC* 131). Ce transfert de la fonction auctoriale dit assez la nature du lien qui se profile ici : le véritable auteur de la musique, c'est la femme désirée (cf. *AC* 53–4).

La rivalité des contraires

À côté de cet aveu, presque lyrique, de douce servitude, s'élève la petite musique, fort dissonante, de Médard, administrateur du chœur des Célestins. Ce sombre personnage est presque le contraire de Thomas. Si le chef d'orchestre aime avec passion et humilité (*AC* 53), Médard aime – ou plutôt désire – avec calcul et coercition. Lorsque, pour la première fois, il rencontre Nouche, il forme déjà le vœu cynique de l'avoir : « Vous me détesterez, semblait-il dire, mais je vous aurai » (*AC* 33). De fait, l'administrateur qui a surpris le double secret de Thomas menace de l'éventer si Nouche refuse d'espionner son amant. Le texte n'est pas très explicite, mais il y a lieu de se demander si Médard ne va pas jusqu'à exiger des faveurs sexuelles pour prix de son silence. Une double rivalité oppose ainsi les personnages de Médard et de Thomas : d'une part, ils désirent tous deux la même femme bien qu'ils l'approchent de façons diamétralement opposées ; d'autre part, ils se disputent l'ascendant sur le chœur qui, comme on l'a vu, peut être considéré précisément comme l'image allégorique du désir qui anime les protagonistes.

La charge érotique de la voix

De fait, ce rôle allégorique, le chœur l'assume non seulement à l'égard de Thomas et de Médard, mais vis-à-vis de tous ceux qui, dans le roman, sont aux prises avec leur propre désir. On le voit notamment avec Noé, qui rejoint le chœur en tant que jeune garçon et qui, dans le parcours qui le fait passer des sopranos aux ténors et de ces derniers aux basses, découvre et apprivoise son propre désir. Ce personnage de Noé est révélateur car il permet de voir comment la musique l'accompagne depuis les premiers émois aux accents œdipiens jusqu'au seuil de l'âge d'homme.

Au début, Noé affiche clairement son opposition à son père dont il voudrait prendre la place. Bien que l'enfant reconnaisse la générosité, la bonne volonté et même l'audace de son père, il retient contre lui un défaut « de taille », celui « d'être son père » (*AC* 77). Allant jusqu'au bout de la logique, le garçon ne recule pas devant le meurtre imaginaire de son père (*AC* 77). Toutefois, contrairement au schéma classique du complexe d'Œdipe, le meurtre du père est ici ambivalent en ce sens qu'il relève du désir de prendre simultanément la place du père et celle de la mère. Pour ce qui est du père, le texte est on ne peut plus clair : Noé veut prendre, non pas une place à côté de son père mais bien *la* place de son père parmi les basses. À l'égard de la mère, la visée est plus trouble. En effet, alors même qu'il a déjà perçu la coquetterie de sa mère en présence de Thomas Morhange, Noé rêve d'évincer sa mère au profit d'une relation exclusive avec le chef d'orchestre :

> Avant de s'endormir, chaque soir, Noé passait de longues heures à mettre en scène la mort de ses parents. […]
>
> À l'enterrement, tout le monde était là, la famille bien sûr mais aussi les employés des Sablières, on pleurait beaucoup. Alors se déroulait l'épisode le plus excitant de

> l'histoire, la récompense après toutes ces images en noir et blanc : Thomas Morhange proposait à Noé de venir habiter avec lui.
>
> Oui, Thomas l'adoptait.
>
> Certains jours, Noé laissait à sa mère la chance de survivre. Nouche restait seule dans le grand appartement familial, entre les plantes et son violoncelle, elle ne les dérangeait pas. (*AC* 77–8)

À ce stade du récit, les désirs de Noé restent assez ambigus, indifférenciés, si bien que quelque temps plus tard Dialyse, une des sopranos, croira voir dans le comportement de Noé les signes d'une liaison entre l'adolescent et le chef d'orchestre. Et si cette lecture paraît tributaire d'une erreur imputable à Dialyse, il faudrait remarquer que pendant un temps Noé lui-même n'est pas au clair quant à ce qui se passe en lui. En témoigne la séance chez le dentiste où, écoutant une voix d'homme et une voix d'enfant interpréter le *Stabat Mater* de Pergolèse, il perçoit dans l'entremêlement des voix une sensualité qui, par association d'idées, le fait penser à Thomas Morhange. Cette émotion esthétique est prolongée jusqu'à la répétition qui suit la séance chez le dentiste et, en l'espace d'un paragraphe, on voit le jeune homme passer de l'émotion esthétique au plaisir érotique :

> Noé, emporté par le flot des voix, eut soudain l'impression d'entendre l'enfant du Stabat Mater. [...]
>
> Son cœur se mit à battre très fort. Il eut envie de crier sa joie, dans un élan de tendresse il se leva alors que les autres étaient assis, il devait bouger, aller embrasser Thomas, le remercier, mais son voisin lui demanda ce qui lui prenait et Noé s'aperçut alors que tous les choristes l'observaient [...].
>
> [Il sentit] un besoin irrésistible, en vérité, de se décharger du bonheur qui l'envahissait, de faire exploser cette force nouvelle qui grandissait dans son ventre et de se laisser posséder, non plus par une voix, mais par le chœur [...]. (*AC* 183)

On voit encore ici que le chœur apparaît comme le théâtre ultime du désir, comme s'il constituait le cadre esthétique du plaisir érotique de même que son chant constituait le langage approprié à cette part des personnages qui se dérobe aux mots, voire à la conscience.

En effet, il y a une difficulté à dire le désir. Et face à cette difficulté, la musique apparaît comme un détour bienvenu. Lorsque Noé découvre pour la première fois la jouissance, il découvre en même temps que la source du plaisir est en lui-même à travers ce désir qui s'empare de son corps malgré lui. Et ce mot « désir » sert alors d'« euphémisme pour désigner une partie bien précise de son corps dont, malgré sa grande liberté de pensée, il préférait taire le nom » (*AC* 107). Par la même occasion, il découvre que son corps ne lui obéit plus (*AC* 107), de la même manière que lors de l'épisode du Stabat Mater cité plus haut la musique se débrouille sans lui (*AC* 182). À mesure que le temps passe et qu'il évolue dans la pratique du chant, la maîtrise technique ira de pair avec l'appropriation de sa sexualité, comme le montre cette phrase qui réunit les deux registres sur le plan physiologique : « Peu à peu, il s'habituait à sa nouvelle tessiture et aux caprices de son pénis » (*AC* 108).

Le rapprochement des deux plans est si impérieux que Noé lui-même en sent la force sous la forme d'une peur obscure de l'inceste : « la vérité est que pour rien au monde il n'aurait accepté de chanter à côté de son père. Il ne supportait pas l'idée que sa voix puisse se confondre avec la sienne » (*AC* 108). Il n'est pas surprenant que cette peur s'exprime, chez Noé, en des termes détournés : le mélange des voix signifierait pour lui le risque d'une confusion de destins professionnels. Mais c'est là le langage de la conscience. L'inconscient, lui, s'exprime autrement comme le montre cette réunion, dans la même phrase, de la « tessiture » et du « pénis », réunion qui révèle une autre vérité, à savoir que le vrai risque est le mélange – à travers les voix basses du père et du fils – de deux expressions érotiques. Il s'agirait là d'un coupable unisson.

Musique et désir semblent donc avoir en commun d'être des forces qui échappent partiellement à la maîtrise du personnage et qui en même temps le révèlent à lui-même. Leur mode de signification n'est pas aussi franc que celui des mots, mais c'est peut-être là ce qui fait que l'un se prête si bien à l'expression de l'autre. Le médecin moustachu qui prétend étudier l'évolution de la voix de Noé le sait bien, lui qui a consacré une thèse aux « modifications des organes phonatoires sous l'influence de la sexualité » (*AC* 101). Il sait qu'en écoutant Noé, il écoute son corps par métonymie. La voix est sexuée, et peut-être même sexuelle pour qui sait l'écouter. Ce que le médecin entend dans la voix de l'adolescent qui chante, c'est la lente maturation de sa virilité. On évoquerait presque Pascal Quignard lorsqu'il écrit, dans *La Leçon de musique* : « Le secret sonore de la mue masculine, c'est le sexe devenu mûr, devenu fécond. La gravité de la voix n'en est que la sécrétion sonore. »[6]

Peut-être est-ce pourquoi la voix est un atout de séduction surtout lorsqu'elle est prise dans le faisceau du fantasme. Les altos en savent quelque chose qui considèrent la modulation des basses vers le bas de l'échelle comme une invitation au voyage érotique :

> C'était un groupe surchargé mais cependant discret. Seules les basses parvenaient à les tirer de leur réserve. Galvanisées par les notes graves, elles se poussaient du coude et retenaient leur respiration, acclamant chacune de leurs interventions pour peu qu'elle modulât vers le bas de l'échelle musicale. Il y avait là l'évocation d'un univers qui leur échappait, un monde à la fois sensuel et inquiétant où des hommes aux fourrures enneigées les attendaient peut-être, sur le quai d'une gare, à l'arrivée d'un train … (*AC* 15)

Cette « sécrétion sonore » du sexe, pour reprendre l'expression de Quignard, est présente de façon inconsciente à l'esprit de Noé. Elle explique le refus du fils à siéger au pupitre des basses avec son père mais aussi l'« extrême jouissance » que ressent le fils une fois que le père lui a cédé la place. C'est que la musique, et tout particulièrement le chant, porte la marque du corps qui l'exécute avec ce que ce corps véhicule de désirs et de fantasmes. Comme l'observe Jean Molino :

> Le geste vocal nous fait passer au domaine des techniques du corps au sens de Mauss […]. Il suffit de chanter pour prendre conscience des efforts qu'exige le chant et de l'existence de gestes vocaux qui mettent en jeu tout notre corps : contrôle des muscles de l'appareil phonatoire, contrôle de la respiration, postures qui facilitent l'émission ou sont associées à l'expression.[7]

6 Pascal Quignard, *La Leçon de musique* (1987) (Paris : Gallimard, « Folio », 2012), p. 50.

7 Jean Molino, Jean-Jacques Nattiez (éd.) et Jonathan Goldman (éd.), *Le Singe musicien* précédé de *Introduction à l'œuvre musicologique de Jean Molino : essais de sémiologie et d'anthropologie de la musique* (Arles : Actes Sud, 2009), p. 142–3.

La musique et l'ineffable

Partant d'un mot de Claude Debussy qui disait que « la musique est faite pour l'inexprimable », Vladimir Jankélévitch voit en elle un « *Espressivo* qui ne signifie rien » et ajoute : « La musique ne signifie rien, mais l'homme qui chante est le lieu de rencontre de significations. »[8] Que la musique ne signifie rien de distinct comme le font les mots, c'est une évidence. Toute la subtilité réside dans le fait que ce rien n'est pas un néant, puisque sans avoir de signification la musique a bien un sens. Pour citer Jean-Jacques Nattiez, face à la musique

> Il [nous] prend l'envie de compléter par les mots ce que la musique ne [nous] dit pas, parce qu'il n'est pas dans sa nature sémiologique de [nous] le dire. Elle est, pour reprendre la formule paradoxale, peu explicite comme souvent chez lui, mais profondément juste d'Adorno à propos de Mahler, « un récit qui ne raconte rien ».[9]

Un des atouts de « ce récit qui ne raconte rien » est que son sens se situe à l'articulation de l'esthésique et de l'esthétique. Malgré le caractère abstrait qu'on lui prête souvent, la musique est toujours vécue de façon concrète : elle est d'abord saisie par les sens et c'est par eux qu'elle résonne dans le corps sous forme d'émotions aussi réelles et ineffables que le désir même. C'est sur ce principe que fonctionnent les comparaisons choisies par Thomas Morhange pour amener le chœur vers l'interprétation musicale qu'il a à l'esprit. En effet, à les considérer de près, on constate que ces images convoquent toujours l'expérience esthésique :

> « Comme si »… À mesure qu'avançait la répétition, Thomas se surprenait à inventer de nouvelles métaphores. Comme si la mélodie était apportée par le vent, comme une vague qui s'écrase sur un rocher, comme si vous appeliez le sommeil après trop

8 Vladimir Jankélévitch, *La Musique et l'ineffable* (Paris : Éditions du Seuil, 1983), pp. 92–4.

9 Jean-Jacques Nattiez, *La Musique, les images et les mots : du bon et du moins bon usage des métaphores dans l'esthétique comparée* (Montréal : Fides, « Métissages », 2010), pp. 110–11.

> de nuits blanches, comme un rayon de lumière à travers un vitrail, comme un enfant endormi, une ombre, c'est cela, comme l'ombre d'un oiseau qui vole … (*AC* 100)

Chacune de ces comparaisons convoque l'imagination, bien sûr, mais en tant qu'elle peut susciter à l'esprit un scénario d'ordre esthésique, un scénario saisi par les sens et susceptible de provoquer une expérience sensorielle doublée d'une émotion. C'est cette émotion qui servira pour ainsi dire de diapason permettant de la traduire en musique. Car la musique, dans sa forme idéale, est présentée comme « un espace mythique » où s'éprouve « l'émotion à l'état pur » (*AC* 99) et, à cet égard, elle participe de cette énigme esthétique qui consiste à provoquer des émotions, voire des expériences, réelles en usant des formes inventées.

De cette collusion de la musique et du réel, on trouvera une subtile illustration dans un paragraphe de la deuxième page d'*Anatomie d'un chœur*. Alors que le projet musical touche enfin au but, on retrouve les personnages de Thomas, Nouche et Noé réunis dans une sorte de portrait de famille recomposée :

> [La voix de Thomas tremblait.] Noé sentit son émotion, il glissa sa main dans celle du chef. C'était un geste d'enfant, Thomas sourit. Au même instant il croisa le regard de Nouche, la mère de Noé. Elle desserra d'un cran la ceinture de sa jupe, secoua ses boucles brunes, se parfuma. Une odeur de pomme artificielle envahit la pièce. Le visage de Thomas s'empourpra. (*AC* 14)

Ce geste de Nouche qui desserre d'un cran la ceinture de sa jupe rappelle au lecteur attentif qu'à ce moment, au moment de la représentation tant attendue de la pièce d'Alkan, Nouche attend un enfant dont Thomas est vraisemblablement le père (*AC* 245). L'aventure musicale du chef du chœur aboutit enfin à une étape décisive de sa passion amoureuse[10] en même temps qu'elle donne à Noé ce père de substitution dont il avait rêvé sans oser y croire.

10 L'enfant à naître s'appellera Valentin, reprenant une part du prénom de l'aïeul, Charles-Valentin. Il évoque donc la musique par ce lien avec le compositeur en même temps qu'il est, selon toute vraisemblance, le fruit de l'amour de Thomas et Nouche.

Cet obscur objet du désir

Pour conclure, il convient de s'arrêter un instant sur les dessous sémiotiques du désir. On a pu voir que dans le roman de Nimier le désir s'exprime à travers la pratique musicale. Or, si cette association paraît fondée au regard du roman en question, elle peut également surprendre. Car il est de notoriété publique que le désir commande le moins franc des langages. La musique quant à elle, du moins si l'on en croit Thomas Morhange, est le langage de la justesse : « D'une note, on peut affirmer qu'elle est juste, en la comparant à une autre note, mais d'une phrase, d'un discours, d'une vie de palabre ? Le verbe est illusion, se répétait Thomas » (*AC* 95). On peut aisément concevoir l'opposition possible entre le désir toujours détourné et la musique qui tend vers la précision. Toutefois, outre que les deux domaines relèvent d'une sémiotique de l'éprouvé – puisque même la musique la plus savante se réalise dans *l'épreuve* esthétique de l'interprétation – on constate que le désir, finalement, ne semble pas avoir de sémiotique propre, comme s'il était, par nature, appelé à s'exprimer par des langages d'emprunt. De ce point de vue, la musique n'est bien sûr pas le seul langage apte au service du désir. Cependant, telle que construite par *Anatomie d'un chœur*, l'association des deux plans permet de montrer ce qui pourrait passer inaperçu lorsque le désir s'exprime à travers le langage verbal : ce dernier ayant la prétention de pouvoir distinguer le vrai du faux pourrait laisser penser que l'expression verbale du désir obéit à cette même distinction. Or, même avec des propositions vérifiables, le désir s'exprimera moins sur le plan conceptuel du langage et davantage sur son plan connoté, voire mythique. C'est précisément sur cette ligne de crête que se situe *Anatomie d'un chœur*, œuvre verbale qui *dissèque* – au sens *anatomique* du terme – sa forme mythique comme pour faire la partition du sens obvie et de l'imaginaire érotique.

Le Sujet et la littérarité

The Subject in the Web of Literature

PATRICIA HODGES

Generic Ambiguity in *Les Inséparables*

The classification of *Les Inséparables*[1] as a 'novel' suggests a work of fiction, but 'pure' fiction is a narrative devoid of all reference to an historical framework and few texts fit that description. As Nimier says in her 2008 article in *La Nouvelle Revue Française*: 'Après *Sirène*, mon premier roman, je me suis engagée nettement [...] dans ce qu'on pourrait appeler (ne pas oublier les guillemets) la fiction "pure".'[2] Nimier finds creative freedom in inventing a story, and she continues, 'je trouvais la liberté d'inventer un monde flottant, relié au réel par des petits piquets plantés dans le sol' ('À propos' 2). But her eventual objection to 'pure' fiction was that she felt her characters were insubstantial beings made up of words. In Nimier's view, character is a fundamental entity, present in the narrative structure and sufficiently embodied to be apprehended by the reader in the network of its motivations and actions. In other words, her work after *Sirène* (1985) was shaped by her urge to generate situations that would show not just the act of facing up to life but also the 'character' which carries out the challenge.

There has been an attempt in modern critical theory to replace the mimetic literary character portraying a real person by its conception as a linguistic construct. However, critics such as Shlomith Rimmon-Kenan, Jonathan Culler and others are right to suggest that the character remains an essential aspect of narrative fiction without which the reported actions of the plot would be less comprehensible. As Culler argues, the dismantling

1 Marie Nimier, *Les Inséparables* (2008) (Paris : Gallimard, Folio, 2010). Further references will be given in the text as *I* followed by the page number.

2 Marie Nimier, 'À propos des *Inséparables*', *La Nouvelle Revue Française* 587 (2008), 1–13 (p. 2). Further references will be given in the text as 'À propos' followed by the page number.

of the traditional literary character 'may well be a case of moving too readily from one extreme to another, for the roles proposed are so reductive and so directly dependent on plot that they leave us with an immense residue whose organization structural analysis should attempt to explain rather than ignore'.[3] Nimier clearly agrees as she suggests in her article: from not believing in her early characters at all, her later creations are inspired by and represent people very close to her ('À propos' 2). Commenting on *La Reine du silence* (2004) in the same article in *NRF*, Nimier states that, 'avec cette inscription du roman dans un cadre autobiographique, un nouvel appétit s'est aiguisé. Une force se dégage, une urgence, un risque aussi. Un engagement' ('À propos' 3). This is a reminder of Nimier's relation with personal memory and its unpredictable but evocative power, and her search for adequate ways to deal with it without resorting to nostalgia: 'Les pères, parler des pères, c'est ce qu'il faudrait faire maintenant, même si ça vient comme un cheveu sur la soupe. On sait bien que ce n'est jamais le moment, qu'on préférerait avancer plutôt que de revenir en arrière' (*I* 183). Nimier is openly grappling with the difficulties of recuperating the past in the present and of imposing her present identity onto her past one. This struggle (which is concealed in the writing of autobiography so as to privilege realist illusion) is part of the subject matter in *Les Inséparables*, as we shall see.

With her stated desire for a more personalized narrative, Nimier suggests that her lived experience is a sequence of events that needs to be told. Here she reinforces Paul Ricœur's assertion in his essay 'Life in Quest of Narrative' that we are 'inclined to see in a given chain of episodes in our own life something like stories that have not yet been told, stories that demand to be told, stories that offer points of anchorage for [a] narrative'.[4] But more than this: in writing her 'autobiography', Nimier creates an authentic voice that portrays her experience as a female writer. As Anna Rocca and Kenneth Reeds argue, writing an autobiographical narrative 'is an opportunity for women authors to take action and to fight against

3 Jonathan Culler, *Structuralist Poetics: Structuralism, Linguistics and the Study of Literature*, 4th edn (London: Routledge, 2008), p. 272. See also Shlomith Rimmon-Kenan, *Narrative Fiction: Contemporary Poetics* (London: Routledge, 1999), p. 31.

4 Paul Ricœur, 'Life in Quest of Narrative', in David Wood (ed.), *On Paul Ricœur: Narrative and Interpretation* (London: Routledge, 1991), p. 30.

personal and social immobility and stagnation'.[5] They suggest that the female autobiographer marks 'a place of agency' by subverting social and cultural perceptions of gender supported by a particular narrative which denotes the universality of male experience. This approach is taken to show that the voice of a female writer is articulated through a negotiation between her own experience of the dominant myths and stories of her culture, and her desire to write an autobiographical text. Rejecting a fixed identity of self, Nimier nevertheless maintains a concept of subject-hood in *Les Inséparables*, however unstable this may be, so that the reader is able to delineate the autobiographical narrator in the represented culture and society. Despite the variety of instabilities that are discussed below, there is no difficulty in reading the figure of a woman emerging as a particularly charged cultural sign and site of social and emotional struggle:

> Nous pouvions [...] décrypter à la sauvette les graffitis obscènes qui couvraient les volets de la dernière boutique du passage, boutique aveugle que nous avions toujours connue fermée, à l'enseigne du Bonheur des Hommes.
>
> Après ce travelling hautement chargé en émotions viriles, il fallait remonter à la surface. (*I* 16)

The passage above is a reminder that the literary work provides an articulation of the cultural construction of both writer and text which cannot be considered outside historical and cultural contexts. The extent of peripheral, intertextual influences on the author's writing in relation to the incursions of the *moi* shows the extent to which the internal aspects of the text are linked to the external context.

Given the overtly personal nature of *Les Inséparables*, then, the text resists the overarching classification of 'novel'. Indeed, to reinforce the autobiographical stance, *Les Inséparables* can be explored in terms of its focus on a particular historical period which is part of Nimier's lived experience – Paris in the 1960s. The topologies of Paris are presented to stage the urban environment for the portrayal of two girls going through a series

5 See *Women Taking Risks in Contemporary Autobiographical Narratives*, eds Anna Rocca and Kenneth Reeds (Newcastle upon Tyne: Cambridge Scholars Publishing, 2013), p. 9.

of *Bildungsroman* crises. References to cultural motifs, dates and events are a rhetorical strategy normally found in the realist text. According to Culler the purpose of this strategy is to consolidate the 'mimetic contract [with the reader] and assure the reader that he can interpret the text as about the real world'.[6] Nimier shows this confidence in the representational function of her writing: space and geography, time and history form a significant interpretative dimension in the text. She confirms that space and history are an important influence in constructions of identity: 'La guerre, on n'en voulait pas, et ce fut le message de nos premiers graffitis [...]. Le général de Gaulle était encore au pouvoir, [...] mais pouvait-on compter sur lui ?' (*I* 32). The historicized representation of Paris, no doubt prompted by Nimier's stated desire for 'un cadre autobiographique', contributes to the autobiographical perspective as it serves as economic and social signposting of a particular historical moment, conferring authority on the narrative.

Nevertheless, I believe that the formal and thematic energy of *Les Inséparables* rests on its problematizing of the nature of reference, that is to say of the relation of word to object and of discourse to experience. Nimier shows the limits of mimesis (essentially taken as the imitation of reality founded on securing the signifier/signified identity) as the narrator readily admits that words do not match what they designate, 'même sous leur forme la plus stable (la forme écrite)', and adds ironically 'et dans un espace aussi policé que le quartier des Champs-Élysées' (*I* 26). The narrator reflects on, as well as mocks, the view that language is like a window through which a pre-existing reality can be perceived. The statement is specifically parodic in its intertextual relation to both the novel and the autobiographical genres and we can see ironic discontinuity exposed at the heart of the expected continuity of the novelistic work. In its intertextual relations, a text is dependent on *other* texts and relies on the *vraisemblable* so that textual language appears as commonplace and 'natural'. The outcome of this process is that writing becomes invisible as *writing*. But through the ironic statement above, Nimier forces a reconsideration of the reader's assumptions about the nature of language, drawing attention to writing as *writing*. The concept of language as transparent is thus de-signified in

6 Culler, *Structuralist Poetics*, pp. 228–9.

Les Inséparables. This is in opposition to the essential enabling principle of the novel as genre, which is certainty in the representative power of language. Through the rupturing effect of similar interventions by the narrator, Nimier signals that neither the conventions of the novel, nor of autobiography, quite apply in this text. She apparently rejects a neat opposition between fiction and reality in a text in which she seems to be – albeit problematically so – both narrator and subject. Through statements such as 'tout ça est assez flou dans ma mémoire' (*I* 65), Nimier's text does not articulate 'reality' precisely, because she frees her narrator from a consistent complicity with the material world, introducing instead the instability of memory. The implication is that recollections can be as unreliable as fictions, and fictional passages may be permeated with accurate recollection, compromising the reader's capacity to distinguish the two realms in the text. With Nimier's exploration of form, *Les Inséparables* cannot be read entirely by the strict decoding strategies of the 'readerly' text (the 'already read'), as the reader is never allowed to forget its artifice by the consistent challenge to the authoritative voice of the narrator by the narrator herself. Nevertheless, it is clear that without succumbing uncritically to the authority of reference, the external world in *Les Inséparables* does not cease to exist or the referential dimension of language dissolve. I shall therefore discuss this text in the ambivalent terms that I think define it: referring to the characters' realities but simultaneously separating the realm of language from the concrete world.

Given Nimier's keen awareness that accessibility to the past is conditioned by textuality, what are the narrative strategies she employs to achieve an account that is less *depersonalized* than a so-called 'purely' fictional text? To begin with, she narrows the distance between the implied author[7] and the narrator by the use of first-person narration. The trustworthiness of self-narration depends on temporal distance between the narrator and the

7 The implied author is the author's persona as reconstructed by the reader from the text. This figure must be distinguished from the real author in that the latter may write two or more texts, each conveying a different implied author. The implied author is also distinct from the narrator who is the figure that recounts situations and events but is not taken to be responsible for their selection. See Gerald Prince, *Dictionary of Narratology* (London: Nebraska University Press, 2003).

narrated, and to do this Nimier has to divide the 'I' between the past and the present. She also has to accept the strong presence of a characterized narrator as a stand-in for herself. As she states in the *NRF* article: 'la narratrice c'était moi, ou tout le moins quelqu'un qui me ressemblait'.[8] Culler argues that one of the obstacles of conventional fiction is that the reader finds it difficult immediately to identify a narrator and so is not sure how to contextualize the language.[9] With the presence of a strong narrator, who in this case is also a character in the story, the reader can accept her utterances in such a way that models of credible human attitudes and of coherent personalities can be made operative.[10] On the other hand, to write this kind of 'truthful' text Nimier had to forego narrative self-consciousness if she was to be believed, and yet narrative self-consciousness is there throughout, pointing to the artifice of the text and throwing doubt on its truth. Nimier, then, had to create a balancing act between suggesting the constructedness of her narrative and, simultaneously, creating the lure of the autobiographical which is her real life and the revisiting of her past. In the following passage, for example, her concern for rendering her 'real past' in a detailed description of Rachel – her personality, her home, the colour of her skin – is overtaken by a desire to disrupt the authority of this realist description, the very first sentence of which admits to a representation of a past that is necessarily constructed:

> Le présent a cette faculté de compresser les sentiments du passé, donnant comme un amour exclusif ce qui n'était encore qu'une amitié partagée car [...] Rachel Touati m'aimait bien aussi. C'était une fille curieuse, toujours prête à se joindre à nous pour aller explorer le quartier. [...] Son appartement était perpétuellement en travaux. [...] La couleur de sa peau nous fascinait, dorée, même en plein hiver, nous trouvions qu'elle avait de la chance. (*I* 42)

To achieve her aim, Nimier also has to make the reader believe that she is writing about a reality which is objectively there in the first place. To do this she has to stabilize her identity in the story-world by imposing on

8 Nimier, 'À propos des *Inséparables*', p. 4.

9 Culler, *Structuralist Poetics*, pp. 228–9.

10 Culler, *Structuralist Poetics*, p. 171.

the text the clear form of a story involving temporal sequences. The plot in *Les Inséparables* is chronologically stable because the organization of time and space is crucial to give the reader quick access to a text that purports to be truthful. Reality, then, is *coerced* into providing suitable conclusions to consistently meaningful chains of events. And to strengthen the autobiographical tone, the opening sentence, 'Léa avait cet indéniable avantage sur moi', leads the reader to believe that the subject of the story will be the author herself.

Broadly speaking, Nimier's technical developments in narrative appear concurrent with contemporary notions of language: she participates in the discourse that destabilizes the idea of language as referring to a pre-existing world and, by extension, the concept of a fixed and coherent subject. In other words, with the relation between words and the concrete world questioned, the text has implications for the way human subjectivity is conceived. Nimier, the real author, admits that 'Une certaine confusion entre la réalité et la fiction a été un moteur important dans [son] travail de ces dix dernières années' ('À propos' 10). This statement provides a context for the narrator's self-questioning in *Les Inséparables* and suggests Nimier's interrogation of the self as concept and her options for its expression in language. Despite the urge to make the reader believe in a pre-existing world which would conform with the realist illusion (as autobiographical accounts demand), Nimier undermines any comfortable relationship between the world and the 'consciousness' of the observing narrator. Refusing to present the narrator/subject as a *source* of truth, meaning and knowledge, the text provokes a reconsideration of the subject–object relationship. Conventionally the novel is seen as a form of expression in which the author outlines his or her relation to the external world. S/he does this by rationalizing it in terms of him or herself, by finding in the concrete world correspondences to his or her own frame of mind and sensibility. However, the subject no longer being the source of knowledge and truth, Nimier shows a different view of that relation. The narrator/subject in *Les Inséparables*, then, is no longer presented as a *source* of meaning, so meaning arises in the encounter between her and the world. The eye that perceives her environment is not the physical eye; the object is a remembered mental image and the cause of a recollected emotion:

> L'écriture a cet avantage de faire flotter le plus lourd des souvenirs. Cet avantage, et cet inconvénient. On nage, on plonge, on avance. Dos crawlé ou brasse papillon, on a du mal à quitter l'élément liquide, une phrase vous entraînant vers une autre phrase, un sujet vers un verbe, un point vers une majuscule. Avec toujours tapie derrière, venant de la rue Robert-Estienne, cette idée que les mots sont trompeurs, obsolètes ou insuffisants. *Alors, on se raccroche aux images*. À cet enfant, par exemple, la vision de cet enfant [...], qui marche entre ses deux parents. Ma gorge se serre [...], je me sens affaiblie par ses rires joyeux. (*I* 166; my italics)

Nimier looks for the more stable *image*, given the problem of a referential language. The image is the best way for her to convey the 'truth' of her life. This is consistent with her wish to create effects which contain more than factual truths and events, such as recognition and emotional transformation: 'En "réalité", je n'ai toujours aucun souvenir de mon père, et c'est surtout ma façon d'aborder l'écriture qui a changé' ('À propos' 3). By privileging the image and therefore favouring the subjective view, Nimier challenges traditional notions of the authoritative, more or less autonomous narrator who creates for the reader a world which s/he is expected to recognize. Instead, the narrator throws doubt both on the nature of language and on her own recollection: 'Avec le temps, [John Palmer] était devenu une de ces figures mythiques de l'enfance dont on veut encore et encore écouter les exploits' (*I* 210). The principle that external objects provoke responses which vary only with respect to variations in the subjectivity which observes them assumes the value of Maurice Merleau-Ponty's phenomenological reduction: phenomena as experienced and interpreted by the human mind. In Merleau-Ponty's philosophy, '[human] intentionality is conceived as the giving of meaning, an *act* of signification. The body is construed as its vehicle and is transformed [...] into a distinctly "subjective" dimension'.[11] The narrator narrates only what is important to herself and filters out the rest. The most significant objects to the perceiving mind of the narrator and the way in which they are described establish the state of mind that controls the point of view in the text.

Point of view is of course the important device here. A perceptual centre is sustained in first-person subject position where the perceptual

11 See John F. Bannan, *The Philosophy of Merleau-Ponty* (New York: Harcourt, Brace & World, 1967), p. 14.

voice 'je' is frequently mentioned and which is consistently propped up by her surroundings: 'La station est tapissée de publicités aux couleurs vives. On vend du camembert à prix cassé et des voyages *all included*. Je pense aux vaches sacrées des rues d'Ahmedabad' (*I* 125). The historical, the personal and descriptions of the material world develop into an appeal for truth and objectivity, but at the same time Nimier admits the inevitability of a subjective view. This position suggests two simultaneous but apparently opposing views: the objective and the subjective. Do objectivity and subjectivity contradict each other? Can Nimier's efforts to describe the material world so as to write a 'believable' autobiography make space for the subjectivity she wishes to express? She states, for example, that '[Paris est] un territoire [...] basé sur la réalité [...] mais qui devient une zone imaginaire, réinventée' ('À propos' 6). Here she includes *imagination* as part of the characters' experience. In other words, by placing imagination as part of, rather than in opposition to, experience, she reconciles objectivity and subjectivity. Her approach to the subject/character is an articulation of the individual imagination in relation to the real world and to the non-real at the same time. Her position seems to hover between the world as existing separately from the observer *and* as a coherent projection of subjectivity:

> Comme il n'y avait qu'une seule caisse pour vendre les billets, les queues se déroulaient sur plusieurs centaines de mètres. Quand il pleuvait, les parapluies avançaient à touche-touche. Nous imaginions la scène vue d'un hélicoptère [...], ce long serpent aux écailles multicolores qui ondulait le long des Champs. (*I* 70)

Transcribing reality is not possible, Nimier's position suggests, because the action of representing something external to the text clearly means that a separate aesthetic version of it is created. The evocation of whole settings, as in the passage above, as well as objects – 'le tabouret devant [la] boutique excitait aussi notre imagination' (*I* 16) – is permeated with the narrator's emotions. Again, there is a connection here with Merleau-Ponty's phenomenology: in *Phénoménologie de la perception* (1945) he develops the notion of the body-subject as an alternative to the Cartesian 'cogito'.[12] This distinction is particularly relevant in that Merleau-Ponty

12 Here, Cartesian dualisms of mind and body are substituted with the notion of the *univocity* of mind and body. According to the Merleau-Ponty scholar Remy

considers the world *existentially*: consciousness, the concrete world, and the human body as a perceiving organism are closely interconnected and mutually implicated.[13] The real world in *Les Inséparables* is reimagined and reshaped but, as Merleau-Ponty argues, 'le monde est toujours "déjà là", avant la réflexion'.[14] Nimier's narrator/reality connection is decidedly intra-mundane.

As we have seen, to prevent the reader from consistently applying realist reading conventions to *Les Inséparables*, Nimier takes the issue of the relation of fiction and reality as a central concern. In addition, she disrupts the narrative by highlighting the presence of the author through the characterization of the narrator-novelist, a device which foregrounds the thematic significance of the process of writing. Nimier states in the *NRF* article that, 'en parlant à la première personne de sujets brûlants, dits "de société", la drogue la prostitution, j'ai été également obligée de prendre place, position'. Here she touches on the responsibility taken by the author with regard to moral questions as 'ce mélange inquiétant entre la vie privée et la vie publique' ('À propos' 4). The narrator as novelist announces a narrative element that occupies a liminal position in relation to the fictional diegesis. By means of this strategy, the narrator in *Les Inséparables* belongs partly to the diegesis and partly to the field that orients the reader towards the real author. The narrator is therefore experienced by the reader as something more than a role inscribed in the text, more as a person in the 'real world' and with the authority to refer to that world. *Les Inséparables* suggests that the author might not be 'dead' after all, as Malcolm Bowie argues when confronted with the very personal nature of Mallarmé's poetry. Bowie states

C. Kwant, 'the affirmation of the "body-subject" as the ambiguous unity – not union – of bodily being and subjectivity is the most fundamental affirmation of Merleau-Ponty's philosophy'. See Kwant, *The Phenomenological Philosophy of Merleau-Ponty* (Pittsburgh: Duquesne University Press, 1963), p. 11.

13 Merleau-Ponty states in *Phénoménologie de la perception* that 'La phénoménologie, c'est l'étude des essences [mais] c'est aussi une philosophie qui replace les essences dans l'existence'. *Phénoménologie de la perception* (1945) (Paris: Gallimard, 1997), p. 7.

14 Merleau-Ponty, *Phénoménologie de la perception*, p. 7.

that Mallarmé's work challenges the cautious hypothesis that works of art are 'self-bounded worlds in which all tensions are internally resolved and all pains internally soothed and that the personality of their creator (if he has a personality at all) is irrelevant to them'.[15] Incorporating critical reflection into the fictional world, Léa questions the narrator, drawing attention to the latter's liminal position:

> C'est un roman, non, tu as le droit de faire ce que tu veux avec tes personnages ?
>
> Si ce n'est pas un roman, pourquoi dis-tu que Steven travaillait près du McDo ? Et cette histoire de kiosque, à Grenoble, tu l'as sortie d'où ? Tu vois, c'est un roman. (*I* 274)

Here, Nimier opens up the space for self-reference that explodes the illusion of realism. The text ends with a dialogue between the narrator and Léa about how to finish the story: 'ça pourrait se terminer comme ça [...]. Ou alors, encore plus simplement, sans rien de particulier' (*I* 275). This discussion involves a way of thinking that puts the notion of the end of any text into doubt, whilst the idea of the writer being on a threshold evokes openness, indeterminacy and ambiguity. The resistance to the construction of a narrative ending forced by convention allows for Nimier's fictional universe to question and overlap with non-diegetic realities. The ending of *Les Inséparables* is marked by qualification and openness, again in tune with contemporary literary thinking, pointing to the open-endedness of the 'text' as opposed to the closure of the 'work'.

The status of Nimier's ambivalent 'autobiographical novel' is articulated in David Herman's use of the term 'story-worlds'. At the source of this term is the conviction that fictional narrative should not be seen as a special case on the basis that it is made up. According to Herman, discourses of all kinds refer to states of affairs that can be thought of, like fiction, as non-actual, and so 'fiction' does not have any particular ontological properties. For Herman, the relevance of the term 'story-world' is its suggestion that all narratives have world-creating potential and that therefore the term applies

15 Bowie, Malcolm, *Mallarmé and the Art of Being Difficult* (Cambridge: Cambridge University Press, 1978), p. 154.

to both fictional and non-fictional narratives.[16] Interpreting readers bring to bear on those story-worlds different evaluative criteria, causal inferences, identification and so on. *Les Inséparables* hesitates between upholding the possibility of representation and dismantling it by questioning the concrete reality that is revealed in the process of narration. The act of telling, which is, by the narrator's own admission, unable to reach reality through language, becomes an effort to shape reality by shaping the narrative. As the narrator states, 'Les mots s'insinuent, ils ont leur existence propre qui se moque des impasses et des sens interdits, alors un monde se constitue dont personne n'a toutes les clés' (*I* 267). This implies that life events do not always take place in the shape of a tidy narrative. It is also a reminder that a variety of techniques and devices are employed to record not only fictional events but also events that actually happened; these tropes and rhetorical strategies facilitate readers' understanding of the world. In short, Nimier encourages an awareness of textual, personal and political realities and the fact that these are re-presentations too.

It may be useful to ask why Nimier found it necessary to approach her autobiographical project as she did – that is, her real life within a fiction or a fiction within her real life –, because there are indeed many obstacles when trying to communicate a life that is necessarily uncertain, constantly shifting and contradictory, by means of a writing that for all its gaps still requires lexical and grammatical precision. As the narrator states: 'Il faudrait reprendre le récit [...] sans se laisser submerger par les images. Raconter [...] en peu de phrases, mais avec des sujets et des verbes qui se tiennent – une chronologie, en somme, à défaut d'une explication' (*I* 84). The autobiographical writer is forced to convey a picture that is relatively stable and that will appear, in a sense, conclusive. There is an unavoidable finality in the autobiographical project, and even the best attempts to reproduce that glittering past moment will not be without a certain amount of transformation. The risk for Nimier as *autobiographer* is that the recounted recollection – the written discourse – is more stable than the distant lived episode and might in the end replace its reality. The

16 David Herman, *Story Logic: Problems and Possibilities of Narrative* (London: University of Nebraska Press, 2002), p. 16.

past may be too fragile by the very nature of memory, and by returning to it and writing about it, its status as fiction might be accelerated. Nimier takes this risk and takes on a double project: first, to look back to her past without the fantasy of being able to represent it 'truthfully', and second, to create relatively stable stories from the constant movement of life, intentionally inventing where the autobiographical 'real' is expected, as if the story she is telling were not her own.

In this discussion I have explored the fluid narrative exchange between a fictional and an autobiographical text. This fluidity exposes the tension between the readerly claims of a realist narrative – a text that represents what we think of as the real world with mimetic fidelity – and the requirements of the writerly text and its discrepancies, undermining the reader's expectations and forcing acceptance of an open-ended ending.[17] The fictional aspect of *Les Inséparables* serves as a means for Nimier to free herself from the autobiographical prescription for truth and order, but its autobiographical function bestows a form of narrative control over the dynamism of a highly charged imagination. While her stated 'confusion' between reality and fiction is an important motivation to confront the philosophical and epistemological issues around language, there is also her specified wish for the more personalized narrative offered by autobiography as a site of female agency where she feels more 'engaged'. In this way, Nimier plays with the concept of autobiography as conventionally imagined. Telling her story is not an uncomplicated endeavour, she suggests, as she must both take into account her role as writer challenged by contemporary philosophical and linguistic issues, as well as embark on her own journey into her self-history as a female author where broader notions of identity emerge. We are reminded of Herman's argument that the same rhetorical techniques are used for 'fictional' and 'factual' accounts. This approach challenges the reader, not just with the problem of meaning in

17 Roland Barthes argues in *Le Plaisir du texte* (Paris: Seuil, 1973) that at one end is the *lisible* or readerly text, a text which fixes the reader to a role as reader, that is someone who is steered to interpretation by the narrative itself. At the other end there is the *scriptible* or writerly text, which does not have one single pre-decided meaning so that the reader is forced to produce meaning from contradictory or fragmented traces.

the description of a life, but with what the arrangement of that account is in terms of narrative structure. In the effort to postulate a conception of fiction in relation to reality, *Les Inséparables* reveals a textual organization whose instability throws into jeopardy the apparent intentions of the author to recount her own life: Nimier presses the question of genre to its extreme in attempting to recount her past whilst also refusing reassuring connotations of truth. In this way she questions the autobiographical genre's claim to fit together a whole life in an orderly fashion. In recognizing the unavoidable interaction of life and fiction, not only does Nimier rebel against the tyranny of genre but she also acknowledges that all reality is indescribable. Language, as a system overwhelmed with ideology, cannot adequately represent either the real world or the realm of the unconscious. No form of representation, whether fictional or factual, is satisfactory, because all representation is dubious. Ideology-saturated language is reduced by Nimier to the condition of a material that can be manipulated for the intentions of *écriture*.[18] Accepting the contradiction of recollections that destabilize everything she writes, in *Les Inséparables* Nimier attempts to deny that she is creating her identity and her past in the process of writing, in order to make the reader believe that she is discovering her identity in her past instead. The truth in *Les Inséparables*, then, is only there as one of many elements in the organization of the discourse and so, for the reader, there is no guidance for bestowing particular importance to factual events or real people: childhood memories, fabrication and fantasy all have equal relevance.

18 *Écriture* denotes writing as a social institution and as a collection of interrelated texts; intertextuality can therefore be understood as a marker of *écriture*, where no text can be read in isolation because it is a part of a larger structure of texts, practices, codes and meanings.

LORNA MILNE

'Le roi assis' and 'la Reine du silence': 'Silent' Intra-Intertexts in *Je suis un homme*

When Marie Nimier's *Je suis un homme*[1] appeared in 2013, the relatively scant attention it received revolved mainly around the authentically macho characteristics of its protagonist and homodiegetic narrator, Alexis Leriche. Alexis's autobiographical narrative candidly recounts his life in broadly chronological order up to a point in the present time which is reached at the end of the text. His observations are by turns clever, repellent, comical and pathetic, exposing the thoughts and acts of an immature, egotistical individual, prone to profound insecurities. These appear to be connected to his disturbed family and modest social background, but even such disadvantages do not justify the excesses of Alexis's views and conduct, especially his crudely phallocentric focus on women as sexual objects to be judged and mastered. As one reviewer noted, he is

> [un] homme jeune et désemparé dont le corps semble se réduire à son sexe et à ses oreilles. Le premier ne se dresse pas toujours comme il le souhaiterait et, pour empêcher les secondes de se dresser, il doit mettre des boules Quiès.[2]

Alexis indeed suffers, from an early age and more acutely in his most insecure moments, from tinnitus and hyper-sensitive hearing, experiencing noise as a physical pain. His 'boules Quiès', which form a protective barrier against the penetration of unbearable sounds into Alexis's inner

1 Marie Nimier, *Je suis un homme* (2013) (Paris: Gallimard, Folio, 2014). Page references to the text will be preceded by the initials *JSH*.

2 Jérôme Garcin, 'Comment Marie Nimier a changé de sexe', *Bibliobs* website, <http://bibliobs.nouvelobs.com/la-sieste-crapuleuse-de-bibliobs/20130204.OBS7668/comment-marie-nimier-a-change-de-sexe.html>, consulted 10 February 2013.

world, synecdochically evoke his general fear of any intrusion or dissipation that might render him 'poreux' (*JSH* 74). Alexis strives, throughout most of the text, to assert himself as a coherently discrete Self, one who aims to 'définir [...] ce qui était moi et ce qui n'était pas moi' (*JSH* 94) and suffers a recurring anxious fantasy of things turning inside-out (*JSH* 47, 48). This anxiety feeds Alexis's constant obsession to 'contrôler le monde' (*JSH* 26), focusing not only on noises but also on circumstances and people, especially women, whom he penetrates obsessively, and sometimes violently, both in fantasy and in deed. The title of the book encapsulates its protagonist's absolute need, simultaneously desperate and arrogant, to affirm an identity defined by extreme heteronormative virility.

That a respected woman writer should thus slip so convincingly into the psyche of a misogynist sexual obsessive caused some interest, amusement and no doubt titillation. Yet, as ever, Nimier's text is deeply serious. Thematically, it raises grave questions about gender psychology and politics that continue to concern the totality of humanity in one way or another. A secondary theme, with which the first intersects increasingly as Alexis's story reveals itself, is that of disability. Having set up a not-for-profit organization – a voiceover agency that supposedly supports the blind, but actually takes advantage of actors and pays Alexis a generous salary – Alexis is himself rendered paraplegic and impotent by an accident that can be directly linked both to this exploitation of others' disability and to his hyper-'virile' need for power: following a row with his collaborators about the illegal status of the company and his refusal to pay his wife ('Ce n'est pas une employée [...]. C'est ma femme !', *JSH* 228), Alexis storms out and, maddened by tinnitus, races across Paris until he eventually trips into the traffic. Through its protagonist's very particular perspective, the final chapter of the book offers an exploration of masculine sexuality and disability that remains rather rare in mainstream French literature.

At the same time, as the author of a large body of work and, as she reminds us herself, daughter of Roger Nimier,[3] Marie Nimier is also preoccupied with the figure of the writer as well as the dynamics of the literary

3 Marie Nimier, *La Reine du silence* (2004) (Paris: Gallimard, Folio, 2007), henceforth abbreviated to *RS* for page references.

text itself: 'C'est un de mes grands sujets,' she remarks, 'c'est presque une marque de fabrique.'[4] True to form, the superficially straightforward account of power, loss and 'les clichés de l'univers masculin'[5] of *Je suis un homme* is complicated and enriched by a discreet but intriguing network of literary references, four elements of which will be our focus for the rest of this essay. Two epigraphs set up our reading of the text and immediately hint at literature as a theme: one quotes a seminal work on aesthetics, Diderot's *Pensées détachées sur la peinture, la sculpture, l'architecture et la poésie*;[6] the other invokes one of the world's most famously intertextual and experimental literary works, itself based on a great foundational text of the Western canon, James Joyce's *Ulysses*.[7] These two epigraphs also refer us to Nimier's own corpus as a third key inter- or, rather, intratext for *Je suis un homme* by mobilizing the figure of the mermaid, first evoked in Nimier's début novel, *Sirène*, and developed in subsequent works such as *La Reine du silence* and *La Nouvelle Pornographie*.[8] While the status of a text 'en exergue' is always, as Genette reminds us,[9] liminal and ambiguous, this immediate positioning of the novel under a tutelary figure so closely associated with Nimier and her writing suggests that we should see in these epigraphic choices at least some trace of authorial intervention. Finally, we shall also consider two explicit references to Patrick Modiano and his early novels *La Place de l'étoile* and *Les Boulevards de ceinture*,[10] woven into the

4 Karin Schwerdtner, 'Marie Nimier: Se risquer à raconter (des histoires)', *French Forum* 40.1 (2015), 47–61 (p. 59).

5 Marie Nimier discussing *Je suis un homme* in Schwerdtner, p. 60.

6 Denis Diderot, 'De la composition et du choix des sujets', *Pensées détachées sur la peinture, la sculpture, l'architecture et la poésie. Pour Servir de suite aux salons*, in *Œuvres complètes* (Paris: Garnier Frères, 1876, reprinted 1966), Vol. 12, p. 81.

7 James Joyce, *Ulysses* (London: Penguin, 1992), p. 329; trans. Auguste Morel (Paris: Gallimard, 1929); trans. directed by Jacques Aubert (Paris: Gallimard, 2004).

8 Marie Nimier, *Sirène* (1985) (Paris: Gallimard, Folio, 2000); *La Nouvelle Pornographie* (2002) (Paris: Gallimard, Folio, 2002).

9 As Genette points out, the epigraph may be 'autographic' (by the author), but: 'il convient de réserver au moins, dans un récit homodiégétique, la possibilité d'une épigraphe proposée par le héros-narrateur [lui-même]'. Gérard Genette, 'Les Épigraphes', in *Seuils* (Paris: Seuil, 1987), pp. 134–49 (p. 143).

10 Patrick Modiano, *La Place de l'étoile* (1968) (Paris: Gallimard, Folio, 1976); *Les Boulevards de ceinture* (1972) (Paris: Gallimard, Folio, 1978).

course of Alexis's narrative. Throughout the analysis, I shall use the term 'intertext' in its broadest sense, to refer to 'any textual exploitation of another text',[11] and the composite 'intra-intertext' to underline Nimier's practice of bringing her oeuvre into play in combination with texts by other authors.[12] As we advance, however, it will become clear that we are often dealing not with overtly intertextual practice such as the many forms of transformation and imitation explored by Genette as 'palimpsestes',[13] but rather with instances of quietly subtle allusion that not only intensify Nimier's principal thematics but – particularly in the case of Modiano – significantly extend the novel's meaning. I shall begin by discussing Joyce, before moving on to Diderot and then Modiano, connecting each 'external' intertext to *Je suis un homme* and citing Nimier's intratextual material as appropriate along the way.

Nimier's epigraphic quotation from Joyce's *Ulysses* is underpinned by references in her text to the *Odyssey*, on which both books freely draw. Alexis's friend Antoine likens him to Ulysses, says Alexis,

> pas seulement à cause des bouchons de cire dans les oreilles. J'avais gardé le cap dans les moments les plus sombres, disait-il, survécu à l'abattement et passé sans encombre les rochers dangereux. Du chant des sirènes, j'étais sorti vivant. (*JSH* 115–16)

As this extract makes clear, and in line with Joyce's subversive intertextuality in *Ulysses*, Nimier's parallels with the *Odyssey* are approximate: in the Homeric text, it is not Ulysses but his crew who block their hearing with

11 Allan Pasco, *Allusion: A Literary Graft* (Charlottesville: Rookwood Press, 2002), p. 5.

12 As Nathalie Limat-Letellier acknowledges in an important overview of intertextuality, Brian T. Fitch 'situe "l'intra-intertextualité" au point d'intersection de l'intertextuel et de l'intratextuel (l'intertextualité externe/générale et l'intratextualité, au sens d'intertextualité interne – restreinte aux textes d'un même auteur)'. Brian T. Fitch, 'L'intra-intertextualité interlinguistique de Beckett; la problématique de la traduction de soi', *Texte* 2 (1983), 85–100 (pp. 85–6), quoted in N. Limat-Letellier, 'Historique du concept d'intertextualité', in N. Limat-Letellier and M. Miguet-Ollagnier (eds), *L'Intertextualité* (Besançon: Presses universitaires de Franche-Comté, 1998), pp. 17–64 (p. 27).

13 Gérard Genette, *Palimpsestes: La Littérature au second degré*, 2nd edn (Paris: Seuil, 1992).

wax so that the hero, and only he, may safely hear the Sirens. In a similarly oblique way, Antoine himself may present a version of Tiresias the blind seer of the *Odyssey*, for Antoine is partially sighted but 'sees' in many different ways – he is a photographer, works in a mirror factory, takes a great interest in 'le sujet de l'avenir, du destin, de l'épopée de chacun' and asserts that 'pour construire sa vie, il fallait tout simplement voir (ce qui est) et prévoir (ce qui sera)' (*JSH* 53). And Alexis's mother, a seamstress strongly associated with her sewing machine, needles and patterns, can perhaps be seen as a Penelope figure. Like Joyce's, Nimier's broad use of the *Odyssey* is ironic, underlining the fact that Alexis's story is the relatively banal tale of an ordinary protagonist whose 'trickster' qualities and violence, unlike those of Ulysses, can no longer be easily accepted by his contemporaries as elements of a triumphantly heroic masculinity. At a more detailed level, however, there are three further interesting ways in which Nimier's text more closely echoes the section of Joyce's *Ulysses* from which the epigraph is drawn, which – although Nimier does not indicate this – is the episode known as 'Sirens'.

First, each novel presents two young women, one fair and one dark, who reference the Sirens: in Joyce, we meet Miss Kennedy and Miss Douce, who serve, and flirt, in the bar of the Ormond Hotel; in Nimier, we encounter Delphine, the woman Alexis obsessively desires, and Zoé, her friend, whom Alexis marries. Second, rather than the bird-woman Sirens of Greek mythology, both Nimier and Joyce refer to the fish-woman evoked by Nimier herself in *Sirène* and other works. In *Ulysses*, Joyce uses the figure to make a critical gesture towards the siren temptations of consumer culture through a poster of a mermaid 'mid nice waves' advertising 'Smoke mermaids, coolest whiff of all' (*U* 339, 374), and this motif is linked to sexual temptation when Mr Daedalus fills his pipe with tobacco like 'shreds of hair, her maidenhair, her mermaid's' (*U* 336). Nimier plays on Joyce by introducing the mermaid in a similar way: towards the end of the novel, his wheelchair guided by Delphine and Zoé, Alexis passes an advertising poster featuring a 'femme en habit de sirène qui posait pour un parfum de luxe. Sa peau était recouverte d'une poudre dorée, elle avait l'air d'une fée'. He then notes: 'Elle non plus ne pouvait pas marcher, entravée qu'elle était par sa robe fourreau. Nous étions pareils' (*JSH* 263). As in Joyce, a sexual connotation is developed as Alexis, having felt 'quelque chose remuer dans [s]on bas-ventre' (*JSH* 263) at the sight of the mermaid, drifts into a lengthy fantasy in which Delphine's 'sexe complètement épilé' appears (like the mermaid in the poster) dusted with '[u]n voile de poudre dorée' (*JSH* 265). Like Joyce, Nimier is interested throughout her novel in the basic impulses that drive her protagonist: not only sexual and emotional ones, but also – through his dubious business ventures – his surrender to the temptations of exploitative commercial operations that commodify people. By the end of the novel, as he plots to set up a new business, it is not clear that Alexis really has escaped the 'chant des sirènes' as completely as Antoine earlier believed.

Third, both *Je suis un homme* and Joyce's 'Sirens' episode establish further connections to the Greek hypotext by making powerful use of references to music. While the motif runs through the entire 'Sirens' episode, the very structure of which Joyce claimed to have based upon a *fuga per canonem*,[14] it is again towards the conclusion of Nimier's novel that Alexis seems to find some respite from his aural tribulations, as well as sublimation of his sexual ones, in playing, or even imagining (*JSH* 251), musical notes. Having taken up the mouth organ, Alexis repeatedly summons up the opening phrase of a theme from a revenge movie starring Charles Bronson, as he reveals for example during the prolonged fantasy mentioned above. In a phrase recalling the mermaid, he once more acknowledges himself to be divided: 'En bas, ça flotte, c'est lointain, un souvenir de jambes […]. En haut, tout est plus sensible que jamais' (*JSH* 266). Watching the two

14 Joyce stated this in a letter to Harriet Weaver in August 1919, expanding upon a remark he had made earlier that year to George Borach. The topic has been much studied by Joyce experts. For a comprehensive and technical interpretation, see Nadya Zimmermann, 'Musical Form as Narrator: The Fugue of the Sirens in James Joyce's *Ulysses*', *Journal of Modern Literature* 26.1 (2002), 108–18. The approach is also mentioned in the 'Linati schema', a plan for the work sent by Joyce to Carlo Linati in 1920 that aligns each episode of *Ulysses* with a section of the Odyssey, a time, a stylistic technique, an Art or Science, a meaning, and sometimes a symbol, an organ and a colour. The Art for 'Sirens' is of course music; the 'organ' – exploited more obviously by Nimier than by Joyce himself – is the ear. For a copy of the schema and a comparison with the later 'Gorman schema', see Richard Ellmann, *Ulysses on the Liffey* (London: Faber & Faber, 1972), pp. 187–8.

girls who are now caressing one another, Alexis lowers his hand to make 'le lien entre les deux mondes' and touches not his 'queue brûlante' (*JSH* 266) but his harmonica, on which he plays 'les trois notes [...] qui disent la vengeance' (*JSH* 267) and that dissipate all his tensions.

Although the above extracts demonstrate that Alexis's intrinsically complex yet fundamentally phallocentric identity is quite clearly emphasized within Nimier's text, the Joycean intertext renders this portrayal all the more substantial, while its epigraphic gesture towards Nimier's own *Sirène* and other works allows us to interpret Alexis's complexity more fully. Nimier's interest in hybridity is well-documented, and she has acknowledged the fascination for her of the mermaid/siren,

> qui est à la fois une femme et un animal, poisson ou oiseau, selon la mythologie à laquelle on se réfère. Là, le 'en même temps' est constitutif du personnage. Ce qui veut dire qu'il y a sans doute quelque chose de constitutif de mon travail – et qui m'intéresse – dans cette façon de reconnaître qu'on est à la fois une chose et une autre.[15]

In this context, it is worth mentioning a further favoured intertext of Nimier's, Hans Christian Andersen's 'Little Mermaid', which is recalled in both *Sirène* and *La Reine du silence*. For example, as Deborah Gaensbauer shows,[16] the motif of simultaneous falling and taking off, 'cette chute qui ressemblait à un envol' (*RS* 37–8) which occurs at various junctures in Nimier's *œuvre*, can be linked to the end of Andersen's story when the Little Mermaid throws herself down into the waves to drown, but is then borne heavenwards to join the transparent and ethereal 'filles de l'air'.[17] In *Je suis un homme*, this vertical dynamic appears at the moment of Alexis's accident, when he feels 'un coup de cutter dans le dos, mes ailes se déploient et je vole, je vole!' (*JSH* 237). The Andersen intertext is also picked up in a different way during the fantasy mentioned above, when

15 Schwerdtner, 'Marie Nimier', p. 53.

16 Deborah B. Gaensbauer, 'Repetition with a Difference: Returning a Voice to the Little Mermaid in Marie Nimier's *Sirène* and *La Reine du Silence*', *Dalhousie French Studies* 97 (special issue on Marie Nimier) (2011), 79–87.

17 H. C. Andersen, *La Petite sirène*, trans. anon., <http://bdemauge.free.fr/litterature/sirene.pdf>, consulted 12 August 2018.

Alexis imagines his dead mother looking down on his new circumstances, and addresses her directly:

> Dans la maison, il fallait toujours mettre des pantoufles à cause des aiguilles qu'on aurait pu s'enfoncer dans le pied. [...] Eh bien tu vois, maman, j'ai suivi ton conseil. Je ne marcherai plus jamais pieds nus. Je ne marcherai plus tout court, même, c'est décidé. (*JSH* 267)

This passage – and, in the light of it, the novel's many references to shoes and feet – recalls the pain felt by Andersen's mermaid when walking on earth: 'À chaque pas [...] il lui semblait *marcher sur des aiguilles pointues*.'[18]

A number of significant deviations from the intertexts evoked here are at work in *Je suis un homme*. Whereas Andersen's mermaid loses her voice and experiences terrible pain when walking but finally transcends all physicality through her kindness and good deeds, Alexis certainly faces no prospect of losing his voice, having throughout the text mastered not only his own monologue but the voices of the actors he commercializes in his business. Nor are his inclinations altruistic: on the contrary, he intends to continue to control his situation as far as he possibly can, including re-entry into the consumer marketplace with plans to produce audio-pornography. He has even found a new 'voice' in his harmonica, but its three notes are associated with 'la vengeance', not acts of kindness.

What *has* changed for Alexis after his accident is the acceptance that he is 'partagé' (*JSH* 266) and complex, something he previously fought to deny even though it was in fact the case all along, as indicated by the lop-sided smile that divides his face and to which, significantly, his mother invariably refers in two detached syllables: 'ton ric-tus' (*JSH* 16, 144). Now, Alexis embraces his hybridity and even a certain porosity: in his fantasy, he calmly observes the passage of his bodily fluid 'du dedans, vers le dehors' (*JSH* 266); and even the harmonica that becomes his totem is an ambivalent instrument that can be played by breathing either out or in. Yet these features also mark a departure from previous uses of the mermaid motif in Nimier's works. Where previously, as Gaensbauer shows, Nimier's mermaid channels attempts to reunify a female – and at least partly autobiographical – identity

18 Andersen, *La Petite sirène*. My italics.

fractured by a troubled relationship to a dominating and silencing father figure, here the figure is adopted by a masculine identity facing up to complexity while nevertheless clinging to power and a sense of virility. Like the ironic play we have already noted between Homer's epic hero and Nimier's protagonist, the distance between Nimier's present and previous uses of the motif invites reflection and produces emphasis. Here, her intra-intertextual evocation of her own mermaid, by way of Homer's, Andersen's and Joyce's, underlines the way in which Alexis turns a vulnerability he cannot deny (*JSH* 242) into an advantage in his quest for domination, even going so far as to appropriate the figure of the mermaid into his phallocentric story of himself. This notion will return in our conclusion.

Whereas the intra-intertextual play discussed above reveals itself relatively readily, the Joyce epigraph also performs a more subtle and literary function in *Je suis un homme*, and it is here that we shall begin more fully to discover Nimier's tactics of 'silent' allusion. Already within the short epigraph itself, a second layer of intertextuality is secretly at work, for it brings together two separate translations of *Ulysses*. Joyce's original text in English, 'Boomed crashing chords. When love absorbs. War! War! The tympanum' (*U* 329), appears in Nimier's version as: '*Batterie d'accords fracassants. Quand l'amour vous prend. La guerre ! La guerre ! Le tympan.*' The translation appears unremarkable, but is in fact hybrid: the first sentence belongs to Morel's 1929 translation of Joyce,[19] while the rest is from Aubert's 2004 version.[20] To understand the significance of this, it is necessary to appreciate that the quotation belongs to the introductory sixty-three lines of 'Sirens', a disjointed and fragmentary sequence, the elements of which refer *forwards* by citing snatches of the rest of the episode in the manner of a prologue or chorus – or indeed a quotation 'en exergue' – such that these lines can be understood only in retrospect, once the episode has been read in full. Thus, the particular phrase 'When love absorbs' refers to the opening line from a song that will be sung several pages later by two of the book's characters, and will provide them with the opportunity for a

19 'Batterie d'accords fracassants. Quand s'empare amour. La Guerre. La Guerre ! Le tympan.' Trans. Morel, 1929, p. 393.

20 'Boum tonnèrent les accords fracassants. Quand l'amour vous prend. La guerre ! La guerre ! Le tympan.'

crude joke. 'When love absorbs my ardent soul', a nineteenth-century duet for bass and soprano or tenor, is constructed as a mock dispute between a soldier and his sweetheart respectively, who praise, on the one hand, the temptations of war; on the other, the attractions of love. In *Ulysses*, Ben Dollard, his 'gouty paws plump[ing] chords' at the piano of the Ormond Hotel (*U* 344),[21] sets off by mistakenly singing the woman's part in his deep bass voice, and Father Cowley corrects him, crying 'War! War! You're the Warrior!' while Mr Daedalus remarks, 'Sure, you'd burst the tympanum of her ear, man [...] with an organ like yours,' and Father Cowley adds, 'Not to mention another membrane' (*U* 348). Cowley, a tenor, then takes over from Ben Dollard and the singing continues.

In this context, the French 2004 'Quand l'amour vous prend' is markedly less successful as a translation of 'When love absorbs' than the 1929 variant, 'Quand amour s'empare', since the more recent translator has given the apparently intransitive English verb 'absorbs' an object ('vous') in French, whereas in fact its object, elided in the 'prologue' but made clear in the song to which the quotation refers, is different: 'When Love [or War] absorbs *my ardent soul*' (my italics). In Nimier's epigraph, her selection of the less accurate 'Quand l'amour vous prend' juxtaposed with 'La Guerre!' suggests the notion that love itself is a battleground. This inflection of the text is at odds with the original English version referring to the song in *Ulysses*, even though Joyce never quotes the song in full: in the song, Love and War are not equated but are engaged in a pleasant contest that concludes with a compromise when they agree to model themselves on the marriage of Venus and Mars. However, and especially in the absence of any indication of the precise source of the quotation, Nimier's choice makes the extract more appropriate for her text, given the aggressive will to sexual domination we encounter in Alexis's narrative. Nimier's epigraphic strategy in appropriating Joyce's text thus mimics the function of the original quotation by anticipating what is to come, especially Alexis's association of love and violence as well as his aural preoccupations ('Le tympan'). More obliquely, the extract also brings into play Joyce's thematics, and literary tactics, of memory and perception, by quoting words from a

21 This corresponds to the prior 'Boomed crashing chords' (*U* 329).

sequence that cannot possibly be decoded before the whole episode has been read. Marjorie Howes notes that:

> One of the questions *Ulysses* returns to over and over again, in a number of registers, is the question of the present's relationship to the past. Is the past enabling or crippling? Are memories painful or pleasurable? Easily accessible or deeply buried? How can individuals come to terms with the past?[22]

This problematic, according to Howes, both drives and is reflected in twin 'aesthetics of delay' (obliging readers to solve puzzles with information that comes later) and 'aesthetics of parallax' (which 'creates textual moments that are only intelligible in relation to what has been said before').[23] These strategies, taken together,

> suggest a model of reading *Ulysses* that is non-linear and always in process. Reading the novel can only be rereading [...] and no reading can ever be definitive, because each one will send us back to the beginning [in] precisely the kind of loop suggested by the opening of 'Sirens'.[24]

These writing tactics and the modes of reading they encourage neatly capture an important function of intertextuality in general, and are echoed at the thematic level of *Je suis un homme*. Overall, of course, the text is an account of remembered experiences, from childhood to the present day. More suggestively, within Alexis's *récit*, the theme of recollective 'looping back' also appears in a recurring cluster of ideas to do with chains of meaning, memory and perception. The thought is elucidated most clearly through reference to a book Alexis reads about the functioning of the ear:

> D'après l'auteur, le cerveau en son entier était mis à contribution lors de l'audition d'une musique, et pas seulement une partie bien localisée comme pour la vision. On pouvait faire écouter à quelqu'un les résonances d'une note de piano et son cerveau,

22 Marjorie Howes, 'Memory: "Sirens"', in Sean Latham (ed.), *The Cambridge Companion to 'Ulysses'* (Cambridge: Cambridge University Press, 2014), pp. 128–39 (p. 128).

23 Howes, 'Memory: "Sirens"', p. 129. Howes also quotes Hugh Kenner, *Ulysses* (Baltimore: Johns Hopkins University Press, 1987), pp. 72–82.

24 Howes, 'Memory: "Sirens"', p. 129.

> mobilisé de toutes parts, percevait avec certitude la note absente. Il la recomposait, et elle devenait tout aussi réelle que si elle avait été jouée. (*JSH* 133)

This passage is significant. Alexis thinks it over carefully, and it prompts him to return to the notion of a 'chaîne de souvenirs et de perceptions qui rebondissent les uns sur les autres jusqu'à créer un état physiologique particulier' (*JSH* 134) in other contexts, such as the way he associates the voice of his father (a butcher) with the smell of meat (*JSH* 14, 133); the possible reasons for his desire for Delphine (*JSH* 134); or his ability to mitigate his tinnitus by imagining musical notes that have not actually been played (*JSH* 251). A similar dynamic can be found in Alexis's conviction, in the opening words of his narrative, that 'L'enfance n'existe pas. Elle n'est que coquille vide, pure invention de l'esprit' (*JSH* 11), an image that knowingly recalls the customers in the Ormond Bar listening to the sea in a shell Miss Douce has brought back from her holiday (*U* 362–3). The motif of the empty shell containing the 'siren' song of a non-existent sea or a poorly recalled and half-invented childhood in turn picks up that of musical 'vibrations' created by vocal chords, the piano, and the tuning fork left behind in the bar by the piano tuner in *Ulysses* (*U* 357, *U* 359, *U* 373) as well as the reverberations of the piano note and the sundry 'résonances' of memory in *Je suis un homme*.

Just such vibrations and 'résonances' are the intra-intertextual echoes that 'rebondissent les uns sur les autres' through the text and within the mind of Nimier's reader. Her epigraphic quotation from Joyce suits the aggression, physicality and crudeness of her protagonist; but it also, more subtly, produces that vibration or 'résonance' which – on investigation – leads us looping back to the figure of the Siren, even though neither Nimier nor indeed Joyce himself explicitly names 'Sirens' as the source of the epigraph.[25] Just as the brain uses vibrations to 'recover' an unheard note, Nimier's reader, in a movement recalling the effects of Joyce's aesthetics of delay and parallax, may gain access to meaning by 'recovering' something that has not actually been stated.

25 The episodes in *Ulysses*, first published with titles according to Joyce's schema in the serialized version of the text, appear without any headings in the book format.

Diderot's observation 'en exergue' can also be discussed in terms both of a readily apparent intertextual relationship and of a more quietly allusive dynamic. Both aesthetic and ontological, it is taken from a work that explores (amongst other things) the nature and characteristics of monstrosity in relation to artistic form and taste. Diderot's reference to the mermaid is explicit:

> La tête d'un homme sur le corps d'un cheval nous plaît ; la tête d'un cheval sur le corps d'un homme nous déplaira. C'est au goût à créer des monstres. Je me précipiterai peut-être entre les bras d'une sirène ; mais si la partie qui est femme était poisson, et celle qui est poisson était femme, je détournerais mes regards.

This quotation invites us, first, to deepen our reflections on Alexis's duality. The essential question for Diderot is what makes a centaur or mermaid aesthetically acceptable, while a creature in which the animal and human parts were reversed (or indeed, as he explores elsewhere in the same work, in which their proportions were altered) would be repulsive. Transposed to moral, rather than aesthetic, terms, this enquiry can readily be applied to Alexis. As we have seen, the end of the novel underlines his hybridity by citing the mermaid, both explicitly and via intertextual reference. Given the classical references in the text, he might also be seen throughout those pages as a Pan figure, playing his pipes – or harmonica – to charm the two women and calm himself, while continuing as much as ever to entertain his priapic and objectifying obsessions. What the quotation from Diderot prompts us to ask is: how far is such a man really a monster? Is it down to the taste and judgement of the women around him to define the boundaries of what is acceptable? Both Zoé and his sister-in-law, each of whom he has raped, stand by him; Zoé even pities him for his insecurity; and Delphine agrees with her that he is 'macho, mais pas dans le mauvais sens' (*JSH* 164). The reader may choose to disagree with this perspective, but is likely nevertheless to have felt something of Alexis's charm: as Nimier notes, 'Il est honnête avec lui-même. Cru. Sincère. Et cette façon très directe de parler de lui et du monde qui l'entoure (et surtout des femmes qu'il rencontre) est à la fois exaspérante et attachante.'[26]

26 Schwerdtner, 'Marie Nimier', p. 60.

No clear judgement on the degree of Alexis's monstrosity is proposed by Nimier's text. Although the outcome of his accident could be seen as a punishment for his previous fixation on phallic potency, that interpretation is not strongly promoted. Nor can Alexis's new self-aware duality be construed as a harmonious and sympathetic condition that might mitigate his phallocentrism. Although Alexis begins, through his experience of disability and impotence, to catch glimpses of women's perspectives – for example, the embarrassment of one's body being the focus of unwelcome attention (*JSH* 240–1), or the pleasure of giving sexual satisfaction rather than always taking it (*JSH* 253) – at the conclusion of the novel he remains unshakably attached to his masculinity and will to control. He mourns the loss of his ability to have an erection and to ejaculate, and continues to enjoy dreams of domination and to explore ways of regaining sexual potency. In his final fantasy, he likens the women to two dogs of which he is the master, and the text concludes with his declaration 'Je suis le roi assis [...]. Je tire les ficelles, ce n'est pas nouveau, j'ai toujours été très égoïste, mais aujourd'hui, ça se voit moins' (*JSH* 268). It would seem that while the internal proportion of humanity to animality in a 'monster' may fluctuate according to circumstances, it is perfectly possible for him to remain largely unchanged in crucial ways, despite even the most fundamental challenges to his identity.

This presentation of a character 'assis' in a wheelchair is a second way in which the epigraphic reference to Diderot enriches Nimier's novel, this time much more quietly, in the manner of a musical 'reverberation'. At the time Nimier was preparing her book, disability was a subject under discussion in French public life, thanks in large part to the immense success of the 2011 film *Intouchables*, based on the true story of quadriplegic writer Philippe Pozzo di Borgo and his carer Abdel Yasmin Sellou.[27] Less

27 *Intouchables* (dir. Olivier Nakache and Éric Toledano, Gaumont/TF1 Films Production/Quad Productions/Chaocorp/Ten Films, November 2011) is one of the worldwide highest-grossing films to date in a language other than English. It is based on the autobiography of Philippe Pozzo di Borgo, *Le Second souffle* (Paris: Bayard, 2001; new edition 2011) which in turn inspired the documentary *À la vie, à la mort* (dir. Jean-Pierre Devilliers and Isabelle Cottenceau, prod. Mireille Dumas, broadcast by France 3 in 2003).

conspicuously but more pertinently for our purposes, earlier in the same year Julia Kristeva had made public comments about disability,[28] echoing and developing the work she had already accomplished in her 2003 *Lettre au président de la République sur les citoyens en situation de handicap à l'usage de ceux qui le sont et de ceux qui ne le sont pas*,[29] the title of which overtly pays homage to Diderot's *Lettre sur les aveugles à l'usage de ceux qui voient*. In her *Lettre*, Kristeva maintains that it was Diderot who 'réhabilita de fait la personne déficiente comme sujet politique', thus opening what she sees as the first phase of modern conceptualizations of people with disabilities.[30] Once again, neither of these texts about disability is explicitly mentioned in Nimier's novel. However, the multiple references to visual culture, to eyesight and to blindness that accompany the theme of hearing in *Je suis un homme* confirm the relevance of this aspect of Diderot's presence in the epigraphs, all the more so because the quotation is taken from a work including important meditations on the visual arts of sculpture, painting and architecture. In *Je suis un homme*, the ekphrastic is closely incorporated into the complex figurative substance of the text as a way of fleshing out both its protagonist and its main themes. For example, Alexis frequently repeats that he is attracted to Zoé partly because he thinks she resembles Johannes Vermeer's 'Jeune Fille à la Perle'; he also invents the 'canne blanche' kitemark to indicate that a company works with 'les non-voyants' (*JSH* 115).[31]

28 See Kristeva's interview with Josyane Savigneau, 'L'Humanisme ne sait pas accompagner la mortalité', *Le Monde*, 30 April 2011, p. 22. For a helpful contemporary outline of writing about disability in French and its socio-political context, including Kristeva's interventions, see Samantha Haigh, 'Personal or Political? Representations of Disability in Contemporary French Fiction', *Journal of Literary and Cultural Disability Studies* 6.3 (2012), 307–23.

29 Julia Kristeva, *Lettre au président de la République sur les citoyens en situation de handicap, à l'usage de ceux qui le sont et de ceux qui ne le sont pas* (Paris: Fayard, 2003).

30 Kristeva, *Lettre*, p. 15.

31 Other examples of references to the visual include the painting 'La Jeune fille et le cerceau' (*JSH* 235), mirrors, photographs, websites and real posters (the perfume advertisement for *Siren by Paris Hilton* and a Communist Party New Year's greeting bearing a reproduction of the Vermeer).

Disabilities, then, are present throughout the text. They appear not only in relation to eyesight but also in Alexis's oversensitive hearing; in depression, from which Delphine and Alexis both suffer at different times; and in Zoé's infertility which she sees as 'son handicap' (*JSH* 207). However, it is Alexis's condition at the end of the novel that provides the basis for a fuller reflection on the situation of persons with disabilities. Conclusions reached by Sarah Smith Rainey in a psycho-sociological study of disabled American men encapsulate Alexis's situation:

> Men are supposed to be strong, independent and sexually dominant. Ideologies of heteronormative masculinity place pre-eminent importance on the penis and its pleasures. These qualities are at odds with the stereotypical notions of disability as weakness and dependency. Thus, impairment in men is often represented as a fall from masculine authority.[32]

In Smith Rainey's study, several participants undergo a relatively encouraging evolution: they find erotic reactions in new areas of their bodies, become more attentive to the giving of pleasure, and even 'develop an insightful critique of the central importance of male sexual pleasure in heterosexual gender relations'.[33] Some French literary writing about disability has been seen as illustrating this possibility of developing alternatives to phallocentric sexuality, in 'depictions of disabled sexuality [that] challenge normative expectations and attitudes'[34] – attitudes that, as Kristeva observes in her 2011 interview, tend to see disabled people's sex lives as taboo.[35] Indeed, there is an acknowledged tradition of 'triumph narratives that dominate in the Western cultural representation of illness and disability'. These are '[t]ypically characterized by their avoidance of discussing the frustrations of dealing with the daily effects of illness and

32 Sarah Smith Rainey, 'Disidentification and Ingenuity in the Sex Lives of Disabled Men', in Cassandra Loeser, Vicki Crowley and Barbara Pini (eds), *Disability and Masculinities: Corporeality, Pedagogy and the Critique of Otherness* (London: Palgrave Macmillan, 2017), pp. 213–31 (p. 217).

33 Smith Rainey, 'Disidentification', p. 227.

34 See Samantha Haigh, 'Personal or Political?'. In this article, Haigh thoroughly examines Luc Leprêtre, *Club VIP: Very Invalid Person* (Paris: Editions Anne Carrière, 2009), and Arnauld Pontier, *Équinoxe* (Paris: Actes Sud, 2006).

35 Savigneau, 'L'humanisme ne sait pas accompagner la mortalité'.

disability, and by a strong emphasis on the joy of regained health or the lessons learned'.[36] Certainly, the descriptions of Alexis's development after his accident are partially reminiscent of 'triumphant' or edifying evolutions as we have seen, as he appears to take a more relaxed view both of his future (*JSH* 251) and of his sense of self, suggesting that his identity as 'handicapé' is ultimately a relief, for '[c]hacun pouvait le constater du premier coup d'œil, je n'avais plus besoin de le prouver, voilà ce que j'avais gagné en perdant l'usage du bas de mon corps' (*JSH* 252). In addition, the central characters do challenge heteronormative customs following the accident, with a new *ménage à trois* in which it is suggested that the two women may now be sexually involved with one another, for Zoé has begun to kiss Alexis in exactly the same way as Delphine once did; he notices that they taste the same; and in an odd and perhaps fetishistic gesture, they dress identically when they come to take him home from the clinic, having pledged to care for him together. Yet we have also noted that, by the end of the text, Alexis continues to affirm his dominant masculinity in traditional tropes and vocabulary, a situation in which Zoé and Delphine appear ready to collude, symbolically kneeling together in front of him, in their undifferentiated costumes, to fix his shoes like, Alexis remarks, 'mes deux petites Cosettes' (*JSH* 262). In a further impulse often associated with the reaffirmation of masculine identity following paraplegia, Alexis, until this moment vehemently opposed to the idea of parenthood, even wonders about having a child (a boy, naturally) with Delphine (*JSH* 266).[37] It is undoubtedly the novel's title *Je suis un homme* (and not 'un handicapé') that reasserts itself in the closing paragraph.

36 Kathlyn Conway, *Beyond Words: Illness and the Limits of Expression* (Albuquerque: University of New Mexico Press, 2007), p. 38, quoted in Aíne Larkin, 'Dependence and Masculinity in Contemporary French Writing about Disability', in *French Autopathography*, special issue of *L'Esprit créateur* 56.2 (2016), 121–34. Larkin discusses autobiographical texts by disabled writers Philippe Vigand and Philippe Pozzo di Borgo (mentioned above).

37 See Larkin's analysis of paternity in Pozzo di Borgo and Vigand. The same phenomenon is documented in psycho-sociological terms in a study of disabled American veterans: see Beth Linker and Whitney E. Laemmli, 'Half a Man: The Symbolism and Science of Paraplegic Impotence in World War II America', in Kathleen M. Brian and James W. Trent, Jr. (eds), *Phallacies: Historical Intersections*

Nimier thus tackles at some length the important and 'taboo' question of masculine disability and sexuality, without promoting any single view of it. Perhaps surprisingly, given her insistence in other works on the importance of love and the appreciation of others,[38] her text does not overtly embrace Kristeva's notion that the vulnerability of the disabled stands as a motif for the fragility of all, and that we should use this point of commonality to build bridges with the Other across the whole of society:

> Le pacte avec le tout autre – la personne handicapée en étant un emblème et une réalité proche – ne se réduit pas aux seules lois morales, il les transforme en amour. La séduction exercée par le discours mystique révèle une absence: il nous manque une expérience et un discours amoureux modernes. En découvrant et en accompagnant la personne en situation de handicap, certains d'entre nous essaient de les réinventer.[39]

Instead, Nimier prefers to depict Alexis as determined to live out his complexity in a manner that is still perceptibly, controllingly virile, in the company of women who not only appear to accept the situation but enter actively into it.

To recap, then, Diderot's presence in an epigraph contributes to the metaphorical substance of the text most obviously through his evocation of the mermaid, but also through his more allusive association with the visual in general which, in turn, connects the book thematically to wider contemporary debates about disability. This chain of largely implicit intra-intertextual connections is, however, important once again in terms of its literary function, for the Diderot allusions resonate in concert with other references to produce not a 'crashing chord', but those subtle literary and

---

of Disability and Masculinity (Oxford: Oxford University Press, 2017), pp. 127–46. They note: 'Many paraplegic veterans – and especially their treating physicians – wished to downplay the centuries-long emphasis on sexual performance and instead define masculinity in terms of the ability to sire children' (p. 130).

38 See Lorna Milne, 'Who Done What? Marie Nimier's Text Crimes', in Louise Hardwick (ed.), *New Approaches to Crime in French Literature, Culture and Film* (Oxford: Peter Lang, 2009), pp. 69–84; and 'Marie Nimier et le lieu de l'écriture', in Jean-Yves Laurichesse and Sylvie Vignes (eds), *État des lieux dans les récits français et francophones des années 1980 à nos jours* (Paris: Garnier, 2018), pp. 293–302.

39 Savigneau, 'L'humanisme ne sait pas accompagner la mortalité'.

thematic reverberations that enrich the text. Such metaphors of echoing, reverberating and resonating are also especially helpful to scholars in discussing this kind of intertextuality. Allan Pasco, for example, could easily be referring to Nimier when he notes: 'Fine writers often weave a tapestry of allusions that could be termed an allusive complex and that gives their creations considerable resonance.'[40] Mary Orr uses a similar vocabulary to describe the rich effects of allusion: 'Like an echo,' explains Orr, allusion 'depends on the noise that makes it, but is no less a presence that resounds, reverberates, distorts, mocks or amplifies' within the text.[41] What must be underlined in relation to *Je suis un homme*, however, is that the 'noises' that create the book's extraordinary 'allusive complex' – such as the epigraphs and their mermaid intra-intertext – are peculiarly quiet ones.

A second reflection by Alexis on the problem of childhood will further illustrate something of this effect. Reflecting cynically that it is perhaps the persistence of childish notions that makes women believe in everlasting love and 'la vie conjugale', he muses:

> Si l'enfance existe (j'y reviens, ça me tracasse), elle est peut-être là, à tous les âges, accrochée comme une huître à son rocher. On veut croire à la perle, au moins l'imaginer. Jouer le plus longtemps possible à colin-maillard. (*JSH* 149–50)

In its reference to the 'construction' of love through childish perceptions, this short extract densely packs together almost all the themes, metaphors and motifs we have examined so far through our various intra- and intertexts. As in Alexis's first reference to childhood as 'coquille vide', there is here an evocation of the sea, which recalls the mermaid and her tempting but duplicitous song. We have the imagined 'perle', metaphorically evoking the desired but elusive treasure of love; it also suggests sexual desire by recalling the Vermeer painting and, through it, Zoé as well as, in Alexis's final fantasy, the pearl of Delphine's vaginal piercing 'façon jeune fille à la perle' (*JSH* 265). Yet at the same time, the 'perle' is of doubtful factual value, not only for the woman who believes in marital happiness

40 Allan H. Pasco, 'The Allusive Complex of Balzac's *Pierrette*', *French Forum* 26.3 (2001), 27–42 (p. 28).

41 Mary Orr, *Intertextuality. Debates and Contexts* (Cambridge: Polity, 2003), p. 139.

but more generally, for the reader will be aware that there is unlikely to be any true resemblance between Vermeer's oval-faced, firm-jawed girl and the unfortunate Zoé whose main feature is her 'menton fuyant' (*JSH* 67). Indeed, even the referent itself, the 'perle' of Vermeer's painting, is dubious: it is too large and reflects the light too brightly for a standard pearl, such that it has been argued that the earring was probably made of silver or tin.[42] Like everlasting love, like memory, and like childhood itself in Alexis's previous reflections – deliberately evoked here by the phrase 'j'y reviens' – the 'perle' is contructed out of associations, memories, desires and imaginings. Finally, the reference to 'colin-maillard' ironically picks up the chorus of references to sight, including Antoine's 'seeing', Alexis's fraudulent kitemark, and the distant trace of Diderot's 'aveugles', linked to the wider theme of disability. Such an accumulation of textual echoes, of which this is just one example, confirms the substantial presence of carefully crafted 'résonances' in Nimier's text, all of which belong to the same category of phenomena as the phantom piano notes that the brain can 'hear' on the basis of vibrations, or the 'trois notes' of the harmonica that Alexis accurately 'hears' in his imagination. The rich consonance of these 'résonances' in turn points firmly to the literary as a powerful theme running under the surface of the text, as well as the requirement, for its fullest meaning to be unlocked, for an active reading 'loop' along Joycean lines as explained by Marjorie Howes. This will be confirmed as we turn to Patrick Modiano.

The references in *Je suis un homme* concerning Modiano are of a rather different order from the intertextual evocations we have examined so far. Although they too can be divided into a more accessible thematic intertextuality and a more subtly embedded set of allusions, the latter are perhaps

42 Vincent Icke, 'Meisje met geen parel', *NewScientist*, 20 November 2014, <https://blendle.com/i/new-scientist/meisje-met-geen-parel/bnl-newscientist-20141120-18420_meisje_met_b_geen_parel_br_b?sharer=eyJ2ZXJzaW9uIjoiMSIsInVpZCI6ImxjbTIiLCJpdGVtX2lkIjoiYm5sLW5ld3NjaWVudGlzdC0yMDE0MTEyMC0xODQyMF9tZWlzamVfbWV0X2JfZ2Vlbl9wYXJlbF9icl9iIn0%3D>, consulted via Blendle, 20 August 2018. Icke offers a scientist's scholarly analysis, but in truth the pearl's size and odd reflections are clearly visible to the naked eye, even in an indifferent reproduction of the painting.

even more laconic than ever, and extend the production of meaning beyond the internal thematics of *Je suis un homme* that we have discussed up to now. Modiano is mentioned only briefly and on just two occasions of any significance, both centred on Alexis's childhood memory of seeing the famously shy and hesitant author interviewed on television. The young Alexis finds himself horrified by the writer's apparent vulnerability:

> Le choc. [...] [J'entends] son phrasé très particulier, comme s'il parlait en transparence de lui-même. [...] Comment pouvait-on laisser quelqu'un comme lui passer à la télé? [...] [I]l est là devant nous, nu comme un ver, sans rien pour le protéger, et personne ne s'en inquiète. (*JSH* 236)[43]

Modiano's manner underlines Alexis's contrasting assumption that manliness goes together with decisiveness and expressing oneself 'd'un trait – du tranchant de la voix' (*JSH* 236), as well as his fear of the 'poreux' which dictates that one should never allow one's 'inside' to show. There is however much more than this to Modiano's presence in the novel.

The author is first mentioned casually in a conversation between Alexis and his father simply as one of the celebrities whose voice Alexis has digitally captured for re-sale by his agency. When M. Leriche fails to recognize the name, Alexis attempts an explanation, mentioning the first and third novels in Modiano's Occupation trilogy: '*La Place de l'étoile*, tentai-je, *Les Boulevards de ceinture*, mais non, ça ne réveillait en lui aucun souvenir périphérique' (*JSH* 193). This exchange, apart from revealing the culture and knowing humour that are part of Alexis's charm, prefigures the second allusion to Modiano, which occurs just before Alexis's accident on a boulevard near the Paris 'périphérique'.[44] In addition, the conversation serves to introduce two of Modiano's many works that are bound up with that writer's well-known autofictional revisiting of the broken relationship between a young man and his embarrassing, duplicitous, absent and possibly criminal father. *Les Boulevards*, for instance, follows the itinerary of a young man

43 For readers unfamiliar with Modiano's highly particular style, a delightful early example can be found at <https://www.youtube.com/watch?v=5YKkikvlpLQ>.

44 Rather than the 'périphérique', the 'ceinture' of Modiano's novel refers to Paris's abandoned 'petite ceinture' railway, repeatedly visited by the protagonist and his father: it is Alexis who associates the term with the famous road.

whose father, having abandoned and then recovered contact with his son, attempts to push the son in front of a metro train before leaving him for a second time (an incident which occurs near the avenue Niel, where Alexis will finally go to live with Zoé and Delphine). The reference to Modiano's novels in Alexis's dialogue with his father offers a suggestive intertextual 'doubling' of Modiano's characters with Alexis and M. Leriche senior, who has contributed to many of his son's problems through his early 'virile' influence, as well as his deceit and abandonment when he leaves to live with the other family he has secretly been keeping. Indeed, just before Alexis has his accident, many of his jumbled thoughts revolve around his parents as well as the memory of Modiano on television, hinting that, to some extent, it is his mother's love, his father's absence and his own conception of defensive-aggressive virility that have brought him to that point.

However, as in the other cases we have examined, the allusion to Modiano allows us to explore a wider range of more literary inferences connected with his work for, amongst their many outstanding features, Modiano's first three novels are recognized for the self-consciously literary characteristics that draw attention to their status as works of art. For example, as Alan Morris and others have noted, they intertextually fictionalize real people whose activities during the Occupation are documented in various 'faits divers' and written reports, referenced and exploited in the books.[45] They also play overtly with impossible, shifting perspectives and timeframes. And in *Les Boulevards*, the homodiegetic narrator refers to his adventures explicitly as a book, vowing to his father that 'Je suis avec vous et je le resterai jusqu'à la fin du livre.'[46] Yet it is the other novel mentioned by Alexis, *La Place de l'étoile*, that will be of most relevance to our discussion.

Modiano's début novel is a famously virtuoso piece of intertextual writing, a 'jeu de pastiches d'écrivains antisémites et collaborateurs, de Céline le pamphlétaire à Lucien Rebatet le pronazi'[47] narrated by a

45 See for example Alan Morris, 'And the "Bande" Played on: An Intertext for Patrick Modiano's *Les Boulevards de ceinture*', in John Flower (ed.), *Patrick Modiano* (Amsterdam & New York: Rodopi, 2007), pp. 33–48.

46 Modiano, *Les Boulevards*, p. 146.

47 Bruno Blanckeman, 'Patrick Modiano: l'Occupation en abyme de la fiction', in Marc Dambre (ed.), *Mémoires occupées: Fictions françaises et seconde guerre*

histrionic protagonist, Raphaël Schlemilovitch. Reinforcing the novel's conspicuous preoccupation with literature, Schlemilovitch in turn collaborates with the corrupt Viscount Lévy-Vendôme, a bibliophile who wishes to undermine the entire history of French *belles lettres* by penning fake apocrypha such as 'Un conte licencieux de Bossuet. Un érotique de Mme de La Fayette'.[48] A slippery, deeply unreliable figure who constantly oscillates between identities, Schlemilovitch is an extreme embodiment of what Nimier consents in her interview with Schwerdtner, cited above, to call the 'en même temps', or capacity for a person to be 'à la fois une chose et une autre'. Most ostentatiously of all, however, Raphaël Schlemilovitch is an artifice, an imagined, literary space traversed by contesting currents of thought and personas, both real and concocted. One of those personas is the writer – and, as we know from *La Reine du silence*, the difficult and absent father – Roger Nimier.

The most thorough research into this particular instance of intertextuality in *La Place de l'étoile* has been carried out by Jacques Lecarme, who shows conclusively that '[Roger] Nimier figure, d'après maintes indices, sous la forme de l'ami français de Raphaël, Jean-François des Essarts', whose identity Schlemilovitch will later steal. Amongst other clues, des Essarts's favourite readings include 'les *Mémoires* du Cardinal de Retz, *Délie* de Maurice Sève, les comédies de Corneille – trois marottes de Nimier' and comprise 'un mini-pastiche de la critique de Nimier et de son zèle pour les aïeux Chardonne et Morand'. Most tellingly, however, as Lecarme recalls, 'Des Essarts va mourir sur l'autoroute de l'Ouest, en uniforme de spahi pour les besoins d'un bal masqué.'[49] It is impossible not to see in the 'spahi' a reference to the 'hussard' of Roger Nimier's best-known novel *Le Hussard bleu*, and the nickname 'les hussards' attributed to him and a group of like-minded authors in the 1950s. On top of this, Nimier's fatal

mondiale (Paris: Presses Sorbonne Nouvelle, 2013), pp. 55–61 and <https://books.openedition.org/psn/372>, para. 3, consulted 12 September 2018.

48 Modiano, *La Place de l'étoile*, p. 98.

49 Jacques Lecarme, 'Figures de l'agent double: Nimier – Modiano – Drieu', in Marc Dambre (ed.), *Roger Nimier, quarante ans après Le Hussard bleu: colloque international organisé par L'Association des Cahiers Roger Nimier et la Bibliothèque nationale* (Paris: L'Association des Cahiers Roger Nimier, 1995), pp. 111–40 (p. 123).

car accident in 1962 on the same 'autoroute de l'Ouest' is almost as famous as his literary work.[50] To these links between Modiano and Roger Nimier, Lecarme adds the clear intertextual echoes between the double agents and shady characters who people Modiano's Occupation trilogy and Roger Nimier's own double agent of the Occupation, the intratextual François Sanders who appears first, most brutally and provocatively, in *Les Épées* and then, somewhat attenuated, in *Le Hussard bleu*.[51] For Bruno Blanckemann, the connection is most obvious in the second novel of Modiano's trilogy:

> *La Ronde de nuit* peut se lire comme une réécriture des *Épées* de Roger Nimier auquel Modiano emprunte l'histoire du double traître, le collabo résistant, revisitée au fil d'un imaginaire onirico-cauchemardesque, émaillé de formules acerbes que l'on croirait émises par le maître hussard lui-même.[52]

There is indeed some justification for this view that the correspondence between the two *œuvres* is at its closest in *La Ronde de nuit*,[53] where Modiano's protagonist takes Sanders's treachery a step further, reflecting: 'agent double? ou triple? Je ne savais plus qui j'étais.'[54] However, Lecarme describes both *La Ronde de nuit* and *La Place de l'étoile* as '*d'après Nimier*', justly praising the subtlety and finesse in Modiano's treatment of his material: 'Modiano double Nimier: il l'exploite et le dépasse pour un résultat moins abrupt et plus séduisant. On est passé de la méchanceté du boxeur à la grâce du funambule.'[55] Finally, it is worth drawing attention to one more relevant, and exquisitely ironic, connection between the two authors: for *La Place de l'étoile*, a novel positively fizzing with insolence towards the 'hussards' amongst others – a novel whose brilliant thematic and stylistic pirouettes dance rings around the hypotextual material that

50 Marie Nimier discusses the accident at length in *La Reine du silence*.

51 Roger Nimier, *Les Épées* (Paris: Gallimard, 1948; Gallimard, L'Imaginaire, 1997); *Le Hussard bleu* (Paris: Gallimard, 1950; Gallimard, Folio, 1977).

52 Blanckemann, 'Patrick Modiano: l'Occupation en abyme', para. 3.

53 Patrick Modiano, *La Ronde de nuit* (1969) (Paris: Gallimard, Folio, 1976).

54 Modiano, *La Ronde de nuit*, p. 132.

55 Lecarme, 'Figures de l'agent double', p. 123.

it parodies … – for this novel, in 1968, Patrick Modiano was awarded the Prix Roger Nimier.[56]

In just two brief references to Modiano, then, Marie Nimier succeeds in setting up a 'chaîne de souvenirs et de perceptions qui rebondissent les uns sur les autres' to create, not a physiological state as in the case of the phantom piano notes discussed above, but a resonating succession of associations available to the reader who thus 'hears' allusions that have barely been named. Indeed, Modiano himself, as described by Alexis, personifies the process of becoming conscious that one idea may contain the echo of many other meanings: 'il partait sur une phrase, et puis il s'arrêtait, comme si […] ça lui faisait mal de la finir, parce qu'il y en a une autre derrière, et encore une autre' (*JSH* 193). The mechanism of intertextual allusion itself, its shifting nature and multiple, open possibilities, is thus brought into play thematically in Nimier's text, the silent allusion to Modiano's famous double agents hinting metaphorically at the 'palimpsestuous' experience of intertextual reading for, as Lecarme observes, 'dans ce palimpseste que constituent l'hyper-texte et l'hypo-texte, on lit double, comme parfois on voit double'.[57] That this echoing, allusive intertextual chain should lead us, in *Je suis un homme*, to the problematic figure of Roger Nimier as the unnamed source of its reverberations will be no surprise to Marie Nimier's more seasoned readers.

Scholars have long acknowledged the inextricable links between the theme of literature in Nimier's work and the figure of her own father,[58] whom she also sees in terms of duality, citing in *La Reine du silence* the 'double nature de ce père fantôme. Ni vraiment là quand il était présent,

56 Pauline Dreyfus, *Le Déjeuner des barricades* (Paris: Grasset, 2017), fictionalizes the quite extraordinary circumstances of the award celebration, held at the height of the May 68 'événements' in the opulent Hôtel Meurice while its staff occupied the building in solidarity with demonstrating workers and students across the capital.

57 Lecarme, 'Figures de l'agent double', p. 122.

58 In addition to Gaensbauer, 'Repetition with a Difference', see for example two articles in a Marie Nimier special issue of the *Cincinnati Romance Review*, 25 (2006): Murphy, Carol J., 'Tel père, telle fille? Filiations paternelles dans les romans de Marie Nimier', pp. 247–58; and Margaret-Anne Hutton, 'Authority and Authorship in the Works of Marie Nimier: "*Points de Re-père*"', pp. 232–46.

ni vraiment absent quand il nous quitta' (*RS* 43). One of the very ways in which Roger refuses ever fully to absent himself is the literary legacy that hovers over the writing of his daughter. The references to Modiano in *Je suis un homme* resoundingly reconfirm this preoccupation; and, together with the other intra-intertextual references we have explored, they also suggest that the conclusions of the novel may themselves be 'double'.

On the one hand, as we have seen, *Je suis un homme* suggests the propensity of the heteronormative phallocrat to reassert himself as such, no matter what. Alexis uses his very vulnerability and dependence the better to 'tire[r] les ficelles', refusing to conform entirely to an edifying narrative of disability and even, on a literary level, colonizing Nimier's mermaid by making her a symbol of his own newfound complexity. Echoing the fictional Alexis's domination of his own circumstances, the historical Roger Nimier also once again imposes himself within the text as a haunting yet commanding, absent yet present, figure that is indissociable from any and all evocations of fatherhood, betrayal, duality, memory and literary creation. If, as Alexis claims, childhood exists only as an imagined fiction, the interminable, obligatory imagining itself is perhaps all too real for an author whose identity is inescapably dominated by slippery recollections of her father. In any given domain, whether filial or paternal, literal or metaphorical, societal or artistic, the vocation of the ultra-masculine persona is to determine the responses of those he subjugates.

On the other hand, the intra-intertextuality we have observed at work may provide a way to escape the dominating grip of even the most persistent phallocentrism, through the requirement to 'lire double' that produces ironic or contesting meanings. To recall just two small examples related to Alexis, we have noted that references to the hero Ulysses in fact emphasize Alexis's *un*heroic qualities, while the invocation of Diderot's mermaid points to his monstrosity, meanings that emerge from the ironic gap between the hypo- and hypertexts. Of course, the very presence of intertexts, like that of epigraphs, is in itself ambivalent: are we to read intertexts as deployed by the narrator, or by the author? There can be no single, certain answer but, as I suggested near the beginning of this essay, the distinctively *intra*textual aspect of the epigraphs at the very start of *Je suis un homme* can be taken as indicative of an authorial presence. When we note, in addition, the chain of resonances that leads from Modiano to Roger Nimier, it is hard not to conclude that, at the intra-intertextual level of the novel, it is not Alexis who 'tire les ficelles', but Nimier herself. And yet the *récit*, *narration* and *histoire* of the novel all 'belong' to Alexis; it is his voice we hear explicitly, while Nimier is apparently silent.

The peculiarly personal issue of silence is of course discussed in *La Reine du silence*, an autobiographical work named after a title bestowed upon Nimier as an honour by one of her first schoolteachers. Nimier explores the lasting repercussions when her father writes her a card with the question: 'QUE DIT LA REINE DU SILENCE?', an 'énigme' that, as Nimier points out, cruelly leaves the little girl 'Prise au piège de l'intelligence paternelle', since 'Que pourrait bien dire la Reine du silence sans y perdre son titre, et l'affection de son papa ?' (*RS* 171). Desperate to break out of the paralysis imposed by Roger's trick question, Nimier speculates about the motivation for her writing, reflecting: 'le romancier n'est-il pas celui qui raconte des histoires en silence ? Celui qui parle en se taisant ?' (*RS* 174). Yet, if writing is a way of escaping the paternal trap, a way to 'parler en se taisant', how much more cunning is the writing that creates meaning, not explicitly, but laconically, allusively, through subtle intertextuality? The extraordinarily coherent intra-intertextual structures beneath the surface of *Je suis un homme*, in which each theme and motif leads on to a new echo and response, then becomes a means of 'saying' more than the text appears at first to say, surreptitiously bringing forth the 'silent' voice of its author so that the reader is enabled to 'hear' even those elements of the allusive complex that are not named. Indeed, this silent technique both creates the very textual reverberations that conjure Roger Nimier himself into presence, *and* allows Marie to speak in spite of his silencing grip.

Not for Marie Nimier, then, the 'Batterie d'accords fracassants', nor an aggressive assault on 'le tympan'. In fact, perhaps the metaphor of the reverberating piano that runs through this text is altogether a less suitable one on which to conclude than the subtler harmonica, in which we may finally see one rare point of connection between the female author and her phallocratic character, Alexis.

Although Alexis never says so explicitly, it is easy to recognize his favourite tune as Ennio Morricone's harmonica theme, composed for *Once*

Upon a Time in the West.[59] The film culminates with a character, known as 'Harmonica' because he is always seen with his instrument, shooting his enemy and pushing a harmonica into his mouth as he dies. Only then does the dying man recognize in his killer the young boy on whom, years before, he had inflicted the same treatment while torturing and killing the boy's brother: Harmonica's gesture reveals his identity and seals his revenge. Alexis, who often conceives of his own violent impulses as retaliatory, even when his need for revenge is entirely fabricated,[60] describes the release he achieves through the music of this vengeful scenario during the final fantasy I have already mentioned:

> Ma main droite est posée sur l'instrument comme pour un bras de fer, mais la force est ailleurs, elle ne sert plus à rien. Ma langue bouche les trous. Les anches métalliques vibrent au passage de l'air. Le train s'en va, revient, je souffle ou j'aspire, je ne sais plus très bien. Les trois notes s'élèvent qui disent la vengeance, et les voix se délient. (*JSH* 267)

This passage may appear to support a presentation of Alexis as tending towards a lighter, more circumspect outlook, transcending the limits of his physical and phallocentric nature thanks to the airy music of the harmonica. And yet this is not a wholly satisfactory explanation, for the impression is immediately undermined in the following lines, discussed above, in which Alexis depicts the two women as dogs with himself as their master and egotistical 'roi assis' (*JSH* 267–8). More importantly, aside from their traditional virility, there is no particular parallel between Alexis – even in his imagination – and Harmonica, a fact that, in such a carefully constructed text, calls for further thought.

Indeed, on closer reflection, the similarity that emerges is not between Alexis and Harmonica: it is between Harmonica and Marie Nimier. Both, as young people, are silenced by a cruel, imposing and older male figure; both are imprisoned in an identity overdetermined by that very domination, such that both will spend much of their lives struggling to liberate

59 Sergio Leone (dir.), *Once Upon a Time in the West*, Paramount Pictures, 1968.

60 This is repeatedly demonstrated: see for example Alexis's beating and rape of Zoé due to his jealousy of her Italian ex-husband (*JSH* 211–16). The irony of his later preference for an Italian composer will not escape the reader.

themselves through means of expression – the harmonica, the written text – associated with their abuser. While Harmonica chooses revelation and the 'bras de fer' of murder, however, for Nimier 'la force est ailleurs' and depends on skilful concealment. The film itself, as I have said, is not even named: it is evoked by the 'vibration' of its musical theme. And this 'silent' allusion itself resonates with another, for once the movie's title is known as *Il était une fois dans l'Ouest*, it inevitably, in this context, calls up the famous accident on the 'autoroute'. Just as the silent vibrations of Alexis's music, imagined in his fantasy, transport him beyond physical paralysis, Nimier's final, filmic intertext exemplifies the hidden, 'silent' and liberating means by which the 'Reine du silence' successfully answers back to the paralysing figure of her tormentor, thereby breaking free from his trap. Perhaps it also hints – ever so quietly – at the sweetly vengeful satisfaction of doing so.

FLORIANE BLANCHOT

La Plage de Marie Nimier, un nouveau T. Beach ?

L'œuvre de Marie Nimier est traversée par de multiples influences, ajoutant à un texte qui a ses thématiques propres et son écriture, des strates de lectures : une richesse qui émerge de chaque clin d'œil de l'auteure à ses prédécesseurs. Dans le roman *La Plage*[1] publié en 2016, nous repérons un sous-texte durassien parcourant l'œuvre, de telle sorte que le sort des personnages pourrait s'inscrire dans la lignée de celui des personnages de Marguerite Duras.

Nimier reconnaît l'influence de Duras, sans pour autant identifier les liens qui font s'entrecroiser leurs textes. Elle écrit :

> Je ne sais pas si je saurai répondre à vos questions sur mon lien avec Duras. Il me semble évident depuis que le livre est sorti, prenant un peu de distance, que vous avez vu juste, mais en écrivant je ne savais rien de tout ça ! Mes références étaient ailleurs : botaniques, minéralogiques, mythologiques … Ce sera intéressant d'en parler.[2]

En 2016, soit la même année que la parution de *La Plage*, paraît chez Actes Sud un recueil de monologues féminins intitulé *La Violence des potiches*.[3] Le premier monologue, « La Violence des potiches, Couplets, complainte et rengaine », fait directement référence à Duras :

> L'homme en chemise s'assied au piano et joue une petite musique entêtante comme si on était dans un film, un film de Marguerite Duras, et les autres tournent en rond

1 Marie Nimier, *La Plage* (Paris : Gallimard, 2016). Cet ouvrage sera désormais désigné dans le corps du texte par les seules initiales *LP*.

2 Marie Nimier, Correspondance personnelle, 23 février 2016.

3 Marie Nimier, *La Violence des potiches et autres monologues féminins* (Arles : Actes Sud-Papiers, 2016).

> autour d'elle, entrée, plat, fromage ou dessert, ne pas oublier les comprimés, il faut guérir, guérir, tout remettre à sa place, puis le plan se resserre, la caméra descend.[4]

La référence est un premier indice de ce lien qui unit les deux auteures.

La Plage est un roman dont le personnage principal, « l'inconnue » (*LP* 13), arrive en bus sur une île. Elle a déjà connu ce lieu avec « le voyageur » (*LP* 23), son ancien amant. Elle souhaite retourner dans la grotte où elle avait passé une nuit avec lui. Arrivée sur les hauteurs qui surplombent la grotte, elle voit que celle-ci est momentanément occupée. Elle se met à observer les deux occupants qu'elle nomme « la petite » (*LP* 50) et « le colosse » (*LP* 52). Elle finit par se montrer. Elle est accueillie par le père et sa fille dans la grotte. Ils vivent alors une histoire particulière, et si ce n'est pas un triangle amoureux, on sent que chaque personnage désire les deux autres. L'inconnue a une relation avec le colosse, puis le colosse et la petite disparaissent, ne laissant que la trace de leur passage : la bouée de la petite et une empreinte des pieds du colosse.

C'est « L'Amour » à « La Plage »

Si la voix de Marguerite Duras semble sourdre derrière celle de Nimier, la « plage » est représentée dans plusieurs œuvres de Duras. En effet, Duras, née à Saigon, passe son enfance entre le Mékong et l'Océan Pacifique. Dans *Un Barrage contre le Pacifique*,[5] la seule obsession du personnage de la mère est de sauver ses terres après un mauvais achat : ses rizières sont inondables. La famille vit alors dans un bungalow sur des terres marécageuses. L'eau est le centre du roman à l'inspiration hautement autobiographique. Plus tard, alors que Duras vit en France, elle habite la Normandie – à l'instar de Marie Nimier – et séjourne à l'hôtel « Les Roches Noires », comme Proust avant elle, à Trouville, entre 1963 et 1994, chambre 105. Cette chambre donnant sur la plage, cette vue sur la mer, sont l'inspiration de

4 Nimier, *La Violence des potiches*, p. 11.

5 Marguerite Duras, *Un barrage contre le Pacifique* (Paris : Gallimard, 1950).

nombreux livres de Duras. Parmi ceux-là, *L'Amour*[6] situe son action dans une station balnéaire, S. Thala, sur la plage de T. Beach – comme c'était le cas dans *Le Ravissement de Lol V. Stein*.[7] Dans *L'Amour*, les personnages ne sont nommés que par des périphrases : « l'homme qui marche », « l'homme qui regarde », « la femme aux yeux fermés ». Dans *La Plage* de Nimier, le personnage principal est appelé « elle », « la jeune femme » (*LP* 13) ou « l'inconnue », tandis que deux autres personnages centraux sont nommés par le narrateur « le colosse » et « la petite », comme nous l'avons cité dans le résumé de l'œuvre. On évoque les parents de l'inconnue, appelés « son père » (*LP* 12) et « sa mère » (*LP* 16), tandis qu'un homme croisé dans un autocar prend le nom du « vieil homme » (*LP* 20). Cette façon de nommer les personnages, sans identité propre, n'est pas sans rappeler – outre des textes du Nouveau Roman – certains livres de Duras, comme *Le Square*, dans lequel les personnages n'ont d'autre identité que celle de « Mademoiselle » et de « Monsieur ». Mais la ressemblance n'est plus une simple coïncidence lorsque l'on compare *La Plage* de Nimier avec *L'Amour* de Duras.

Chez Duras, la femme est souvent appelée par le seul pronom « elle », tandis que son rôle est celui de la contemplation :

> Elle ouvre les yeux. Elle le voit, elle le regarde.
> Il se rapproche d'elle. Il s'arrête, il l'a atteinte.
> Il demande :
> Qu'est-ce que vous faites là, il va faire nuit.
> Elle répond, très clairement :
> Je regarde. (*LA* 15)

La contemplation du personnage est également présente chez Marie Nimier ; reprenons l'*incipit* de *La Plage* qui fait écho à l'exergue :

> Bientôt, ce soir, demain, elle se réveillera sur une plage déserte. Alors, elle n'aura plus que ça à faire : nager et regarder.
>
> Nager longtemps. Regarder longtemps.

6 Marguerite Duras, *L'Amour* (Paris : Gallimard, 1971). Cet ouvrage sera désormais désigné dans le corps du texte par les seules initiales *LA*.

7 Marguerite Duras, *Le Ravissement de Lol V. Stein* (Paris : Gallimard, 1964).

> En attendant, le front appuyé contre ses bras croisés, elle fait semblant de dormir. Son dos trace une diagonale parfaite entre le siège et le dossier. Rien de ce relâchement inhérent aux longs trajets des migrations saisonnières. Tout son être est tendu, ses genoux serrés, ses mains fermées – les pouces, coincés à l'intérieur, comme si elle avait peur qu'on les lui arrache. Tout ça vissé. Cuirassé.
>
> Ce n'est plus un corps qu'elle a, c'est une décision. (*LP* 11–12)

L'inconnue semble faire écho à cette autre inconnue de *L'Amour*. Et la ressemblance ne s'arrête pas là puisque l'une et l'autre, en position d'observatrices, sont en fait les observées : « Elle est là, plantée là, les pieds enracinés dans le sable. Elle regarde le monde comme s'il était son invité. Elle ne sait pas qu'elle est observée » (*LP* 51). Même image chez Duras :

> Elle est dans la lumière obscure, encastrée dans le mur. Yeux fermés.
>
> Ne ressent pas être vue. Ne sait pas être regardée.
>
> Se tient face à la mer. Visage blanc. Mains à moitié enfouies dans le sable, immobiles comme le corps. Force arrêtée, déplacée vers l'absence. (*LA* 12)

Les deux femmes observant et observées se ressemblent jusque dans leurs positions : l'une est « plantée là », l'autre est « immobile », tandis que les deux ont des membres « enfouis » ou « enracinés » dans le sable. Le personnage de l'inconnue pourrait donc s'apparenter à la femme de *L'Amour* de Duras, mais le lien entre les personnages des deux œuvres continue, puisque deux autres personnages, au-delà de se ressembler, sont nommés de la même façon : il s'agit dans les deux cas du « voyageur ». En effet, le trio que forment les personnages de *L'Amour* est constitué du personnage féminin et de deux autres hommes : « le voyageur » et « l'homme ». Ce trio forme un triangle amoureux : « Du fait de l'homme qui marche, constamment, avec une lenteur égale, le triangle se déforme, se reforme, sans se briser jamais » (*LA* 10). Chez Nimier, autre trio apparent constitué de l'inconnue, du colosse et de la petite :

> Ils étaient trois sur la plage, perchés aux trois sommets d'un triangle isocèle, petit côté reliant le père et la fille, les deux autres fuyant vers la belle inconnue. À présent, ils ne sont plus qu'un point. Le triangle a replié ses angles, expulsé l'air et la surface pour ne laisser de lui qu'un petit tas serré qui appelle la fin. (*LP* 134)

En plus, un trio sous-jacent émerge : celui de l'inconnue, de son ancien amant (le voyageur) et du nouveau (le colosse). En effet, l'inconnue revient sur cette plage, poussée par le souvenir du voyageur et y rencontre le colosse.

C'est d'ailleurs ce que l'on comprend de *L'Amour*, ce retour sur une plage déjà arpentée, ce souvenir d'un homme aimé là et cette nouvelle rencontre. La femme, dans *L'Amour*, ne cesse de dormir et de rêver. Dans cet entre-deux, entre rêve et réalité, elle parle à un homme tandis qu'elle est observée par un autre. Les deux hommes ne semblent pas être dans la même temporalité. Le « voyageur » n'est qu'un fantôme du passé de la femme, et ne peut agir :

> – Ce n'est pas la première fois que vous venez à S. Thala.
> Le voyageur cherche à répondre, plusieurs fois il ouvre la bouche pour répondre.
> – C'est-à-dire … – il s'arrête –
> Sa voix est sans écho. L'immobilité de l'air égale celle de la lumière.
> Il cherche toujours à répondre.
> Ils n'attendent pas de réponse.
> Dans l'impossibilité de répondre, le voyageur lève la main et montre autour de lui, l'espace. Le geste fait, il parvient à avancer dans la réponse.
> – C'est-à-dire – il s'arrête – je me souviens … c'est ça … je me souviens …
> Il s'arrête.
> La voix au timbre lumineux se hisse jusqu'à lui, elle lui porte la réponse, sa clarté est éblouissante.
> – De quoi ?
> Une poussée incontrôlable, organique, d'une force très grande le prive de voix. Il répond sans voix :
> – De tout, de l'ensemble.
> Il a répondu : le mouvement de la lumière reprend, le bruit de la mer recommence, le regard bleu de l'homme qui marche se retire.
> L'homme qui marche montre autour de lui la totalité, la mer, la plage, la ville bleue, la blanche capitale, il dit :
> – Ici, c'est S. Thala jusqu'à la rivière. (*LA* 19–20)

Le voyageur apparaît comme un fantôme : sa voix ne parvient pas jusqu'aux autres personnages, elle est « sans écho », et il ne sait plus que se « souvenir ». Le dialogue véritable a lieu entre l'homme qui marche et la femme, en trois phrases : « Ce n'est pas la première fois que vous venez à S. Thala », « De quoi ? » et « Ici, c'est S. Thala jusqu'à la rivière. » Tandis que les personnages du couple en présence « n'attendent pas de réponse », la femme semble, quant à elle, entendre la réponse de son voyageur dans le temps. Elle n'est pas présente à la conversation menée par l'autre homme, celui qui lui fait véritablement face.

Cette histoire d'amour entre une femme qui se souvient d'un amour perdu et un autre homme, histoire d'amour impossible finalement, n'est pas sans rappeler celle de *La Plage* où notre inconnue, bercée par le souvenir d'un amour révolu, revient sur les lieux de cet amour. L'histoire entre le colosse et elle ne peut, à l'instar de celle de *L'Amour*, avoir lieu. Dans le manuscrit initial de *L'Amour*, les deux seuls personnages du manuscrit – la femme et le voyageur – se revoient pour revenir sur leur histoire d'amour passée. S'engage alors un dialogue entre eux sur leur amour : « – Qu'est-ce que ça veut dire : aimer ?/ Il pleure. Elle le regarde./ – Ce que nous éprouvons l'un pour l'autre en ce moment./ – Oui. »[8] Dans cette perspective durassienne de notre lecture de *La Plage*, nous comprenons la relation entre le colosse et l'inconnue comme empêchée par le souvenir du voyageur : « jusqu'à cette nuit dans la grotte avec le voyageur. Après lui, elle ne voudra plus tomber amoureuse » (*LP* 62). Dans *La Plage*, le fantôme du voyageur fait aussi irruption dans le présent de l'inconnue par le biais de ses rêves :

> [...] elle est dans la grotte et se rendort profondément. Le voyageur occupe ses rêves. Ils se touchent tout habillés, par-dessus les vêtements. Les caresses traversent les tissus, tous les tissus, le coton et la peau [...]. Lorsque l'inconnue se réveille à nouveau, le jour s'est levé. Elle se tourne vers le hamac : le colosse est assis, il la regarde. Ils se regardent. (*LP* 83)

C'est aussi lorsque le personnage féminin dort que le voyageur apparaît, chez Duras : « Il regarde le ciel, la mer./ Puis celle qui dort dans les bras du voyageur » (*LA* 129). Le sommeil semble raviver la présence du voyageur.

8 Marguerite Duras, manuscrit de *L'Amour* [cahier, f°14 r°], Collection de l'IMEC, 76DRS 8.1.

Dans *La Plage*, la grotte dans laquelle l'inconnue retourne est à la fois le lieu de leur dernière étreinte et le lieu du point de la destruction du couple :

> La grotte ne finit pas non plus [...].
>
> Conversation ponctuée de grimaces qui disaient combien leur relation était avariée. Ils ne se touchaient plus, ne s'embrassaient plus.
>
> Ils avaient tenu comme ça jusqu'à l'aéroport et, dans l'avion, s'étaient séparés. [...] Si elle n'était pas partie en voyage, voilà ce qu'elle pense aujourd'hui, si elle n'était pas partie, tout aurait pu continuer comme avant. (*LP* 48–9)

Outre les personnages, l'on retrouve des motifs communs aux deux livres, comme la tentative d'écriture d'une correspondance. Dans *La Plage*, l'inconnue pense à plusieurs reprises à écrire à son père : « Il faut qu'elle lui écrive, au moins une carte postale, même s'il ne la lit pas, mais où trouver une carte, et où la poster ? » (*LP* 67). Cette lettre fera l'objet de plusieurs tentatives : « Elle écrit dans sa tête la carte pour son père. Cher papa, si je pouvais, si nous pouvions ... » (*LP* 68) ; « Elle écrit, elle efface, ça n'a pas l'air facile, mais à la fin les mots seront en place » (*LP* 151) : mots en place, mais que nous ne lirons pas, alors que dans *L'Amour*, nous lisons une lettre du voyageur qui ne sera pas envoyée :

> L'homme prend un papier, il écrit : S. Thala S. Thala S. Thala.
>
> Il s'arrête. Il hésite, dirait-on, entre les mots écrits.
>
> Il recommence. Lentement, avec certitude, il écrit : S. Thala, le 14 septembre.
>
> Il souligne le premier mot. Puis il écrit encore : « Ne venez plus ce n'est plus la peine. »
>
> Il éloigne la lettre de lui, il se lève. (*LA* 22–3)

Cette lettre est réécrite plus loin :

> Il reprend la lettre. Il écrit.
>
> « S. Thala, 14 septembre. »
>
> « Ne venez plus, ne venez pas, dites aux enfants n'importe quoi. »
>
> La main s'arrête, reprend :
>
> « Si vous n'arrivez pas à leur expliquer, laissez-les inventer. »

> Il pose la plume, la reprend encore :
>
> « Ne regrettez rien, rien, faites taire toute douleur, ne comprenez rien, dites-vous que vous serez alors plus près de » – la main se lève, reprend, écrit : « l'intelligence ».
>
> Le voyageur éloigne la lettre de lui.
>
> Il sort de sa chambre. (*LA* 41)

Au sein des deux romans, les lettres servent à faire décrocher le personnage du triangle pour ouvrir vers des personnages extérieurs. La lettre est une échappée à ce triangle qui enferme les personnages, qu'elle soit carte postale ou lettre de suicide. Les deux lettres n'aboutissent pas entièrement, soit parce que le lecteur n'y a pas accès, soit parce qu'elle n'est pas envoyée, mais celles-ci sauvent les personnages de la destruction. Cette destruction est clairement désirée par Duras dans son œuvre. Elle explique que le troisième personnage de *L'Amour*, celui rajouté plus tard et observant les deux premiers – il s'agissait initialement du narrateur, dans le deuxième manuscrit : « l'homme qui marche sur la plage »,[9] « l'intercesseur »,[10] « le troisième homme, le témoin, le voyeur »[11] – est aussi le « troisième temps du récit, ce temps destructeur [...] qui annule les deux autres ».[12] Outre la destruction, thème de *Détruire, dit-elle* – *L'Amour* étant, pour Duras, une continuité de *Détruire, dit-elle*, du *Ravissement de Lol V. Stein* et d'*Abahn Sabana David* –, le triangle est constitué d'un couple et d'un personnage voyeur. Le terme de triangle est d'ailleurs utilisé par Xavière Gauthier dans son entretien avec Duras : « Je pense tout bêtement au triangle œdipien. [...] C'est-à-dire le père, la mère, l'enfant. Si l'enfant désire la mère, il faut qu'il y ait le père, à côté, bon, qui interdit, mais qui n'interdit pas seulement, qui est là et qui ... »[13] Et Marguerite Duras de terminer la phrase : « Et qui soit son rival. »[14]

9 Marguerite Duras et Xavière Gauthier, *Les Parleuses* (Paris : Minuit, 1974), p. 46.

10 Duras et Gauthier, *Les Parleuses*, p. 46.

11 Duras et Gauthier, *Les Parleuses*, p. 47.

12 Marguerite Duras, entretiens avec Jean-Pierre Ceton, dans « Les Nuits magnétiques », France Culture, 1re diffusion du 27 au 31 octobre 1980.

13 Gauthier, in Duras et Gauthier, *Les Parleuses*, p. 48.

14 Duras, in Duras et Gauthier, *Les Parleuses*, p. 48.

Et si tout le long de *La Plage*, l'inconnue se demande s'il s'agit ou non de la fille du colosse, c'est bien à cause du comportement incestueux du colosse. La petite, dans une jalousie incestueuse envers l'amante de son père, finit par se couper les cheveux :

> Quand il voit qu'elle s'est coupé les cheveux, il se lève d'un bond, la saisit par les épaules et la secoue en la traitant de tous les noms. L'inconnue se lève à son tour, se glisse entre le père et sa fille. De son corps nu elle fait barrage. (*LP* 133)

Et quel Pacifique, que la relation qui unit ce père à sa fille et contre quoi l'inconnue lutte.

Autre point commun : au-delà des thèmes difficiles de l'inceste, du voyeurisme ou de la destruction, les personnages des deux livres sont proches d'une ville au passé douloureux. Chez Marguerite Duras, S. Thala a été dévastée par un incendie :

> – Vous pleurez sur l'incendie ?
> – Non, sur l'ensemble. [...]
>
> La police vous cherche. [...]
>
> – Au même endroit l'autre jour il y avait un chien mort – elle se retourne vers lui – la mer l'a emporté pendant l'orage. (*LA* 96–7)

Cet incendie, allumé par la femme de *L'Amour*, fait écho à un autre feu, celui de *La Plage* :

> Papa n'aime pas y aller, il dit que c'est pollué. Il y a quelques années, la colline a brûlé. Je vais te confier un secret ...
>
> Oui ?
>
> Je me suis toujours demandé si ce n'était pas lui qui avait mis le feu. (*LP* 103)

Les deux récits mènent donc à un incendie éteint, à un monde ravagé dans lequel il est important de se questionner sur l'au-delà :

> Tu crois en Dieu, toi ? [...] Je t'ai demandé [...] si tu étais croyante.
> L'inconnue n'a pas d'opinion.
> Mais ce n'est pas une question d'opinion, s'indigne la petite, tu y crois ?
> Je ne crois pas.
> Tu ne crois pas que tu crois, c'est ça ?

> C'est ça. Et toi ?
> Ça dépend des jours.
> Et là, tout de suite ? (*LP* 111)

Nimier ne fait pas répondre son personnage, ce qui nous laisse en suspens, comme dans les dernières lignes de *L'Amour* :

> Pendant un instant elle sera aveuglée. Puis elle recommencera à me voir. À distinguer le sable de la mer, puis, la mer de la lumière, puis son corps de mon corps. Après elle séparera le froid de la nuit et elle me le donnera. Après seulement elle entendra le bruit vous savez ?… de Dieu ?… ce truc ?… (*LA* 131)

Entre quête spirituelle et retour sur un passé brûlant, les deux livres montrent le besoin d'un personnage de retourner dans son passé, peut-être pour tenter de s'en défaire, ou comme le dit Nimier, « [v]oyager pour se débarrasser » (*LP* 25). Mais peut-on se débarrasser du passé ?

Le ravissement de « l'inconnue »

Rapprochant *La Plage* de *L'Amour*, nous ne pouvions éviter de faire le lien entre l'inconnue et Lola Valérie Stein. Dans son manuscrit de *L'Amour*, Marguerite Duras évoque clairement le nom du personnage féminin.[15] Le mystère se lève donc sur ce personnage que nous connaissons davantage dans le roman qui lui est consacré : *Le Ravissement de Lol V. Stein*. Ainsi, les deux hommes de *L'Amour* (le livre) feraient figure de Michael Richardson, premier amour de Lol, et Jacques Hold, narrateur et mari de Lola Valérie Stein. Dans *L'Amour*, nous retrouvons des avatars de ces personnages dans le voyageur et l'homme. La déception causée par le baiser entre Anne-Marie Stretter et Michael Richardson lors du bal de T. Beach est le moment du ravissement.

L'une des scènes clé du *Ravissement* est celle où Lola Valérie Stein se place en observatrice d'une scène d'amour dans un hôtel. La scène commence

15 Duras, manuscrit de *L'Amour* [cahier, f° 2 r°].

par l'arrivée de Lola : « Elle arriva en effet, elle descendit d'un car bondé de gens qui rentraient chez eux avec le soir. »[16] Ce car qui la conduit sur les lieux de son poste d'observation n'est pas sans rappeler les vingt premières pages de *La Plage*, où l'inconnue traverse l'île en « autocar » pour se rendre jusqu'à la plage qu'elle avait fréquentée avec le voyageur deux ans plus tôt : « Il y a deux ans, rien ne marquait le terminus. L'autocar s'arrêtait sur le terrain vague à l'écart du village » (*LP* 23). Dans cette scène d'observation, Lol regarde à travers une fenêtre vers « la lumière d'une chambre où d'autres sont » (*RL* 63) ; elle est « cette femme qui regarde une petite fenêtre rectangulaire, une scène étroite » (*RL* 63). Quant à l'inconnue, elle trouve aussi une cachette d'où elle peut observer le colosse et la petite : « L'inconnue passe sa journée à observer les occupants de la grotte, cachée dans les rochers blancs. Il y a là, près de la langue vieux rose, un creux assez confortable où l'on peut s'asseoir à l'ombre et voir sans être vu » (*LP* 54). Elle est « à son poste de guet » (*LP* 55).

Les personnages de la chambre d'hôtel sont nus, comme ceux de la grotte : « Tatiana Karl, à son tour, nue dans sa chevelure noire, traverse la scène de lumière, lentement » (*RL* 64), et dans la nudité des femmes, n'apparaissent que les chevelures : « Il est nu. Ils sont nus tous les deux. [...] Il défait la natte qui emprisonne ses cheveux » (*LP* 52–3), « elle ramène sa chevelure devant elle, la torsade et la relève » (*RL* 64), « l'homme vient tandis qu'elle s'occupe de sa chevelure, il se penche, mêle sa tête à la masse souple et abondante, embrasse, elle, continue à relever ses cheveux » (*RL* 65), « Tatiana revient encore seule, sa chevelure de nouveau retombée » (*RL* 65).

Tandis que Lol trouve l'adresse de Tatiana pour aller l'observer chez elle, l'inconnue reste à son poste d'observation. Pourtant, les deux femmes semblent observer la même scène : « Lol dut voir Tatiana Karl sur la terrasse, allongée sur une chaise longue, en maillot de bain, au soleil, les yeux fermés » (*RL* 68), « De sa promenade, le colosse rapporte une chaise en bois qu'il installe à l'entrée de la grotte » (*LP* 55). Si les scènes se ressemblent, c'est qu'elles ont le même objectif : faire se rencontrer un trio

16 Duras, *Le Ravissement de Lol V. Stein* (Paris : Gallimard, « Folio », 1976), p. 58. Cet ouvrage sera désormais désigné dans le corps du texte par les seules initiales *RL*.

de personnages. D'un côté, la petite, l'inconnue et le colosse, sachant que l'union des deux derniers est rendue impossible par le souvenir du voyageur, et de l'autre Lol, Tatiana et Jacques Hold, le narrateur, qui arrive en fin de chapitre : « Tatiana présente à Lol Pierre Beugner, son mari, et Jacques Hold » (*RL* 74). L'histoire qui unit Jacques Hold et Lola Valérie Stein ne peut donc exister en tant qu'histoire d'amour.

Ainsi, en comparant les deux livres, nous remarquons les similitudes suivantes : le personnage central féminin du *Ravissement de Lol V. Stein*, Lola Valérie Stein, est à rapprocher de l'inconnue de *La Plage*, et tandis que l'une ne peut oublier Michael Richardson, son amour de jeunesse, l'autre n'a de cesse de penser au voyageur. Les deux reviennent sur le lieu de cet amour passé : la salle de bal de T. Beach près de S. Thala ou la grotte. Elles y rencontrent un nouvel amant, Jacques Hold ou le colosse, avec lequel l'histoire ne peut réellement exister, tant la présence du premier amant se fait douloureuse, bien qu'il ait délaissé pour elle une autre femme : Tatiana Karl ou Eva.

Si l'histoire n'est pas nécessairement directement inspirée de l'œuvre de Duras, les similitudes nous amènent à imaginer que la fin de *La Plage* ne peut conduire l'inconnue qu'à une seule fin possible : un éternel retour sur une plage vide : « elle reviendra plusieurs fois sur la plage. Elle marchera sur le même chemin, plongera dans la même eau. Ils ne seront plus jamais là » (*LP* 151).

Les références à Marguerite Duras sont nombreuses dans le texte de Marie Nimier. *La Plage* peut ainsi être lue comme la réécriture du *Ravissement de Lol V. Stein* et de sa suite, *L'Amour*. L'inconnue se met à imiter la petite, à se mettre dans ses pas :

> Peu à peu, le mimétisme opère. L'inconnue se glisse dans le corps de la petite. Elle se met à marcher comme elle, à regarder comme elle et comme elle, debout sur le rivage, à passer la mer entre ces cils, écumant la surface de l'eau. Encore quelques jours et elle verra la couleur des mots. (*LP* 135)

En effet, la petite a un don particulier :

> Elle sait aussi, sans réfléchir, donner la couleur des mots qui l'entourent. [...] Les mots ont un sens, mais pas seulement. Ils peuvent s'organiser par teintes, ce qui donne des combinaisons originales. Le camion s'accroche au passé : tous les deux sont marron. (*LP* 84)

La couleur des mots est une référence directe à l'entretien de Marguerite Duras et Dominique Noguez,[17] de même que *Le Camion*.[18] Marie Nimier, comme l'inconnue ayant aimé et appris de la petite, n'imiterait-elle pas Duras à son tour ?

Pour conclure, je citerai Marguerite Duras dans un film de Dominique Auvray :

> Il y a des choses que je ne reconnais pas dans ce que j'écris, donc elles me viennent bien d'ailleurs. Je ne suis pas seule à écrire, quand j'écris. Mais ça, je le sais. La prétention c'est de croire qu'on est seul devant sa feuille, alors que tout vous arrive de tous les côtés. Ça vous arrive de vous, ça vous arrive d'un autre. Peu importe : ça vous arrive de l'extérieur. Ce qui vous arrive dessus dans l'écrit, c'est sans doute, tout simplement, la masse de vécu. J'avoue qu'il n'est pas beau, ce vécu, mais bon, je ne vois pas par quel autre mot le remplacer. Mais, cette masse de vécu, non inventoriée, non rationnalisée est dans une sorte de désordre qui est tous les jours un désordre originel. On est hanté par son vécu. Mais il faut le laisser faire.[19]

Le livre de Marie Nimier est un livre palimpseste, bien que ces éléments intertextuels semblent venus d'eux-mêmes, de manière involontaire. Au milieu du livre a lieu une révélation quant aux intertextes possibles de *La Plage* : c'est dans une chapelle qu'on nous dévoile les couches antérieures :

> Plus tard, après le déjeuner, la petite mouille une serviette avec de l'eau citronnée de la gourde et la plaque sur le mur badigeonné de chaux. Autrefois, la chapelle était recouverte de fresques. Des couleurs apparaissent, puis disparaissent à mesure que l'eau s'évapore. Un visage d'homme se dessine. (*LP* 114)

Des images enfouies de la chapelle ne restent que des traces que l'on ne peut faire apparaître qu'à force de recherches. Et si l'on ne peut toucher à l'intégralité du potentiel poïétique de Duras, l'on ne peut non plus toucher à chacune des traces du réseau intertextuel inscrites sur le sable de *La Plage* où l'on peut lire que : « Quand la petite marche sur le sable, ses pieds ne laissent pas de trace, ou à peine » (*LP* 76), et dans cet « à peine », nous lisons l'immensité des liens entre les textes.

17 Marguerite Duras, *La Couleur des mots. Entretiens avec Dominique Noguez* (Paris : Benoît Jacob, 2001).

18 Marguerite Duras, *Le Camion* (Paris : Les Éditions de Minuit, 1977).

19 Marguerite Duras dans *Marguerite Duras telle qu'en elle-même*, portrait par Dominique Auvray, 2002.

Un sujet qui se cherche : l'exemple de *La Plage*

La Plage and the Search for Selfhood

ADRIENNE ANGELO

Reparative Revisions: Writing and Self-Creation in *La Plage*

Since her first novel, *Sirène* (1985), Marie Nimier has continued to draw readers into the space of her textual world in hybrid, life-writing centred narratives which recount troubling stories of wounded and vulnerable characters, characters who experience self-fragmentation, doubling, and various somatic symptoms highly symbolic of an anguished psyche stemming from fractured families and childhood trauma.[1] In the process of exposing such fragility, the problematic dimension of self-revelation through writing manifests in a vacillation in narrative voice[2] and in the porosity of generic borders, a flux which points to the in-betweenness that the author straddles formally and thematically while writing about absence and loss.[3] Storytelling remains, nonetheless, an

1 Although *Anatomie d'un chœur* (1990), *La Caresse* (1994), *Celui qui court derrière l'oiseau* (1996), *La Girafe* (1987) and *Je suis un homme* (2013) are less suggestive of a more explicitly life-writing endeavour in the domain of fiction, these examples, too, revisit a number of themes in Nimier's corpus.

2 These different iterations of the narrative voice include an omniscient narrator (*Sirène*, *Anatomie d'un chœur*), a first-person narrator embodied by a dog (*La Caresse*), a male first-person narrator (*La Girafe*, *Celui qui court derrière l'oiseau* and *Je suis un homme*), and a female first-person narrator (*L'Hypnotisme à la portée de tous* (1992), *Domino* (1998), *La Nouvelle Pornographie* (2000), *La Reine du silence* (2004), *Les Inséparables* (2008) and *Photo-Photo* (2010)).

3 The motif of hybridity, and the embodiment of hybridity in Nimier's first novel as seen in Marine-Céline-Kerbay, can also be said to have spilled out into the generic hybridity of her later works. On the question of fluidity in Nimier's engagement with generic conventions, Carol Murphy writes: 'La prédominance du narratif chez Nimier dans des romans de genres hybrides racontés dans une variété de voix narratives et mélangeant récits d'initiation avec récits d'aventures, histoires sentimentales, et une "nouvelle pornographie" (féminine) séduit ses lecteurs et lectrices pris dans

important dimension of the author's self-exploration and survival as it offers a textual haven for revelations of uncomfortable memories. As Nimier shares:

> Parfois, il faut inventer pour raconter la vérité [...]. En inventant, en amalgamant des scènes, en en faisant quelque chose de l'ordre d'une fiction, on finit par s'approcher de la vérité de l'être. De sa vérité intérieure, celle des perceptions, des émotions. Celle qu'on a du mal à dire de front, qui ne se dit que voilée.[4]

This article considers dimensions of embodied memory – the interior truth, perceptions and emotions stated above – and life-writing in *La Plage* (2016), a fictional and theatrically toned pseudo-quest narrative which offers a meditation on life experience while also demonstrating a mediation between self and/as other to demonstrate the complex relationship between life and writing that underpins Nimier's novelistic corpus. Besides the obvious evocation of the ocean in which dwells the mythological siren, a recurring figure in a number of the author's texts, the beach has also appeared in *Celui qui court derrière l'oiseau* (1996) and in *La Reine du silence* (2004) when the first-person narrator recalls her early-adolescent suicidal thoughts.[5] The journey to the coastal seascape of this more recent text,

---

le code herméneutique que semblent privilégier ses romans.' Carol Murphy, 'Jeux de l'amour et du hasard dans les romans de Marie Nimier: *Domino*, ou le polar pervers', *L'Esprit créateur* 45.1 (2005), 87–96 (p. 87). In her consideration of *Domino* specifically, Murphy considers this work as a hybrid detective novel, one in which the genre of crime fiction is harnessed in the project of life-writing. Murphy continues: 'Chez Nimier, le "réel" qui définit souvent le genre du policier se marie avec une quête sentimentale à résonances autobiographiques' (p. 88). Joëlle Papillon also considers the blurring of reality and fiction in *La Nouvelle Pornographie* as a protective cover for the narrator's hesitations in writing herself and the pornographic script she is tasked with writing. Joëlle Papillon, 'L'auteure mise en scène et mise à nu. Sur les fausses confessions de *La Nouvelle Pornographie*', *Voix plurielles* 7.2 (2010), 28–35.

4 Karin Schwerdtner, 'Marie Nimier: Se risquer à raconter (des histoires)', *French Forum* 40.1 (2015), 47–61 (p. 49).

5 'C'est en Irlande que j'ai pensé pour la première fois à me suicider. J'avais 11 ans, peut-être 12. J'étais assise en haut d'une falaise. Pas de vent, pas d'embruns, non, pas de décor sensationnel, quelques bateaux au loin. La mer, les vagues venant mourir sur la plage déserte.' Marie Nimier, *La Reine du silence* (Paris: Gallimard, 2004), p. 110.

however, assigns important significance to the liminality of experience: the beach here reflects the in-betweenness of space and time that allows for self-reparation in an imagined restaging of childhood. Moreover, the setting of this story offers a condensed metaphor with an implicit comparison of landscape (la plage) to writing (la page) to suggest an abstracted story of (self-) creation.

One of the most studied works of Nimier's corpus, *La Reine du silence*, undeniably affords special insight into the working-through of a childhood trauma: the untimely death of the author's celebrated and largely absent father, Roger Nimier, an event which has had long-lasting repercussions on the author and her writing practices. It merits considering, therefore, how Nimier has approached self-revelatory writing following such a crucial work in light of the degree of catharsis that was achieved, as others have noted, in penning that relational, (auto)biographical fiction.[6] If, after that important work, the traumatic loss of her father was attenuated, childhood remains an important memory reserve on which Nimier's later narrating and narrated 'I's draw.[7] *Les Inséparables* (2008) brings us close to the prism of life-writing as the unnamed first-person narrator, also a writer who has written a text closely suggestive of Nimier's first novel *Sirène*, looks back on her childhood and the safe harbor that was her fusional friendship with Léa. *Photo-photo* (2010) shares a story of cathartic mourning as the narrator encounters ghostly spectres of absent others who trouble her doubled vision. This work offers an absent/present posturing of the first-person

6 On this point, see for example: Eilene Hoft-March, '*La Reine du Silence* Goes Public: Confessions of a Writer's Daughter', *Dalhousie French Studies* 97 (2011), 17–23; Margaret-Anne Hutton, 'Authority and Authorship in the Works of Marie Nimier: "Points de re-père"', *Cincinatti Romance Review* 25.2 (2006), 232–46; Carol J. Murphy, 'Tel père, telle fille ? Filiations paternelles dans les romans de Marie Nimier', *Cincinnati Romance Review* 25.2 (2006), 247–58; Joëlle Papillon, 'Marie Nimier, au cœur du silence', *Temps zéro* 5 (2012) <https://ednum.contemporain.info/docannexe/file/907/t0_5_papillon.pdf>; Edith Perry, '*La Reine du silence*, tentative de restitution', in Carine Fréville and Ana de Medeiros (eds), *Marie Nimier: Absence et Perte* (Caen: Éditions Passage(s), 2017), 167–81.

7 Although theories of the narrating 'I' and the narrated 'I' are specific to autobiographical studies, I am using these terms in a broader sense and in light of Nimier's unique engagement with the construction of narrative voice(s).

narrative voice, a novel in which the narrating 'I' both is and is not 'Marie Nimier'. For example, we will recall that the narrator certifies her presence as the author by referring to, while textually and visually excluding, a real photograph taken by Karl Lagerfeld. Finally, in *Je suis un homme* (2013), Nimier asserts a clear gendered difference between herself (the author) and the male narrator, thus suggesting a fictional distance to consider the intimate portrait of a self-proclaimed egoist whose machismo belies his vulnerable child-self. Despite the varied examples of 'authentic' storytelling and fictionalized self-revelation to which Nimier has had recourse since the publication of *La Reine du silence*, it remains clear, therefore, that these ensuing works have embraced the exposure of the first-person pronoun to recount narratives of loss and healing. *La Plage* marks a departure from these more fleshed out and cohesive texts as Nimier has chosen a stance that disassociates her from self-revelation, all the while revisiting images and themes that inform her corpus. Of all of her novels, it offers the most abstract presentation of storytelling – with unspecified geographic locations and temporal markers, unnamed characters, and an absence of direct discourse – and most closely 'unveils' her approach to novelistic writing, which always begins with notes and sketches of geometric shapes: 'Avant de commencer à écrire, après la période des notes, je les dessine, ou plutôt je les résume par une figure géométrique. Une spirale, des triangles qui se croisent …'[8] In this novel, Nimier's writing practices find an echo in those of the emotionally wounded woman who becomes an inadvertent spectator of her own story, restaging and re-seeing her past as a voyeur, which creates an opening and a new triangular configuration between character, reader and author to engage with, to write, and to interpret her healing. In what way does re-visioning oneself as an other allow for the possibility of subjective and creative rebirth? How might the fictional scene of writing (and sketching) function as a *mise en abyme* for the author's writing practices? To what degree does *La Plage* affirm storytelling's potential to assert resilience and to grant access to self-knowledge?

The opening lines of this work, composed of questions, underscore an apparent distance between the omniscient narrator's perspective and

8 Schwerdtner, 'Marie Nimier: Se risquer à raconter (des histoires)', p. 50.

the experience of the woman, named only 'l'inconnue', who sets off on a voyage to 'laisser l'avenir derrière elle'.[9] The objective of this journey, articulated in an unexpected turn of phrase, foregrounds an unraveling or reconstruction of temporal fields which may suggest a psychological stasis in terms of emotional pain. The expected continuum of past, present and future is here linguistically reworked – substituting the future for the more expected past in the quotation above – and evokes the complex effects of trauma on memory, or 'severing the connections among the remembered past, the lived present, and anticipated future', as Susan J. Brinson describes in her work on reparative narrative construction.[10] For Brinson such fractures in one's life experience, moreover, cloud any sense of possible future. Brinson writes: 'The undoing of the self in trauma involves a radical disruption of memory, a severing of the past from the present and, typically, an inability to envision the future.'[11] In the case of Nimier's narrative, then, the reader is invited to interpret the omission by the 'inconnue' of the future as symptomatic of her undone self. The first question – 'Qui sait ce qu'elle va chercher?' (*LP* 11) – establishes the story as a quest narrative while insisting on the narrator's (and author's) uncertainty about the objective (and thus the outcome) of this journey and so underscores the woman's solitude and fugacity – her own slippery resistance to being narratable. The journey on the bus oscillates between the present and the past as fragments of her own memories and others' words interrupt her repose. At the moment of her departure, and thus at the moment that the narrative begins, she mourns two recent losses: her breakup with her lover, 'le voyageur', with whom she had travelled to this same beach two years earlier, and the absence of her father (whom she has not seen since her return from this same trip). She is also suffering from a deeper-seated trauma from her childhood: her mother's death. Her bodily posture further suggests that she wants to isolate herself from the outside world: 'Tout son être est tendu, ses genoux

9 Marie Nimier, *La Plage* (Paris: Gallimard, 2016), p. 19. Page references to the text will be preceded by the initials *LP*.

10 Susan J. Brinson, 'Trauma Narratives and the Remaking of the Self', in Mieke Bal, Jonathan Crewe and Leo Spitzer (eds), *Acts of Memory: Cultural Recall in the Present* (Hanover, NH: University Press of New England, 1999), 39–54 (p. 41).

11 Brinson, 'Trauma Narratives', p. 39.

serrés, ses mains fermées [...]. Tout ça vissé. Cuirassé' (*LP* 11–12). Because of her chronic neck pain she also wears a neck brace, '[u]n collier, pour protéger', which reflects her vulnerability and which also erects a border between herself and others and so enables her refusal to look around her. Her closed-off body, too, attests to self-protection and her resistance to delving more deeply into the painful memories that weave their way into her consciousness. '[E]lle n'a pas besoin d'en savoir plus. En savoir plus l'encombrerait' (*LP* 12). This opening departure, then, suggests that the anonymous woman, who leaves behind her watch (a gift from her father), pulls away from concrete markers of time and history as if to return to a more pure and uncharted time – the time of the blank page – a tabula rasa that evokes the erasure of memory and the process of writing anew.

The father figure occupies a central place in the woman's life both through his dominant presence throughout her childhood as well as by his absence in the present. Her father never remarries after the death of her mother, and in the new couple that father and daughter form he prefers to dedicate his life to her in a way which is devouring and overbearing: 'Il la voulait toute à lui' (*LP* 24). Their relationship is described as 'trop' – 'trop de temps', 'trop de soucis', 'trop de douleur', 'trop compliqué', the qualifier 'trop' indicating excess, or a limit that has been transgressed (*LP* 24–5). Thus her father obliges his daughter to adopt a new role in the fractured family: as substitute spouse. This concept is also known as emotional incest, co-dependence or enmeshment.[12] In such a family configuration, especially following divorce or the death of a spouse, the single-parent figure (who now faces a set of unmet emotional needs) restructures the family dynamic into one which negatively impacts the child. Psychologists have long stressed the importance of maintaining appropriate boundaries in parent–child relationships, the breach of which may have enduring effects on a child's interpersonal relationships, and may hinder a 'child's development of an autonomous sense of self'.[13] For a child who falls in line with

12 See for example Patricia Love and Jo Robinson, *The Emotional Incest Syndrome: What to Do When a Parent's Love Rules Your Life* (New York: Bantam Books, 1990).

13 Patricia K. Kerig, 'Revisiting the Construct of Boundary Dissolution: A Multidimensional Perspective', *Journal of Emotional Abuse* 5.2–3 (2005), 5–42 (p. 8).

the new family order by adopting the new role (as caregiver or scapegoat), the ensuing relationship is thus unequal and imbalanced. The overly clingy relative feeds off the child while the child feels responsible for the well-being of the parent figure.

In *La Plage*, the woman has not seen her father since her return to the beach two years ago. We do not know exactly where he lives at present, nor why he did not pick her up at the airport upon her return from this previous trip, nor why she feels guilty for his present (although undisclosed) state, and this is a blind spot in the narrative that Nimier leaves open to interpretation. He resides in 'une pièce de neuf mètres carrés' (*LP* 20), a confined space which suggests that he is living in some institutionalized setting – for example a prison cell or a hospital room. The woman thinks of writing to him even though he never responds to her letters. Communication with her father is thus relegated to the domain of the imagination. Even when she imagines what she could write, her thoughts are constructed elliptically – 'Cher papa, si je pouvais, si nous pouvions …' (*LP* 68) – in fragments of hypothetical sentences which mark a certain regret, or a degree of guilt, about their imperfect (if not unequal) dyadic relationship.

It is therefore to extract herself from memories of this untenable filial relationship that she seeks solitude at the beach, surrounded by a scorched hillside, a landscape 'ponctuée de vestiges, de souvenirs, de stigmates' (*LP* 105), which nonetheless carries traces of her own scarred memories. Upon her arrival, or return, to this terrain, the woman gains a degree of insight by contemplating her solitary existence measured against the 'insaisissable' nature of the landscape (*LP* 29), a topography of endless movement which contrasts with her own wilful immobility described in the opening pages. Important, too, is the use of the word 'conjugaison' (applicable to the task of writing) which, the narrator insists, is the only way to understand this space – '[c]onjugaison, assemblage, flux, enchaînement' (*LP* 29) – four words highly evocative of Nimier's writing practices and also pertinent to the piecing together of the story of the woman who, like the landscape, must 'faire avec' (make do with, tolerate, remain resilient in spite of) adversarial forces (*LP* 29, 56).

Some salient points regarding the rich symbolism of the beach and their significance to Nimier's story merit discussion. With its situation between land and sea, the beach is an always changing landscape, shaped by the ebb and flow of water coming to shore. It remains a historicized and mythologized territory that is both dangerous and life-giving. As such, the beach evokes the contradictory and co-existing qualities that echo the absent–present tension which occurs in all of Nimier's works. Jean-Didier Urbain considers the beach 'a place of new beginnings. [...] a blank slate, a tabula rasa, an abstraction, an empty and rootless land',[14] comments which we might extend as a metaphor for the imagined blank page of Nimier and of the 'inconnue'. The beach has also been represented as a site which alternates between positive and occasionally violent encounters between self and nature and between self and others.[15] Nicholas Gledhill enumerates the attributes of the seaside that have stimulated French authors' imaginations such as 'absence and presence, metaphor and literality, imaginary and real'. The seaside is thus a 'conflicted allegorical zone of confrontations and doublings' and a 'setting for transgressions [and] revelations'.[16]

The 'inconnue' perceives the beach in terms of its liminal qualities: specifically, as the site of the uncanny – the hauntingly familiar though familiarly strange, a place that is already known (and thus promises reassurance and safety) but which, at the same time, is a new and unexplored site (which arouses a sense of danger and unease). The woman proceeds to the cave, where she recalls having made love to le voyageur, and experiences a nostalgic pull: 'C'est ce lieu qui l'attire. Cet endroit lui manque, comme s'il recelait un secret qu'elle connaissait déjà, mais qu'elle a oublié' (*LP* 32). The familiarity of this site, however, also triggers an awareness of a withheld scene from her past – the key, possibly, to self-knowledge. A return

14 Jean-Didier Urbain, *At the Beach*, trans. Catherine Porter (Minneapolis: University of Minnesota Press, 2003), p. 7.

15 In their introduction to *Ligne d'écume: Encountering the French Beach* (London: Pavement Books, 2016), Sophie Fuggle and Nicholas Gledhill trace three types of encounters that have informed French sociologists' writings about this space and suggest that we re-think the beach not as a mapped destination but 'as a space which has taken its meaning and value from the encounters it has produced and engendered' (p. 2).

16 Nicholas Gledhill, 'Death on the Sand: From Tragic Humanism to Depressive Realism', in *Ligne d'écume*, p. 50.

to such a yearned-for place establishes an encounter between a past-self and a present-self that relies on memory and imagination to resolve the ambiguous tension of split subjectivity. Writing about a phenomenology of nostalgia, Dylan Trigg considers how place is rendered necessary but also changed in one's imagination:

> [W]e are concerned less with what is absent in the past and more with what is missing in the present, or, has since disappeared but may soon reappear again. This dynamic between absence and disappearance conveys a sense of nostalgia's ambiguous structure. Entwined with the past, that same past is re-experienced in the present as one of presence and absence simultaneously. In both cases, therefore, the altered or distanced past renders what was previously continuous with the self, now discontinuous, leaving the existential unity of human identity uprooted.[17]

Bearing in mind nostalgia's potential to set in motion a re-experience of an absent-presence of the past in the present, it is therefore telling that the self-encounter described above becomes a triadic reunion between self and others. As the 'inconnue' approaches the cave, she observes a young girl and her father, a couple whose physical configuration (he, 'le colosse', a giant, and thus corporeally dominant, and 'la petite', younger and more diminutive) represents a repetition of the unhealthy family dynamic that has heretofore weighed the woman down. Although the woman is in a known territory, 'en pays connu' (*LP* 53), their presence triggers a degree of anxiety not only because of the memories that the couple's unknowing re-enactment awakens in her, but also because of her status as a third-party to the duo that they form. The 'inconnue' (the unknown, algebraic factor) must find her function in their equation. It is through the woman's voyeuristic gaze that she assumes the role of spectator to a story that closely resembles her own. She re-sees her past staged by the 'colosse' and the 'petite' and thus projects herself onto and into their lives. This *mise en scène* of her past represented by the giant and the girl proves to be a necessary step in the question of the woman's healing as she attempts to find her place in a recomposed and reconfigured family. How can she insert herself into their lives? What character will she play in their story? As the

17 Dylan Trigg, *The Memory of Place: A Phenomenology of the Uncanny* (Athens: Ohio University Press, 2012), p. 175.

story develops, and as her interactions with this pair shift, she will adopt several roles: daughter, lover, sister, friend and mother.

The disparate physical sizes of the man and the girl serve to reinforce the dominant authority of the man and the passivity of the girl (when she is in her father's presence). The 'colosse' is described as 'une forme sombre', 'une force de la nature', '[lui], trois fois large comme elle' (*LP* 52). The girl, described from the woman's perspective, stands in the water and assumes a fragile posture, 'poignets cassés, mains tombantes' and is 'toute menue' and so especially childlike in appearance (*LP* 50). The woman enters this scene as a narrating spectator: 'C'est incrusté dans la rétine, et ça dure, et ça s'élargit' (*LP* 51). Here, by underlining her voyeurism and the malleability of her gaze (as that which could hold images and enlarge them), the narrative perspective is aligned with the woman's gaze from her space in hiding: 'L'inconnue passe sa journée à observer les occupants de la grotte, cachée … [assise] à l'ombre et voi[t] sans être vu[e]' (*LP* 54). Sight functions as the mechanism of a camera as if to film or to photograph certain key images. Within film theory, the camera acting as stand-in for the gaze has been studied from many angles – especially with regard to its link to psychoanalysis. One of the foremost theoreticians of apparatus theory, Jean-Louis Baudry, considers the relationship between cinematic screen and spectator and its implications in terms of Lacanian thought – specifically, a re-enactment of the mirror stage when the child first experiences a unified sense of self. In the dark space of the cinema (like Plato's cave), the spectator is captivated by the mesmeric images, or 'shadows of reality', that play out on screen.[18] Or, as Barbara Creed, writing about Baudry's theory, states: 'According to Baudry, what Plato's prisoners-human beings desire – and what the cinema offers – is a return to a kind of psychic unity in which the boundary between subject and object is obliterated.'[19]

18 Jean-Louis Baudry, 'The Apparatus: Metaphysical Approaches to Ideology', in Philip Rosen (ed.), *Narrative, Apparatus, Ideology* (New York: Columbia University Press, 1986), pp. 299–318 (pp. 303–4).

19 Barbara Creed, 'Film and Psychoanalysis', in John Hill and Pamela Church Gibson (eds), *The Oxford Guide to Film Studies* (Oxford: Oxford University Press, 1998), pp. 1–24 (p. 7).

In *La Plage*, embodied vision is bestowed to the greatest degree on the woman, and her gaze also translates into the narrator's description of characters and setting. Put differently, the woman's regressive gaze – one which attempts to restore psychic unity by collapsing the boundaries between self and other (or subject and object as Creed writes above) – stands in for the author's presence. The woman's fixed gaze seems to suggest a similar regression when, for instance, her line of vision focuses on the genitals of both the man and the girl: 'Son sexe à lui dans une toison brune qui monte haut sur le ventre. Sa fente à elle cernée de poils blonds, soigneusement épilés' (*LP* 52). Such a perspective is, in context, implausibly close-up for the woman's field of vision; we are reminded, too, of a similarly taboo sight, repeated from the woman's memory, where her child-self sees the body of her dying mother: '[E]lle n'est pas censée regarder, mais elle regarde quand même' (*LP* 16). These examples of regressive gaze – with a suggestive sexual scope in the former and a type of disavowal in the latter – grow even more complicated as the 'inconnue' assumes different roles in her interactions with this father–daughter couple. Specifically, the woman assumes the place of the daughter without foregoing her growing desire for the 'colosse'. Such a substitution of roles thus re-enacts the problematic dynamic of the woman's relationship to her father wherein she is considered as a replacement for the deceased mother. However, her child-self is not forgotten and in fact appears as the young girl when the woman and the paternal figure make love. Now the girl becomes a rapt voyeur to her father and the woman, 'comme si elle assistait à sa propre conception' (*LP* 132). Such taboo or unsettling visions suggest a need to confront or revisit an irreconcilable childhood trauma. The woman's encounter with this uncanny pair thus allows for her past to appear in the present, but she must also take into consideration, and find an outlet for, her adult desires which would grant her autonomy. It is for this reason, therefore, that her erotic pangs later enable her ultimate cathartic release (in creating, or the scene of writing).[20]

20 David Gascoigne considers the link between erotics and creation in Nimier's corpus. See 'Les Mots, le double sens et la double vue chez Marie Nimier', in Carine Fréville and Ana de Medeiros (eds), *Marie Nimier: absençe et perte* (Caen: Éditions Passage(s), 2017), pp. 81–99.

If the woman experiences a regression at the level of sight, she also develops problems of expression through language. When she first arrives at the beach, and can at last open her eyes, thus attempting to relate more fully to her surroundings, she is overwhelmed by the view of the landscape. '[E]lle ouvre enfin les yeux sur ce qui l'entoure. Le paysage la submerge' (*LP* 28). Visually consuming this setting, though, is not enough: she needs to put the images in language, as an author or narrator needs to set the scene for the reader. However, the woman struggles to find the right words that would best describe its beauty:

> Elle savait qu'ici, c'était beau, elle en avait le souvenir, mais ce n'était qu'un mot. Le mot du voyageur. Aujourd'hui, c'est à son tour de prendre la parole. Même sans parler, dans cette façon bien à elle de rester sans voix, elle prend la parole. Elle n'a jamais rien vu d'aussi, d'aussi … (*LP* 28)

The characteristic mutism assigned to the woman in this passage, 'cette façon bien à elle de rester sans voix', evokes the main character of Nimier's first novel, *Sirène*. In that story, as in this one, the emotionally wounded woman must find a way to speak in her own terms. Although she is conscious of wanting to regain her speech, to finally have a voice of her own and to 'prendre la parole' over and against that of her lover, once more she stumbles in ellipses, leaving her sentences unfinished and her thoughts open-ended. Her incapacity to articulate in words that which surrounds her suggests that she remains blocked in relation to speech (symbolic vestiges of the pre-linguistic relationship between child and mother) and must find another outlet of self-expression.

It is at this point in the narrative that the scene of representation, in what might be considered a self-reflexive move on the author's part, comes to the fore. Instead of complete sentences, the woman turns to colours, to forms, to sketches and to isolated words – new modes of self-expression that will allow her to speak in her own way, in her own language. 'Elle peut énumérer les couleurs sous forme de liste. Elle peut relever les formes […]. Dessiner de l'index les trois lignes […], imaginer […], penser à des adjectifs' (*LP* 28). It is through another form of representation, the drawings she sketches in her journal, that she can better situate herself and anchor herself in space. 'Trois corps sur une plage, sur une page trois personnages.

L'homme, la femme et la très jeune fille. Trois cartes d'un jeu de tarot qui, droites ou renversées, disent l'amour et son contraire, le désir et la perte, la métamorphose ou l'enfermement' (*LP* 66). As she sketches herself into the father–daughter couple, thus solving her role in the equation, the woman connects them with lines, scripted cords that mark her would-be attachment to and dependence on them. The connection between these drawings on the blank page of the woman's journal and their textual configuration in the narrative we read similarly ties in with the preparatory steps (drawings, diagrams) in Nimier's own writing practices as mentioned above.

In *La Plage*, as elsewhere in her oeuvre, Nimier's continual evocation of sensorial perception insists on the body as the site of memory. Characters throughout her work 'speak' through physical manifestations of psychic wounds – especially in symbolic symptoms whose dissipation charts a degree of catharsis. The woman experiences a metamorphosis in her relationship to her body via travel and through her encounter and interactions with the man and the girl. Her neck pain disappears, and she grows less embarrassed by her nudity. The girl, however, who as we have seen acts as the woman's double, demonstrates a problematic relationship with her body and moves according to two separate kinaesthetic orientations. In her father's presence, she appears to lack mastery over her body's movements; when he is absent, she has a particular 'force' in her movements, suggesting a repressed anger or a strength that she cannot show him. According to the 'colosse' in his account of the 'petite''s childhood, the girl experienced many problems accepting her inevitable maturing into adulthood: she develops a speech impediment, clings to her childhood objects and clothing, and develops anorexia. She also turns to self-harm as though to punish her body for betraying her. The young girl on the beach (thus in the present of the narrative) certainly demonstrates precocious and disturbing behaviour – recounting her first (possibly unwanted) sexual encounter to the woman, killing a crab, and dressing suggestively to greet her father. However, it is important to note that the 'petite''s story of her childhood (her past) is mediated by her father. His narration suggests the dominant role that he may have played in her life and, moreover, situates the woman – his interlocutor – as receiving a story that resonates with her. The parallels between these two female protagonists suggest that they have both lived, in their childhood, a traumatizing experience which has left its marks on their psyches and bodies. This idea is especially important concerning the woman, who regresses as she absorbs the girl's past which closely resembles her own: 'L'inconnue se glisse dans le corps de la petite. [...] Précipitée dans une histoire qui la submerge, elle se raccroche à ce qu'elle connaît, ce qu'elle a été, une fillette aimée par son papa' (*LP* 135). The girl's physical awkwardness – especially her lack of balance – is also applicable, metaphorically, to the woman, who momentarily regresses as she negotiates her role in this new family, and articulates the hesitations, risks and dangers which inspire creation and offer resilience. As Nimier offers:

> Les faiblesses, les failles, font partie intégrante du livre. Elles peuvent, en cours de route, devenir des forces (j'ai appris ça dans la vie). Travailler à l'endroit du manque, de la faille, au risque de tomber dans le vide, est plus intéressant que d'aller là où l'on gagne, là où l'on sait déjà.[21]

One morning, the woman awakens and discovers that the man and the girl have disappeared. Instead of feeling abandoned, she feels relieved:

> Une sensation inattendue la submerge, quelque chose de très doux qui ressemble à de la tristesse, mais qui n'est pas de la tristesse. Une sensation de soulagement. De délivrance, comme si jusqu'ici son corps avait été retenu par une chaîne invisible. (*LP* 144)

It is through her encounter with this uncanny duo, her past restaged, that the woman can rediscover herself. For Trigg, such resolution following a nostalgic return to memory sites is made possible through a 'reinvention of the past': 'With that reinvention of the past, the failure of the present opens itself to modification, at once allowing the nostalgic subject to rediscover [oneself] in the renewed present.'[22] This renewal in the present of writing, hinging as it does upon a re-visitation of a painful and unresolved past, grants her a new relationship to her body, 'un nouveau corps' that '[la] mer lui a sculpté' (*LP* 147), and a transformed sense of self. She is now at peace and at one with her body, which, in the following

21 Schwerdtner, 'Marie Nimier: Se risquer à raconter (des histoires)', p. 56.
22 Trigg, *The Memory of Place*, p. 191.

passage, is described in terms of its irreplaceable wholeness, suggesting a turn toward self-acceptance which hinges on coming to terms with a filial mourning that has haunted her:

> Un corps qu'elle ne peut plus donner comme un objet séparé [...]. Elle ne peut pas le donner, parce qu'il n'est pas à elle. Il est elle. Elle n'en aura pas d'autre.
>
> Je n'en aurai pas d'autre, [...] je n'aurai pas d'autre père et je n'aurai pas d'autre mère, [...] je n'aurai pas d'autre sang, je n'aurai pas d'autre vie. (*LP* 147)

This passage is also one among many which demonstrate a slippage between the ostensibly omniscient narrator and first-person perspective. Moreover, although the woman initially wanted to leave the future behind her, the reader will notice a curious pervasive use of the future tense (precisely that which the woman resists), which suggests a utopian time bearing witness to her metamorphosis, a verbal tense that appears when the woman imagines (and the author writes) her life following this self/other encounter.

If we have already considered the complicated relationship between the father and the daughter (in both pairs of characters), it is also important to consider the role played by the absent mother and absent mothering. The three geographic spaces evoked in this quest narrative – the cave (la grotte), the beach (la plage), and the sea (la mer) – are all highly symbolic, suggesting sites representing the unconscious, liminality, origins, and (in French language) are moreover scripted within a feminine topography. The cave, as a site of regression, also symbolizes a uterine space, a cocoon wherein a metamorphosis is possible. In her journal, the woman notes her solitude stemming from her fractured origins: 'Je suis née des migraines d'un père trop aimant, [...] née de ses rêves et née de ses tourments. De ma mère je n'ai que le sang. [...] Je suis née toute seule' (*LP* 95). That it is the father (and not the mother) who occupies the role as caregiver suggests too, in the context of the development of Nimier's corpus, a turning away from the absent father to question motherhood, the maternal, and a mother's role in shaping a woman's perspective of self within society. This family structure is also evident in *Les Inséparables* where the first-person narrator spends most of her free time with her childhood friend Léa and Léa's American stepfather. Léa's mother and the narrator's mother, too, are frequently absent from the family and thus the narrative. The relationship that develops in *La Plage* between the girl and the woman is one of doubling, but one that also allows the woman to fill the void of her own childhood, from which the maternal presence was lacking; thus she is able to complete or rewrite the missing story of her life. At the beginning of the novel, this solitude is experienced as a lack because it carries with it the suffering of her father and her sorrow following the premature death of her mother. However, the text is symbolically composed of nine chapters (corresponding to the nine months of gestation) and shows that the woman's relationship to the memory of her mother and her own idea of maternity are in the process of evolving. References to pregnancy within the narrative include its future prospect ('[q]uand elle aura un enfant' (*LP* 20)), its present denial ('elle n'a pas d'enfant' (*LP* 23)), and her late menstruation, the arrival of which is described ambivalently ('Le sang avait coulé – tristesse? Soulagement?' (*LP* 49)). It is probable that the woman, obligated by her father to assume a role that she never consented to accept in their possibly unhealthy relationship, attributes the overbearing presence of her father to her mother's death; she thus struggles to negotiate her own relationship to assuming her mother's absent role. What kind of mother will she be if she has had no maternal model to follow?

In this novel Nimier also plays with the homophones mer/mère, including intertextual lyrics to Léo Ferré's 'La mémoire de la mer'. Nonetheless, if this more abstracted life-narrative arrives at enabling an articulation of individualization after passing through a subjective doubling, the woman must also pass through the recognition (and acceptance) of herself as daughter, woman and (symbolic, yet-to-become) mother in order to be reconciled with the traumas of her past. We might also consider maternity in a figurative and metaphorical sense to arrive at the idea that giving birth to oneself (where solitude is no longer experienced as a sorrow) now allows for the rebirth of an autonomous subject.

Sensorial perception figures prominently throughout Nimier's writings. In *La Plage*, Nimier evokes vision (and the voyeuristic gaze) and places haptic emphasis on the characters' interactions with each other and with their own skin: touching, massaging, brushing off sand, rubbing in lotion, scratching, digging, giving blood, peeling oranges and masturbating. Such epidermal imagery is suggestive of borders, and especially the porosity of those dermal limits, the interpenetration of self with/and/as others that grant flesh to the space of the text. As Marc Lafrance notes, writing about the significance of skin to interpersonal connection: 'Far from a sealed off or seamless membrane, the skin is full of folds, pores and orifices that push it into the world and the world into it.'[23] This friction can similarly be read through Nimier's comments about her hide-and-seek writing practices which answer her need to indirectly confront the world through storytelling: 'un besoin [...] non pas de se confronter directement à lui, mais plutôt de se confronter à lui à travers [...] des histoires, ce qu'on appelle la fiction – fiction, friction, se frotter au monde'.[24] The way in which fiction and reality brush up against each other thus allows her readers to see in this work her writing processes – the space of creation brushing against the textual borders that separate narrator, character, author and reader. For the woman specifically, her bodily transformation – in its movements and in its metamorphosis through time (between past, present and future) and space (travel) – moreover maps the embodied memory that she relives in order to be restored.

La Plage, concerned with questions of self-discovery and exploration, presents an introspective and retrospective voyage for the anonymous main character, a woman whose perspective at times merges with and bleeds into the omniscient narrative voice. Experiencing as a spectator the (re) staging of troubling family dynamics – although disturbing – remains a necessary stage for the protagonist in self-reconciliation and self-healing from a broken family and from unprocessed grief. It is through the staging of her story and the reconstitution of fragmented memories that she can participate in her own life and that she can recreate new configurations of her place and space in the world on the blank page of her diary, in order to learn her own self-worth and to no longer be afraid. The tension between personal insight (seeing oneself) and the voyeuristic gaze (seeing others and/as oneself) leads the woman to revisit her past in order to navigate

23 Marc Lafrance, 'Skin Studies: Past, Present and Future', *Body & Society* 24.1–2 (2018), 3–32 (p. 6).

24 Schwerdtner, 'Marie Nimier: Se risquer à raconter (des histoires)', p. 49.

and negotiate her identity. Like other novels in Nimier's corpus which suggest a positive resolution for the protagonists, *La Plage*, too, seems to offer the open-ended possibility of the woman's healed anchoring in the world as she accepts a new type of autonomous solitude. 'Ils ne seront plus jamais là. Elle ne sera pas toujours seule. L'année suivante, la taverne sera reconstruite. Une treille de vigne remplacera l'auvent' (*LP* 151). In these final lines, the initial view of isolation cast as one of finality ('plus jamais') is rearticulated as one of hopeful possibility ('pas toujours'). The oppressive links that have weighed her down, giving rise to the woman's aimless wandering, are now configured in the rebuilding of space – a vegetative trellis, a kind of living cord or tie that will take root, replacing the tattered awning, a homophone of 'au vent', of a wounded self, scattered as if by the wind in all directions.

JEANNE-SARAH DE LARQUIER

L'Histoire en partage dans *La Plage* de Marie Nimier

La Plage, c'est a priori l'histoire d'une jeune femme ni nommée, ni prénommée, qu'« on pourrait appeler l'inconnue »,[1] qui choisit une plage déserte comme havre de paix et qui, se croyant tout à coup en danger de mort, se sent submergée par un sentiment de culpabilité, car il lui revient qu'elle est partie « sans avoir revu son père, ni même lui avoir écrit » (*LP* 43). Alors que le terrain a glissé, l'histoire de l'inconnue glisse elle aussi, se poursuit autour de celle d'un père et sa fille, « le colosse » et « la petite », eux aussi anonymes et rendus sur cette plage. Dans les pas des personnages devenus trio, entre une vie d'avant et une vie d'après et autour de la séduction d'une orange tentatrice, fruit qui réserverait les majuscules au Nom du Père et de l'Eden, on surprend « l'esprit malin »[2] de Marie Nimier qui écrit, à l'ombre de la culpabilité et de la faute originelle, un langage et une histoire de la vie remontant à l'origine de l'humanité. Et encore l'histoire d'un personnage s'embarquant seule pour une plage, prenant l'autocar du surréalisme pour laisser derrière elle « le train de la modernité »[3] ou « le papa de toujours, celui qui file sur sa moto » (*LP* 25). Dès l'épigraphe, l'auteure partage avec nous un premier indice, une forme d'injonction au lecteur : « Pour qu'une chose soit intéressante, il suffit de la regarder longtemps. Gustave Flaubert ». Elle nous donne la position privilégiée d'observateurs. Il faudra alors s'attarder sur le mot *plage*, voir se déployer le spectre de ses multiples signifiés dénotatifs et connotatifs,

1 Marie Nimier, *La Plage* (Paris : Gallimard, 2016), p. 13. Cet ouvrage sera désormais désigné dans le corps du texte par les seules initiales *LP*.

2 Marie Nimier, *La Nouvelle Pornographie* (Paris : Gallimard, « Folio », 2002), p. 76.

3 Marie Nimier, *La Reine du silence* (Paris : Gallimard, 2004), p. 49. Cet ouvrage sera désormais désigné dans le corps du texte par les seules initiales *RS*.

et lire le livre au rythme qu'elle vient de suggérer. Plus loin, alors que l'histoire de *La Plage* monte en puissance, l'auteure met en place un processus d'épuration, un égrenage qui remonte jusqu'à l'essentiel, une mise à nu qui devient, chemin faisant, source de régénération. Capable d'enfanter, de multiplier toute histoire, ce processus touche ici autant le personnage dans sa vie que l'auteure dans son écriture. Marie Nimier ouvre le livre à la coprésence d'histoires et pose alors les jalons de l'histoire en partage. Aussi, d'une part, je m'attacherai à la polysémie du mot *plage* pour montrer qu'il peut s'accompagner d'un phénomène de confusion de tout imaginaire avec celui de l'auteure. Dans ce contexte, je verrai l'auteure outrepasser les limites de la fiction et de la réalité, se passer des barrières spatio-temporelles et langagières, superposer forme et histoire, et de ce fait, développer une écriture hors normes, entre confusion, démesure, défi et superposition – en quelque sorte, une écriture transgressive. D'autre part, m'appuyant sur le concept de transtextualité de Gérard Genette,[4] j'exposerai que Marie Nimier explore la transtextualité jusqu'à faire tomber les bornes de l'hypertextualité, se débarrasse des mots qui l'ont hantée depuis son enfance, qui l'ont enfermée dans l'histoire de la Reine du silence et aussi sa propre histoire, de même qu'ils ont enfermé dans leurs histoires respectives les personnages qu'elle a déjà imaginés. Enfin, je proposerai que cette démarche libère de façon surréaliste les mots et les histoires de leurs entraves, ouvre en partage, lui aussi, un espace de création individuel et collectif susceptible, à son tour, de métamorphoser les personnages et les histoires.

Pour les lecteurs informés, dès le titre « *La Plage* », de nombreux thèmes récurrents dans l'œuvre de Marie Nimier déferlent, notamment la solitude et les images aquatiques. Ainsi peut-on se rappeler Marine, le personnage justement de son premier roman, « [sa] queue de poisson, un buste de femme et entre les deux un vide impénétrable »,[5] ou bien son roman éponyme *La Reine du silence* la dévoilant elle-même, ou encore du personnage-auteure dans *La Nouvelle Pornographie*, du nom de

4 Gérard Genette, *Palimpsestes : La Littérature au second degré* (Paris : Seuil, 1992).

5 Marie Nimier, *Sirène* (1985) (Paris : Gallimard, « Folio », 2000), p. 119. Cet ouvrage sera désormais désigné dans le corps du texte par la seule initiale *S*.

Marie Nimier, qui avait « l'impression de sortir d'un livre, de [son] premier livre ».[6] Portés par ce courant d'émergences et de récursivité, il nous semble participer à cette impression du syllogisme et de cet emboîtement de l'histoire de Marie Nimier avec celle réelle de la Reine du silence ou celle, à commencer par Marine, de ses personnages fictifs. La question se pose de savoir si le titre, *La Plage*, annonce la suite de toutes les histoires précédemment racontées par Marie Nimier dans ses romans ou l'histoire d'une suite d'histoires que relieraient entre elles une même rengaine de mots. A n'en pas douter, le mot *plage* fait résonance et s'inscrit comme énigme du roman.

D'entrée de jeu, à la première ligne du texte, l'auteure ouvre le dialogue avec nous, interlocuteurs anonymes : « Qui sait ce qu'elle va chercher ? Aurait-elle perdu quelque chose ? » (*LP* 11). Elle pose la question du qui et du quoi, exploite l'article indéfini pour laisser planer des hypothèses autour du personnage qui roule dans *un* autocar bleu nuit, *une* jeune femme qui traverse *un* village pour être sur *une* plage déserte où elle est déjà allée avec *un* ami il y a deux ans. Plus la détermination du personnage est précisée, plus le suspense gagne la narration, plus l'histoire laisse imaginer que quelque chose de fort est en cause ou va se produire. En faisant fi des paramètres conventionnels de la fiction, la narration dont l'allure est celle d'une pause et qui déborde dans le passé transgresse l'amplitude et la vitesse narrative de l'histoire, et, au profit de la couleur bleu nuit par exemple, laisse le roman flottant dans le temps et l'espace, inquiétant. Ce glissement stylistique engage le lecteur à partager la réflexion suggérée par les deux questions préliminaires qui ouvrent le roman.

Dès la cinquième ligne du roman l'auteure met en garde, donne son deuxième indice : « Il y a de l'égarement dans l'air » (*LP* 11). Il nous faut, comme elle, faire table rase, et réserver notre regard aux méandres du champ lexical du mot *plage*, dérouler sa définition :

1. Étendue de sable de galets au bord de la mer, sur la rive d'un cours d'eau, d'un lac.
2. Station balnéaire [...].
3. Surface délimitée d'une chose, d'un lieu : *Une plage d'ombre*.
4. Laps de temps [...].

6 Nimier, *La Nouvelle Pornographie*, p. 188.

> 5. Écart entre deux mesures, deux possibilités [...]. *Plage d'un disque*, partie de l'enregistrement figurant sur l'une des faces d'un disque, qui correspond à une œuvre ou à un extrait d'œuvre.[7]

S'ajustant à cette définition, l'histoire se comprend comme être aussi celle des mots : « C'est important, pour elle, les mots » (*LP* 17), dont on envisage qu'aucun ne se perdra, que tous se superposeront. La lecture du mot *plage*, outrepassant la polysémie à choix multiple de ce mot, devient, terme que j'emprunte à David Gascoigne, une « épiphanie » intertextuelle.[8] L'auteure, sans le mettre noir sur blanc, cantonne son titre à une forme hyponymique qui fonctionne en extension, énumère, étiquette. Elle réserve au texte une forme hyperonyme qui fonctionne en intention, apte à développer le contexte et à traduire une forme intermédiaire entre champ lexical et champ sémantique qui libère un espace intermédiaire flottant, symbolique, au-delà de l'anecdote. Le champ lexical du mot *plage* qui pouvait faire allusion aux romans précédents de Marie Nimier n'est plus de mise. En effaçant toutes ces images – la petite sirène muette, la cité sous-marine construite sur le sable de Saint-Quay-Portrieux, la Seine, les falaises d'Irlande –, nous restons aux aguets et partageons déjà avec l'auteure la perspective qu'elle ébauche.

Sous forme de contexte, le titre et l'introduction ont tissé les sens premiers des mots ; quant aux sens seconds ou figurés des révélations implicites de l'auteure, ils ont posé les jalons abstraits du roman, devenu plage mouvante de l'isotopie, concept. Le voyage et le trajet de la jeune femme vers la plage sont l'exutoire qui donne à l'auteure le temps de conceptualiser. Pour laisser le personnage et les mots libres d'eux-mêmes, libérer le premier de son carcan, les seconds de l'enlisement, Marie Nimier propose l'image de la jeune femme laissant derrière elle, pendant que « les kilomètres défilent sous ses pieds » (*LP* 12), un surplus de mots qu'elle trouve polluants et qui, rejoignant sur l'asphalte les « sacs en plastique » (*LP* 12), font de la place à d'autres qui actualiseront l'histoire. En dépouillant le roman de

7 *Le Grand Larousse Illustré : Édition 2017*, I. Jeuge-Maynart, C. Nimmo et S. Auvergnat (dir.) (Paris : Larousse, 2016), p. 884.

8 David Gascoigne, « Les Mots, le double sens et la double vue chez Marie Nimier », in C. Fréville et A. de Medeiros, *Marie Nimier : Absence et perte* (Caen : Éditions Passage(s), 2017), pp. 81–99 (p. 98).

tous ses composants, Marie Nimier dégage une voie non asphyxiante et remanie une plage pour les mots. Le décor, pour commencer, elle l'efface sous forme de paralipse, le réserve « pour après » (*LP* 12), le récite comme un inventaire méditerranéen paradisiaque qui invite aux loisirs, à l'évasion, mais délibérément stéréotypé, insolitement incomplet : sans vacances, sans bagages. Le personnage se conçoit dans ce manque, concrètement sans encombre, mais abstraitement. Marie Nimier laisse derrière elle les majuscules et avec elles les noms propres, le patronyme du personnage, la filiation, l'appartenance à toute société, les contraintes familiales, civiques et publiques, certaines personnes, et avec elles les choix qu'elles ont faits de prénoms, de noms propres. Elle se libère des langages qui contraignent les mots : jargons, clichés, idiomes.

Le mot gagne en surface, occupe l'espace, devient le tout. Comme « TOUTE SURFACE EST LANGAGE »,[9] il donne le ton de l'histoire, parle autant des définitions encyclopédiques du mot *plage* que de l'anonymat. L'auteure étire les mots-clefs du roman en syntagme ; celui de plage devient « une plage déserte » (*LP* 11), celui de père du personnage est presque toujours désigné comme « son père ». Le mot existe par lui-même, sans jamais avoir besoin de majuscule. Sans majuscule, « l'inconnue » aussi, ni nommée, ni prénommée, existe en tant que personnage drapé dans son anonymat. L'île, la plage, qui n'ont pas non plus d'appellation géographique, évoquent la plage en tant que témoin immuable, sans distinction particulière. L'auteure peaufine l'anonymité, en mentionnant les objets oubliés, abandonnés par l'inconnue au départ de son voyage, telle « La montre, cadeau d'anniversaire [...], oubliée » (*LP* 13) ; elle efface les styles, date de naissance et âge de la jeune femme, et à nouveau les limites du temps. Les déictiques se confondent : « Bientôt, ce soir, demain » (*LP* 11). L'impression de permanence situe le personnage et son histoire entre mémoire et vision, dans l'instant. Or, à cet instant particulier où auteure, personnage et histoire n'ont pas besoin d'être connus pour exister, la plage donne la dimension d'une histoire universelle capable, une fois conceptualisée, de concrétiser toutes les notions abstraites.

9 Marie Nimier, *Celui qui court derrière l'oiseau* (1996) (Paris : Gallimard, « Folio », 1999), p. 81.

L'auteure, alors, pour chasser les « phrases [qui] s'imposent » (*LP* 19), propose un langage multidimensionnel, préfère le langage mathématique, lui aussi anonyme, universel. Le personnage n'adopte pas la langue étrangère de l'île ; l'inconnue « compte, pour occuper le terrain » (*LP* 19), fait tomber les mots tributaires de la culture de leurs utilisateurs et leurs repères qui pourraient maquiller la vérité. Plutôt qu'enfermée dans une description physique ou un langage restrictif, la jeune femme, l'inconnue telle un petit x, peut exister dans une équation, un espace algébrique qui lui est propre. Ainsi n'a-t-elle plus qu'à se retrouver sur cette plage déserte et se laisser rattraper par le silence, le déchiffrer comme une pause, un espace d'inspiration avant la suite. La plage se présente comme le témoin immuable de l'enracinement et du transit d'histoires passées, présentes ou à venir. Non assujetties aux limites du temps, la jeune femme et la plage sont constamment en symbiose. On retrouve, autour de ce transit, la permanence des histoires entraînées hors de l'espace et de la durée du livre, dans un au-delà perpétuel sans relation avec la chronologie, attachées à leurs propres langage et logique. L'expédition de l'inconnue se poursuivant, d'événement en événement, l'histoire déroule d'autres histoires qui seront mises en relation les unes avec les autres, intertextuelles.

Nous voyons les mots emprisonner le texte dans leur griffes, réveiller la culpabilité et hanter dans leurs histoires respectives, Marine « enferm[ant] sous les verrous de sa plume [son père] se débarrass[ant] [...] de cette ombre menaçante qui l'empêchait de vivre à part entière » (*S* 165), la Reine du silence « mauvaise fille » (*RS* 61) vivant « avec un fantôme » (*RS* 131), Cora et son « sentiment d'avoir enfreint la loi »,[10] Domino qui « avait peur, toute seule »,[11] Gilda qui « n'arrivai[t] pas à dormir »,[12] Magda et « son dos [qui] parle ».[13] Dans la foulée nous lisons ici l'histoire du premier voyage à la plage de la jeune femme et le souvenir de la terrasse, des armes, des mots d'une portée insoupçonnée, puis celle, à présent, des péripéties terrifiantes survenant pendant ce voyage évoquant, maintenant, taverne abandonnée, congélateur, bataillon de mouches noyées dans la glace,

10 Marie Nimier, *L'Hypnotisme à la portée de tous* (Paris : Gallimard, 1992), p. 15.

11 Marie Nimier, *Domino* (1998) (Paris : Gallimard, « Folio », 2001), p. 168–9.

12 Voir Marie Nimier, *La Caresse* (1994) (Paris : Gallimard, « Folio », 1996), p. 111.

13 Nimier, *Celui qui court derrière l'oiseau*, p. 292.

molosse disparu, carabine et fusil. La rengaine des mots, leur « régularité obsédante » (*S* 169), tissent en silence « une toile gluante » (*S* 154) qui emprisonne, empêche de vivre. Nous sommes suspendus à l'histoire, l'auteure livre deux nouveaux indices : « Fin de la fable [...]. Action » (*LP* 41).

Alors qu'elle s'est déjà appuyée sur la paratextualité en mettant en relation son texte avec l'épigraphe, l'auteure poursuit un parcours pleinement transtextuel. M'en tenant aux propos de Gérard Genette qui définit la transtextualité comme tout ce qui met le texte « en relation, manifeste ou secrète, avec d'autres textes »,[14] je prendrai pour exemple le mot *mouche*. Avec ce mot, Marie Nimier s'en remet à l'intertextualité pour laisser entendre qu'un mot de son texte peut cacher d'autres textes, entraîner leur cohabitation. Gorgeant son texte d'allusions métatextuelles et architextuelles, elle évoque les histoires qui ont rapporté ce mot, ainsi que les genres littéraires propres qui le véhiculaient. Il n'est assurément pas anodin qu'en laissant derrière elle les mouches et leur odeur, Marie Nimier écrive ce parcours spécifique du mot *mouche* comme débarrassant son histoire du cadre mortifère des genres littéraires, fables, apologues, mythes, tragédies et drames. Elle a jeté pêle-mêle, anonymes elles aussi, *Les Mouches* fable d'Ésope, leur gourmandise punie de mort, *Le Lion et le Moucheron* fable de Jean de La Fontaine, épopée suggérant l'épisode biblique de David et Goliath, et sans les nommer, leurs morales, leurs normes charriant depuis toujours la culpabilité, le repentir, la mort. Marie Nimier vient de laisser se noyer les mouches devenues les Érinyes, déesses grecques du remords, persécutant coupables et non-coupables, et de faire disparaître avec elles les bastions de la norme sociale, de l'éducation morale et politique dénoncées par Jean-Paul Sartre dans son drame *Les Mouches*. L'inconnue, quant à elle, ne vient-elle pas, en réouvrant le congélateur et en libérant les mouches, de faire revivre la tragédie d'Oreste refusant le repentir, préférant la liberté – celle de créer et d'agir ? Transformée par cette relation avec *Les Mouches* et la vision de Sartre réécrivant Oreste et le drame de l'humanité, *La Plage* se lit et va continuer de s'écrire sous un jour nouveau ; le livre s'ouvre à une relation hypertextuelle sélective, particulière.

14 Gérard Genette, *Palimpsestes : La Littérature au second degré*, p. 77.

Dès lors que nous savons, depuis la parution de *La Reine du silence*, que l'intertextualité chez Marie Nimier est, comme ses romans eux-mêmes, d'« inspiration autobiographique » ainsi qu'elle le dit dans un entretien avec Karin Schwerdtner,[15] on peut en déduire que « les quatre ou cinq kilomètres » (*LP* 24) parcourus en autocar par l'inconnue pour se rendre à la plage impulsent le roman et donnent libre cours à deux sortes de mouvements : celui des réminiscences successives des événements de la vie du personnage, et ceux de la vie de l'auteure, leurs résonances ou images. L'intention de l'inconnue d'écrire à son père, de lui « faire signe » (*LP* 26), est aimantée au trajet. Les mots sont désormais des signes perceptibles. Ils s'adressent, d'une part, dans l'histoire de l'inconnue, à un père, personnage fictif qui est absent car « trop compliqué » (*LP* 25) à aller voir, d'autre part, dans l'histoire de l'auteure, à un père absent et disparu capable, le temps d'une vision, d'animer le puzzle de sa vie et d'être « ce papa compliqué » (*RS* 170) aussi présent qu'absent.

En superposant dans un même mouvement le réel et le fictif, la présence et l'absence, l'approximation et le détail ici et ailleurs, Marie Nimier dépersonnalise les spectres du père, écrit la rengaine nauséabonde des mots aussi répétitive que singulative mais en dérangeant la logique des signes, des mots. Cette étape passée, se profile la mise en lumière du mot *Action*. Un peu plus loin, sur le chemin de la taverne, terrorisée par l'impression d'une présence menaçante, l'inconnue se sent en danger de mort. Une bouffée de culpabilité l'envahit parce qu'elle est partie « sans avoir revu son père, ni même lui avoir écrit » (*LP* 43). Le danger n'existait pas. Pour être allée à la plage, aurait-elle dû mourir coupable ? Son père, alors, ne serait-il pas aussi coupable qu'elle ? Les mots ne sont plus de simples signes réglementés, identifiés : leur logique passe par l'inconscient, traverse l'esprit et entraîne avec eux le cours des choses. Ils ne se réfèrent pas, n'expliquent ni ne comparent, mais mettent en relation. Dans son *Second manifeste du Surréalisme*, André Breton écrivait : « Tout porte à croire qu'il existe un certain point de l'esprit d'où la vie et la mort, le réel et l'imaginaire, le passé et le futur, la communicabilité et l'incommunicabilité, le haut et le bas cessent d'être

15 Karin Schwerdtner, « Marie Nimier : Se risquer à raconter (des histoires) », *French Forum* 41.1 (2015), 47–61 (p. 49).

perçus contradictoirement. »[16] L'auteure vient d'ouvrir un espace de création apte à éclairer les éléments de son roman de façon surréaliste.

Tandis qu'elle parcourt encore à pied les trois ou quatre kilomètres restants pour arriver à la plage, ce paysage est déjà la plage : « cette enfilade de plages qui ne portaient pas de nom » (*LP* 23–4), « une première langue de sable vierge, puis une deuxième plage, de galets [...], enfin une troisième [...] de cailloux » (*LP* 45–6), et en même temps toute une zone, plage autrement dit, qui se prête au défilé des anecdotes. Les épisodes de baignade, grotte, taverne en porte-à-faux, sont indissociables du paysage, qui n'est que « conjugaison » (*LP* 29) qui les réunit, comme le dit l'étymologie de ce mot. L'auteure exploitant l'homographie du mot *plage* confond définition, addition et conjugaison, rapporte, en même temps, l'épisode à la plage d'il y a deux ans avec le voyageur, celui que vient de vivre l'inconnue, et celui qui va suivre. Les mots pesants (*abandon*, *oubli*, *absence*), alors qu'ils nous reviennent en mémoire, prennent le relai des souvenirs, commencent par brouiller les codes du sens des mots. Ainsi remontant à « son père » absent, ils le rendent responsable de la tension dont souffre l'inconnue et à laquelle elle veut échapper. Pointant du doigt l'inconnue qui accuse son père, les mots actualisent sa sensation d'avoir mal fait, le doute, le choix de ne pas être coupable – « il faut que j'arrête avec ça » (*LP* 27) – et justifient tout le cheminement de l'acte manqué concernant la carte postale qu'elle n'enverra pas à son père. Le texte laisse le personnage poursuivre son voyage et aborder le présent.

Marie Nimier, qui vient de faire un tri sélectif des mots et de refouler les langages aliénants, intègre, à présent, son propre langage. Elle met en vue des associations atypiques de mots simples qui heurtent le texte et laissent dans l'expectative : ainsi l'inconnue qui « s'éloigne à reculons » (*LP* 44) et quelques lignes plus loin « La situation s'est inversée » (*LP* 56). David Gascoigne explique dans sa critique de *Photo-photo* en parlant d'« espace ludique indispensable à la création » que

> le lecteur découvre sans cesse dans l'écriture de Nimier, que cette jonction entre deux plans divergents, entre le réel et l'imaginaire, le référentiel et le figuratif, peut

16 André Breton, *Second manifeste du Surréalisme* (1930), in *Manifestes du surréalisme* (Paris : Gallimard, « Folio Essais », 2010), pp. 72–3.

> se trouver à n'importe quelle échelle, au niveau soit du simple mot, soit de toute la construction narrative.[17]

L'auteure, ici, prête son écriture au jeu d'associations bizarres et donne à ces quelques mots rescapés du confinement la possibilité de réorienter l'histoire. Avec et au-delà du processus d'épuration qu'elle a mis en place, elle s'exprime avec le langage de l'effet des mots. Paradoxalement, cette étape de valorisation des mots entraîne la fluidité de la narration où se jouent simultanément le devenir du personnage et la structure du roman. En choisissant le mot *plage* pour ses définitions encyclopédiques multiples et les extrapolations et connotations qu'il accepte, elle fait de ce mot le point de ralliement qui attire à lui le texte et l'histoire. Omniprésent et polyvalent, le mot *plage* devient la plaque tournante du roman. Cette dernière, devenue le refuge de mots nouveaux, donne leur sens à l'histoire de l'inconnue, à celle de la petite et du colosse, ainsi qu'à d'autres histoires nouvelles qu'ils peuvent suggérer ou auxquelles ils peuvent faire prendre corps à tout moment. Le texte qui s'est joué de tous les paramètres conventionnels de l'écriture d'un roman permet l'éclosion d'un tel espace de créativité et à Marie Nimier de faire prendre corps à des histoires colinéaires.

En nous reportant aux propos de Marie Nimier recueillis par Karin Schwerdtner, nous comprendrons tout au long du texte qu'avec ce roman Marie Nimier confirme son langage et son engagement d'auteure :

> Tout cela se compose de façon très instinctive : je sais [...] que tel mot va avoir sa place dans tel chapitre. [...] Inspirer une image ; dévier le cours d'une phrase et structurer les personnages [...]. [...] [C]'est infini, cet écho des mots, d'images qui se carambolent et se superposent [...] ... Peut-être est-ce cela que l'on nomme 'l'univers' d'un auteur. Ces liens cachés. Cette toile. Cette impression unique que tout se tient.[18]

Il devient simple d'accorder nos regards aux désordres apparents des mots, à leur interprétation, la spontanéité de leurs déplacements imprévisibles, à leur sens pris, non plus au pied de la lettre, mais au plus près de leur

17 David Gascoigne, « Les Mots, le double sens et la double vue chez Marie Nimier », p. 98.

18 Schwerdtner, « Marie Nimier : Se risquer à raconter », p. 51.

étymologie, de les comprendre, au sens « comprendre, prendre avec soi » (*LP* 15). Simple alors de les voir convertir les composants de l'histoire, interchanger et déplacer les personnages, casser rythme et déictiques et bousculer les limites de l'histoire, simple de comprendre que l'ordre du roman se réorganise autour de mots premiers identiques à des chiffres premiers, des mots qui de cette façon sortent de leur routine.

Ainsi, brusquement, Marie Nimier réoriente le texte de façon sibylline : « La situation s'est inversée » (*LP* 56). Elle resitue l'intrigue, sans transition, continue avec ces mêmes mots et d'autres également échappés de l'inconscient mais qui, à l'inverse, se réfèrent à l'enfance. Dans *La Reine du silence*, l'auteure démêlait le rébus de sa propre vie, réécrivait le sens de sa vie pris « en Irlande [...] sur la plage déserte » (*RS* 110), une vie marquée, dans son inconscient, par les empreintes du passage de son père et celles, pour elle, de l'expression « faire avec » : « L'absence, la peur, la peine, faire avec. [...] Au mieux, composer, comme on compose un bouquet de fleurs » (*RS* 110). À présent, dans *La Plage*, les mots que Marie Nimier a soigneusement gardés, qui ont traversé son subconscient, s'échappent sous sa plume et accompagnent l'inconnue sur la deuxième moitié de son chemin. C'est avec eux que l'auteure efface les contrastes, comble l'écart entre les histoires qui se partagent le texte, les relie entre elles. L'auteure passe d'un référent à un autre, des signes aux gestes, compose, autour d'un bouquet de symboles, le refrain de la vie, métamorphose l'histoire. Ce ne sont plus les histoires qui racontent les événements, mais, à l'inverse, les mots qui s'expriment, font vibrer l'histoire.

Tandis que le personnage marche à reculons, que l'histoire s'inverse, le texte progresse, se métamorphose. Il superpose les images en commençant par celle d'« une jeune adolescente [...] menue » (*LP* 50) à la place de celle de l'inconnue, et celle du « rose cru de la bouée » (*LP* 50) de la petite qui éclipse le « besoin de rambardes » (*LP* 32) de l'inconnue. L'histoire se colore de rose, le bleu de la mer recolore le paysage et redimensionne la plage. L'eau entraîne au loin plage, images et texte. A l'horizon se découpent d'autres images qui se superposent à celles d'autres romans ou de romans antérieurs de Marie Nimier, partagent leur histoire avec celle de l'inconnue, celle de la petite et du colosse, et celle de l'auteure et personnage Marie Nimier-Reine du silence. L'image du colosse, telle une apparition, « une forme sombre [...]. Un colosse aux cheveux longs [...] [qui] marchera vers la petite. Lui fera signe » (*LP* 52), est impressionnante. Elle l'est d'autant plus qu'elle se substitue à celle du père disparu de Marie Nimier et cohabite avec celle, inoubliable, qu'avait retransmise Marie Nimier en écrivant sa vision d'une « silhouette » (*RS* 170) qui marchait, qu'elle enveloppait de ses mots de Reine du silence et d'auteure, jusqu'à recréer et reconnaître un détail des traits du visage de son « papa compliqué [...] ses yeux verts » (*RS* 170). Exponentielle, l'émotion nimbe la plage. Marie Nimier vient d'écrire cette métamorphose et l'émotion qu'elle génère comme un phénomène persistant.

La perception des personnages, telle celle d'une « beauté dérangeante » (*LP* 62) pour la petite, est intemporelle. Elle passe aussi par l'intuition de l'inconnue en regardant le colosse que, lorsqu'il porte la petite dans ses bras, sans parler, ses gestes sont les mots de toujours d'un père à sa fille. « Ils sont nus tous les deux » (*LP* 52) : leurs gestes, tels ceux des hommes des cavernes ou les nôtres aujourd'hui sont ceux de la vie. L'image et sa connotation fruste des « grandes pognes » (*LP* 58) du colosse qui font signe à la petite suffisent à superposer le geste au signe, le rituel aux gestes du quotidien, l'échelle de l'histoire de l'humanité à l'anonymat. Marie Nimier joint à l'effet des mots ceux du langage du corps et de la nature. La plage, le paysage sont atemporels : grotte, matière minérale, chien sans collier, poissons. Ce milieu s'étend en arpents qui sont aussi trois nuits, quatre jours qui se passent, comme dans la Genèse, au rythme des couchers de soleil, de la lune, du temps qui change, disent histoire sur histoire : « la grotte est occupée » (*LP* 51). L'adolescente et son père s'y sont installés, y vivent.

Alors que le colosse invective l'inconnue, l'auteure établit un rapport de similitude entre plage et vie qui évoque son livre comme une métaphore de la vie : « cette plage n'est à personne, tu t'es installée dans notre vie » (*LP* 70). En reprenant et dépassant l'histoire même de son livre, elle se détourne d'une histoire enchâssée ou enchâssante, s'éloigne des valeurs établies de la transtextualité devenue à son tour muselante pour l'histoire. Alors que disparaît aussi la notion de propriété – et du même coup son inverse, le vol, et encore l'appropriation –, l'inconnue, sans carte d'identité, n'est plus une étrangère ni « l'intruse » (*LP* 56), mais retrouve sa place de personnage à part entière. La romancière invoque la métamorphose pour délivrer une histoire unique qui continue, englobe toute son œuvre et celles d'autres auteurs.

Le paysage que plusieurs kilomètres et jours ont constellé d'émotions surréalistes ne devient pas panoramique, mais prend de la hauteur : la page du refrain des mots pesants est tournée, le registre des mots s'ouvre à la page des symboles. L'auteure choisit ceux qui se voient, s'entendent, se touchent. Elle s'amuse du néologisme poétique (invention de la petite) d'un « lépitère, bleu-vert » (*LP* 106) et des onomatopées d'un « Pschitt » tantôt autoritaire, tantôt évanescent. Sa plume s'entraîne au jeu du « ricochet » (*LP* 55), s'attarde sur les doigts qui comptent, les couleurs, les formes enfantines qui symbolisent le langage, les mots de l'enfance. Le texte multiplie les visions nouvelles autour de nouveaux mots qui prennent corps comme de nouveaux nés. Le préfixe « re- » continue d'engendrer, d'orienter : le personnage « se réveillera » (*LP* 11) et l'histoire est toujours celle d'un personnage qui « redémarre » (*LP* 15).

Exposée depuis *Sirène*, la toile gluante mortifère qui avait emprisonné Marine n'est plus que repentirs : « l'esquisse d'un figuier » (*LP* 149) recouvre le paysage retenu en paralipse, occulte les épisodes passés de la vie de l'inconnue et, avec eux, le rouge du sang, le blanc de la mort, le noir de l'impasse et de la peur. Sont recouverts aussi les personnages des romans de Marie Nimier – Bruno, Magda, Joseph et les inséparables – qu'elle a tous imaginés comme étant des oiseaux : « rare[s] » (*S* 57), « trop sauvage[s] »,[19] qui « voi[en]t le monde entier »[20] et qui revivent désormais par eux-mêmes. Marie Nimier ne garde de la transtextualité que les impressions, les exprime en passant par l'hypertextualité, comme s'il s'agissait d'une discipline en soi. Elle préserve l'anonymat des œuvres et de leurs auteurs.

Ainsi, alors que dans *Photo-Photo* elle citait ce vers : « Je mourus comme les oiseaux sans laisser de cadavre »,[21] et par ricochet Paul-Jean Toulet son auteur, elle ne dévoile plus à présent ni ce vers ni l'auteur de *Contrerimes*. Par contre, sans les nommer, elle perpétue les émotions bouleversantes que procure cette poésie non-conventionnelle : « sa chanson bancale », « ses

19 Nimier, *Celui qui court derrière l'oiseau*, p. 76.

20 Marie Nimier, *La Girafe* (Paris : Gallimard, « Folio », 1989), p. 211.

21 Marie Nimier, *Photo-Photo* (Paris : Gallimard, 2010), p. 21. Voir Paul-Jean Toulet, *Les Contrerimes* (1921), éd. J.-L. Steinmetz (Paris : Flammarion, « GF », 2008), LXV.

alexandrins de treize pieds » (*LP* 34). Elle procède de la même manière lorsqu'elle fait allusion au tableau de Dali (« façon montre molle » (*LP* 51)), ne révèle ni l'identité du peintre, ni son titre (*La Persistance de la mémoire*), pas plus que le nom de Portlligat, la plage où fut peinte cette toile.

Par contre, dans le texte de Nimier, une toile sans cadre émerge, une plage qui laisse libre cours à l'imagination et, comme l'auteure le dit du paysage, fait place aux conjugaisons. Ainsi, le grand aplat bleu de la mer et du ciel lui donne sa couleur. Les nuances de bleu des montres de Dali qui côtoient tout naturellement « le bleu turquoise » (*LP* 84) étonnant des crabes de la petite, le bleu des « chardons » (*LP* 149), et les autres nuances de bleu, innombrables, évoquées dans le roman lui donnent son relief. Le bestiaire composé d'une mouche et de fourmis lui fait prendre vie. Comme gravé, le syntagme « montre molle » continue de tourner en dérision la rigidité du temps habituellement reconnue comme inexorable. Ce syntagme donne à l'auteure la liberté du temps comme paramètre malléable, potentiellement facteur transgressif ; la surface de sa toile se mue en espace.

Quant à l'auteure elle-même, elle vient d'ouvrir son propre espace de création aux côtés de l'esquisse du figuier sur un fond bleu ; un triangle de personnages (le colosse « trois fois large comme [la petite] » (*LP* 52) et l'inconnue), trois rougets vivants, et encore trois cartes à tirer représentant pour cet espace plus d'éventualités, de prétextes à métamorphoses et repentirs que l'on ne peut en compter. Repentir après repentir, elle laisse, comme le fait la peinture surréaliste, transparaître des séquences minimalistes d'items. Ils surlignent sur sa toile les mots de son univers d'auteure mais en gardent les secrets : un harmonica, un moucheron et un oiseau, un rouleau de réglisse, des étoiles et un petit gâteau en étoile, des petits cailloux pour jouer, des fourmis … Émergeant de livre en livre, passés ou à venir, ces mots récursifs sont inaltérables. Sous forme ludique, Marie Nimier personnalise l'espace de création de son roman, met en place mots polymorphes et polychromes, arrête le temps, regarde et fait regarder. Tout à coup, autant que l'univers de Jean-Paul Toulet ou de Salvador Dali, l'orange est là, ubiquitaire, avec son champ lexical : épluchure, jus d'orange, « le Pschitt orange » (*LP* 42). Il s'y rajoute le champ sémantique de l'orange fatalement lié à la couleur orange du même nom et à la symbolique hindoue qui l'associe à la créativité, la libération du corps, ou à celle de l'épicurisme. De repentirs en repentirs, l'orange, à son tour, rappelle celle du jardin des Hespérides, le fruit défendu, pomme ou orange qu'Eve présenta à Adam non loin du figuier de la Genèse. En un clin d'œil surgit aussi cette image aussi fantasque et fugace que celle du bouc « une orange fichée autour de son museau [...] façon pomme d'amour » (*LP* 71) qui avait tant effrayé l'inconnue à la taverne, éveillé sa culpabilité. Le choix du prénom « Eva » (*LP* 125), plus loin dans le texte, renforce ce rappel.

Sans que Marie Nimier ne donne aucune de ces références, l'orange revient en musique, échappée de l'inconscient et du poème *L'Orange* de Pierre Delanoë, du *Spectacle Bleu*,[22] de l'album *Faut faire avec*,[23] et de la chanson interprétée par Gilbert Bécaud, son refrain : « Tu as volé, tu as volé [...] l'orange. »[24] Même si l'inconnue a volé une orange au colosse et à la petite, seuls restent représentés un vieil homme souriant et son petit-fils offrant une orange à une jeune femme, « le goût de l'orange [...], le parfum de l'orange [...], le souvenir du goût, puis plus rien » (*LP* 21). L'auteure, toutefois, écrit la métamorphose d'une orange volée en une orange offerte. Elle réactive cette plage du disque, rend incontournable le refrain de la chanson. De la même manière, elle relance l'expression « *faire avec* » (*LP* 29), redémarre au point de départ, à l'étymologie, la laisse défiler jusqu'à se rendre à l'évidence que ces deux mots accolés sont intarissables. Dès lors qu'elle les rapporte au paysage de la plage, elle le rend « intarissable », lui transmet le rôle de « Conjug[uer ...], enchaîn[er] » (*LP* 29), et de faire raisonner, de concert, les mots de l'univers de l'auteure et les voix des interprètes.

Plus tard, alors qu'un cavalier allemand croise le chemin de l'inconnue, c'est lui et non Marie Nimier qui déclame « Louis Aragon [...] Juliette Gréco ... Léo Ferré ... » (*LP* 116) et « *Rappelle-toi* [...] *Je suis sûr que la vie est là avec ses poumons de flanelle* ... » (*LP* 117). C'est lui qui attire l'attention sur le mot *flanelle* : « Les poumons [...] pour la respiration. Mais l'autre mot, après ? » (*LP* 117). On saisit par là qu'elle transfigure « l'égarement

22 Gilbert Bécaud, « L'Orange », *Olympia : Spectacle bleu* (Capitol Music France, 2002).

23 Gilbert Bécaud, « Faut faire avec », *Faut faire avec* (EMI Music France, 1999).

24 Gilbert Bécaud et Pierre Delanoë, « L'Orange » (EMI Music France, 1964).

de l'air » (*LP* 11) en laissant planer l'atmosphère surréaliste, l'ambiance de St-Germain-des-Prés. Elle ne revient pas sur le vers cité, tiré du poème de Ferré *Les Chants de la Fureur* à l'origine de sa chanson *La Mémoire et la Mer*[25] qu'il a lui-même composée et interprétée, et Gréco plus tard. Aux informations et explications construites l'auteure préfère la résonance des mots. Elle laisse le soin à la texture d'un tissu chaud, aéré, la flanelle, d'étoffer son espace de création, devenu terre d'accueil d'un courant surréaliste qu'il oxygène. Sans dépendre d'aucune allusion, d'autres mots de Ferré et d'autres auteurs encore surgissent en binômes : « la mathématique bleue » (Ferré), « la mémoire [...] quand on respire à reculons » qui s'associe à celle de l'image de l'inconnue poursuivant son chemin à reculons et, entre autres, l'oiseau « fardé » (Ferré), « L'oiseau bleu » du texte de Delanoë,[26] couplés avec tous les oiseaux évoqués chez Marie Nimier.

Le tableau final du livre projette, sur une plage de lumière, un binôme indépendant. Dans les dernières lignes du texte Marie Nimier, évoquant « Un ballet d'hirondelles [...] leur queue fourchue en guise de pinceau » (*LP* 147), laisse imaginer leurs battements d'ailes d'oiseaux migrateurs, soufflant le cycle de la vie. En pendant, par transparence, la révolution culturelle d'une plage de temps émerge : c'est, pour certains, *Le Sacre du printemps* de Stravinsky et la musique dansée, composée en contrepoint, qui se joue. C'est, pour d'autres, le poème de Prévert, « Pour faire le portrait d'un oiseau », qui se récite, ponctué par ces mots, ce conseil aux auteurs : « vous arrachez tout doucement/ une des plumes de l'oiseau / et vous écrivez votre nom dans un coin du tableau ».[27] L'auteure donne à l'écho des mots celui de la persistance de tout et de chacun. Elle suggère l'idée ébauchée, marquante, qu'à partir de là, l'espace créatif devient unique, universel, anonyme lui aussi, et permet à chaque auteur d'y exister sous son propre nom. Certains, alors, verront avec Éluard que « la terre est bleue comme une orange ».[28]

25 Léo Ferré, « La Mémoire et la mer », *Amour anarchie* (Barclay Records, 1970).

26 Bécaud et Delanoë, « L'Orange ».

27 Jacques Prévert, *Paroles* (Paris : Gallimard, 1949), p. 152.

28 Paul Éluard, 'La Terre est bleue', *L'Amour, la poésie* (1929), in *« Capitale de la douleur », suivi de « L'Amour la poésie »* (Paris : Gallimard, « Poésie », 1969), p. 153.

La Plage s'entrevoit d'emblée comme un tout connecté à l'anonymat. Marie Nimier s'attaque à la forteresse du figé et de l'imposé et raconte l'histoire d'une jeune femme nommée « l'inconnue » qui se retrouve sur une plage déserte. Sans transition, alors que cette histoire continue, elle raconte l'histoire de la même personne qui se retrouve sur cette même plage et qui découvre deux autres personnes. La présentation est celle d'une histoire qui se partage concomitamment et progressivement en une histoire unique et multiple. Cette structure non conventionnelle rapproche l'auteure du langage universel des mathématiques. Grâce à lui, il devient tentant d'assimiler le texte à un vecteur capable de déplacer une histoire vers une autre, d'inverser le sens d'une histoire, de rassembler ces histoires autour d'un point commun, et ainsi ici, autour du mot *paysage*, de produire des histoires colinéaires. Le vecteur, susceptible encore de translater et multiplier, laisse se profiler sans fin des histoires sans fin. Rapportant sa vision d'auteure, Nimier présente le paysage comme étant la plage. Le contexte naît de cette association. Il garde le temps orphelin de ses mesures, juste apparent. Il invite le texte à dépoussiérer les mots de leurs connotations et dégage leur histoire qui perdure dans le roman. Entre jeu de piste et manifeste d'auteure, l'espace créatif de Nimier s'épanouit autour de la trajectoire de ce roman généreux en références. Il trouve sa place aux côtés d'autres, tels ceux d'auteurs qui, en écrivant, peignant, chantant, interprétant, ont initié une révolution surréaliste. En suggérant la structure réactive des espaces créatifs, elle soutient leur persistance et celle de leurs auteurs.

Nimier comble l'écart, la plage entre logique et inconscient, portée et retombée des mots, entre Je et fortuit, associe la plage à une palette d'histoires et son livre à la cohabitation de créations individuelles et collectives. Corroborant la notion de translation, elle donne à son livre *La Plage* l'importance d'un volume dans l'histoire de la vie. Alors que dans son poème Léo Ferré écrit « C'est la mer qui ferme son livre », Marie Nimier le rouvre sur la plage et, dans ce roman, *La Plage*, signe l'histoire réconfortante d'une pause.

DAVID GASCOIGNE

La Plage : l'abstrait, l'élémentaire, le charnel

La Plage est l'histoire d'un parcours initiatique, transformateur, suivi par une jeune femme qui est arrivée à une impasse profonde dans sa vie. La transformation qui la sortira de sa détresse sera nécessairement intégrale, en touchant à tous les domaines de son existence. Afin d'analyser ce processus multidimensionnel, il sera utile d'y distinguer trois niveaux : l'abstrait, l'élémentaire et le charnel. Ces niveaux s'entremêlent dans le récit, et les changements dans leur signification et dans leur importance relative dans le parcours du personnage font partie du séisme tectonique que subit cette jeune femme et qui est le principe conducteur du récit.

L'abstraction

Le texte commence par une question abrupte, lancée sans préavis : « Qui sait ce qu'elle va chercher ? »[1] Il s'agira donc d'une recherche, mais où le but de la recherche reste obscur, ainsi que son acquis éventuel. En plus, la formule 'Qui sait …' pose dès le début la question du savoir, de la compréhension, soit de la part du lecteur, ou du personnage, ou même de la voix narratrice. Le personnage, c'est 'l'inconnue', celle qui n'est pas connue, pas comprise. On ne la nomme pas, pas plus que la plage ou l'île où cette recherche sera menée, pas plus que les deux autres personnages, 'le colosse' et 'la petite', qui y seront impliqués. L'isolement

1 Marie Nimier, *La Plage* (Paris : Gallimard, 2016), p. 11. Cet ouvrage sera désormais désigné dans le corps du texte par les seules initiales *LP*.

des personnages sur une île invite l'étiquette de robinsonnade, qui, de Defoe à Michel Tournier et bien d'autres, a fourni un modèle pour étudier, ainsi que sous un microscope, les principes du comportement humain : la conscience du soi isolé, ses relations avec l'environnement et éventuellement avec autrui. Dans *La Plage*, l'anonymat de l'île et des personnages décourage toute inclusion systématique de données sociales, topographiques ou objectivement biographiques et impose au lecteur un horizon, celui d'un microcosme à part, détaché du monde. Ceci est singulièrement mis en évidence au chapitre 7, quand l'inconnue et la petite, au cours d'une balade, font la rencontre inattendue d'un cavalier allemand buveur et bavard. Il est en route, dit-il, pour voir le match. « Le match, quel match ? demande l'inconnue dans une langue composite./ L'homme rit de son ignorance, ça lui semble extraordinaire qu'elle ne soit pas au courant. Dans quel monde vit-elle ? *Es ist das Finale*, quand même ! » (*LP* 115). Cette irruption d'un étranger, espèce d'émissaire pittoresque du monde extérieur et d'une autre culture linguistique, souligne l'isolement, voire même l'isolation du cadre imposé par le récit, isolation qui fait de la plage un laboratoire où une matière peut être isolée afin de percer ses propriétés particulières et sa réaction au contact d'autres éléments choisis.

Pour mieux caractériser ce parti pris quasi-scientifique, le mot *équation* est là pour nous orienter, dès la troisième page. On nous dit qu'on appellera la jeune femme l'*inconnue* « au sens algébrique du terme », « en raison de son rôle dans l'équation » (*LP* 13). Ce mot *équation* appelle la réflexion.

Dans son sens primaire de 'constatation de la valeur égale de deux quantités', il peut paraître assez statique, un constat fixe. Une équation algébrique au deuxième degré, cependant, peut permettre de faire une découverte en déterminant la valeur de l'inconnue 'x'. Une équation chimique se montre comme encore plus dynamique, puisqu'elle est l'expression d'une transformation – deux éléments, ou plus, réunis sous des conditions propices, peuvent fusionner pour subir une transformation dramatique, susceptible de produire des substances autres, imprévues. *La Plage* (à la fois le livre même et le lieu imaginaire qu'il nous propose) serait ainsi le site de ce genre de découverte de l'inconnue 'x' et de transformation des éléments en jeu.

Dans cette démarche d'abstraction, la notion de géométrie semble s'imposer dès la première page, et sert à symboliser la situation de l'inconnue assise dans l'autocar :

> [L]e front appuyé contre ses bras croisés, elle fait semblant de dormir. Son dos trace une diagonale parfaite entre le siège et le dossier. [...] Tout son être est tendu, ses genoux serrés, ses mains fermées – les pouces, coincés à l'intérieur, comme si elle avait peur qu'on les lui arrache. Tout ça vissé. Cuirassé. (*LP* 11–12)

Ces phrases s'enchaînent en un crescendo rhétorique – serrés, fermées, coincées, vissé, cuirassé. Elles dramatisent une tension physique intolérable, tout en indiquant ses sources affectives – peur, recul, paralysie, besoin d'une barrière inaltérable érigée contre le monde. Tout cela compose le triangle siège / dossier/ dos en diagonale, une géométrie de lignes droites implacables. Mais ce triangle n'est pas parfait – la diagonale du dos est brisée, entre les épaules et le crâne, par une bande blanche, une minerve que l'inconnue porte à cause du torticolis dont elle souffre. Ici, la bande blanche et le torticolis indiquent une scission, une discordance entre la tête et le corps, ce que souligne cette constatation lapidaire et saisissante : « Ce n'est plus un corps qu'elle a, c'est une décision » (*LP* 12). La formule indique quelque chose de plus qu'une simple résolution de s'armer contre le monde. Il faut plutôt comprendre le mot *décision* au sens fort. Le mot même *décision* est dérivé du Latin *decidere*, littéralement 'enlever en coupant' – au sens fort, décider c'est trancher. Donc, elle n'a plus de corps – il est tranché. Le torticolis est la marque d'une décollation.[2]

2 Notons en passant qu'avant qu'on ne donne au mal son nom propre de « torticolis » (*LP* 20), l'unité phonique 'col' ponctue la description du souvenir, qu'elle évoque sans plaisir, de sa visite récente à la *col*lecte de sang, où l'infirmier, trop *col*lant à son goût, lui propose comme *col*lation en récompense des petits fromages qui *col*lent aux dents (*LP* 17–18). « Rien que le mot, *collation*. C'est important, pour elle, les mots. Ce qu'ils disent de front et tout ce qu'ils charrient [...] – simple collation, rapide collation, ou méritée, bien méritée ... » (*LP* 17). Ainsi s'établit une résonance phonique qui sert à relier ce souvenir, et tout ce qu'il charrie, à la douleur dont elle souffre, et au *col*lier qu'elle porte en conséquence. Sur l'importance du travail des mots chez Nimier, voir D. Gascoigne, 'Les mots, le double sens et la double vue chez Marie Nimier', in Carine Fréville, Ana de Medeiros, *Marie Nimier : absence et perte* (Caen : Éditions Passage(s), 2017), pp. 81–99. Sur l'importance du cou comme point ultrasensible du corps chez Nimier, voir D. Gascoigne, 'Articulations: violence,

Pourtant, déjà avant la fin du voyage en car survient un fléchissement significatif, quand elle s'endort : « À force de s'abstraire du monde qui l'entoure, l'inconnue a sombré pour de bon. Entre le col de la tunique et la minerve, un croissant de peau claire est apparu. Le dos s'est arrondi. Il ne raconte plus la rigueur, l'aplomb, le courage aveugle. Il dit le renoncement » (*LP* 22). La 'décision' du corps commence à se défaire, et la diagonale rigide disparaît en faveur d'un dos arrondi et d'un croissant de peau, un nouveau dessin en courbes.[3] C'est un moment de répit fragile, et l'amorce de toute une évolution à venir.

Au début du chapitre 4, nous sommes au moment où l'inconnue décide d'aller à la rencontre du couple père-fille, le colosse et la petite, qu'elle n'a pas cessé de guetter depuis son arrivée. Avant de se lancer dans cette aventure, elle fait un dessin dans son carnet : « Trois corps sur une plage, sur une page trois personnages » (*LP* 66). La symétrie (le chiasme) et l'assonance de cette belle phrase laissent voir à quel point la géométrie joue à la fois sur le plan diégétique et sur celui de l'abstraction du récit. Côté corps, dans le dessin : « Ils sont debout, bras ballants, regardant dans trois directions différentes », tandis que du côté de l'abstraction il s'agit de : « Trois cartes d'un jeu de tarot qui, droites ou renversées, disent l'amour et son contraire, le désir et la perte, la métamorphose ou l'enfermement » (*LP* 66). Sur le dessin, beaucoup de blanc sépare les personnages, ce qui permettra d'envisager toutes les possibilités dans

the body and language in Marie Nimier', *Forum for Modern Language Studies* 49.1 (2013), 33–44.

3 Les formes arrondies qui figureront par la suite seront particulièrement associées à la petite, telles que les cercles de cailloux qu'elle dessine pour marquer la limite de l'ombre du rocher, ou les rouleaux de réglisse qu'elle déroule en spirale (*LP* 97, 96). Cela rappelle l'importance de la spirale pour la jeune Cora de *L'Hypnotisme à la portée de tous*. « Je vois souvent ainsi mes romans, de façon plastique » a dit Nimier. « Je ne vois pas mes personnages, je n'essaie pas de les imaginer, mais je vois la marche du roman. Son tracé. Avant de commencer à écrire, après la période des notes, je les dessine, ou plutôt je les résume par une figure géométrique. Une spirale, des triangles qui se croisent … » Voir Karin Schwerdtner, « Marie Nimier : Se risquer à raconter (des histoires) », *French Forum* 40.1 (2015), 47–61 (p. 50).

leur configuration. Cet espace blanc rappelle la bande blanche de la minerve entre corps et cerveau qui brise la diagonale et qui « marque sa réserve » (*LP* 12). Parmi ses nombreuses définitions, le mot 'réserve' peut signifier la partie laissée en blanc dans une œuvre graphique ; dans les deux cas c'est la brèche ouverte aux possibilités, le site d'une transformation éventuelle.

À partir de ce moment, l'inconnue s'affranchira progressivement de la géométrie fixe en osant entrer en scène pour devenir elle-même un des trois éléments instables de l'équation qui subiront entre eux une réaction intense et imprévisible. Au début, l'inconnue, l'intruse, est désarmée en face du duo profondément uni du père et de la petite, et de l'hostilité du colosse. Cette situation initiale est décrite plus tard comme un « triangle isocèle, petit côté reliant le père et la fille, les deux autres fuyant vers la belle inconnue » (*LP* 134).

Deuxième étape : dès le chapitre 6, cette configuration allongée commence à changer. Le colosse, revenu de sa colère mal fondée, et sa fille, ravie d'avoir acquis une copine, cherchent tous les deux à se rapprocher de l'inconnue. La petite lui montre sa cache de trésors enfantins tandis que le colosse lui parle longuement de l'enfance de sa fille et des turpitudes de sa femme. Les lignes affectives entre l'inconnue et les autres se raccourcissent, et le triangle serait maintenant plutôt équilatéral, quoique précaire.

Troisième étape, le triangle sous haute tension : père et fille rivalisent pour mettre l'inconnue de leur côté, en lui attribuant implicitement le rôle soit de compagne de remplacement, soit de sœur adoptive, ce qui déstabilise la géométrie. En plus, de puissants courants de désir sexuel viennent exacerber encore plus ces velléités incompatibles. Le colosse n'ignore pas les pulsions qu'il a provoquées chez l'inconnue, ayant lu son carnet, et en fait elle ne demande pas mieux que d'être séduite et comprend mal la réticence du mâle. De l'autre côté, la petite emmène l'inconnue visiter ce qu'elle appelle « la bouche pâle » au fond d'un boyau dans la grotte pour y boire avec elle l'eau qui suinte du rocher. Ce rite partagé annonce chez la petite une sexualité pubescente, et l'inconnue est gênée par l'effet de jouissance qu'elle éprouve elle-même en buvant, indice pour elle d'une ouverture insoupçonnée vers une autre sexualité. Plus tard, la petite demandera à l'inconnue de l'embrasser sur la bouche. Ce souhait est un prolongement plus explicite du rite partagé de la bouche pâle, mais cet aveu abrupt d'une attirance érotique ne peut qu'attirer un refus. Cela n'empêche pas l'inconnue de désirer l'adolescente et de retenir un souvenir précis de sa nudité : « l'image du sexe de la petite, ses poils blonds bien rangés le long de la fente » (*LP* 133).

Cette image surgit au moment même où l'inconnue, en train enfin de faire l'amour avec le colosse sur la plage, aperçoit la petite qui les observe, et ce rappel de cette région triangulaire du corps qu'est le pubis de la petite souligne l'aspect polymorphe du désir qui risque toujours de fléchir toute géométrie fixe des relations humaines. La compression de la configuration s'accentue à l'extrême : « Le triangle a replié ses angles, expulsé l'air et la surface pour ne laisser de lui qu'un petit tas serré qui appelle la fin » (*LP* 134). Toute cette mêlée de désirs et d'émotions se résume ainsi sous la forme d'une géométrie qui implose, en conséquence du fait que, chez les trois protagonistes, le corps a réclamé ses droits. Chacun se trouve pris de panique devant sa propre exclusion éventuelle. La petite se dit « [J]e n'existe plus pour eux, je dérange, je dérange … » (*LP* 128) et se venge en se coupant sauvagement les cheveux. L'inconnue, devant la détresse manifeste de la petite, conclut qu' « Il n'y a pas de place pour elle entre ces deux-là » (*LP* 134). Le colosse est saisi de désarroi devant le geste de sa fille, qui risque de mobiliser la seule force qu'il redoute, le pouvoir de sa femme de limiter encore plus son contact avec sa fille. Ces crises symétriques de crainte devant une exclusion possible finissent par s'équilibrer. Chacun a besoin des autres, et l'espace qui les séparait au début, l'air et la surface dans le modèle triangulaire, ont été expulsés. « Le soir, chacun va dormir dans son coin, mais au matin, ils se réveillent tous les trois ensemble, ventre contre dos. Ils n'arrivent pas à faire autrement » (*LP* 136). C'est la fin ultime du régime de la géométrie à la fois pour l'inconnue et dans la stratégie textuelle. La géométrie fixe a cédé la place à l'équation mobile de la chimie interpersonnelle. Désormais, pour les relations à trois, c'est l'apaisement et la dispersion : le colosse et la petite vont disparaître, tels des éléments évaporés ou absorbés au terme d'une expérience de laboratoire.

Face aux éléments

Suivant le départ de l'homme et de la fille, et avec eux la dissolution des figures géométriques interpersonnelles, l'inconnue découvre pourtant une formule chiffrée, inscrite à son intention par la petite sur le sable comme signe d'adieu. « Ce ne sont pas des lettres, c'est une signature suivie d'un cœur percé d'une flèche./ Une croix penchée, une étoile à cinq branches, un tiret. Et le cœur enfantin » (*LP* 144). Elle reconnaît tout de suite la signature, puisque la petite a déjà tracé ces mêmes signes pour elle avec la pointe d'un roseau, quitte à les effacer aussitôt. Celle-ci a des difficultés au niveau de la prise de parole et de la lecture, et ayant une perception synesthésique, elle voit les mots en couleurs, ce qui donne des combinaisons originales. Ces particularités expliquent peut-être le fait que sa signature, sa marque identitaire, est formulée en langage symbolique. Aucune explication n'est proposée dans le texte de la signification de ces trois signes, qui restent donc aussi énigmatiques que la psychologie de la petite pour l'inconnue. Le lecteur se trouve ainsi implicitement sollicité à les déchiffrer, ne serait-ce que de façon spéculative. La « croix penchée » est associée aux cabanes de *gardian* en Camargue, logements autrefois très simples, parfois de construction tout en roseau, dans cette région liminale entre terre et mer méditerranéenne. La croix qui couronne un bout du toit est formée de la partie saillante de l'arbalétrier barrée d'un morceau de bois. Reliée à un rocher, elle servait à protéger la maison contre les assauts du mistral. À l'appui de cette association, notons que c'est avec un roseau que la petite trace ces signes, et qu'elle construit une cabane de roseaux qu'elle cherche à renforcer contre l'orage et où les trois protagonistes se rassemblent pour la dernière fois en un groupe étroitement serré.

Le dernier des trois signes, le tiret, a dans la ponctuation la fonction de marquer une pause, ou d'annoncer ce qui va suivre.

C'est indiscutablement le deuxième signe, l'étoile à cinq branches placée au centre, qui est le plus chargé de symbolisme ésotérique. La signification qu'on lui prête varie selon les différentes traditions mystiques, mais très souvent les quatre points inférieurs sont censés représenter les quatre éléments (terre, feu, eau, air) tandis que le cinquième point, au sommet du pentacle, représente 'l'esprit', la quintessence ou la transcendance. Il est donc possible d'interpréter le sens de la signature de la petite ainsi : la croix penchée signifie l'enracinement, le désir de sécurité contre les périls de la vie ; le tiret s'ouvre sur un avenir qui reste à découvrir ; et entre les deux, le pentagramme symbolise le jeu multiple des éléments par où il faut passer et qu'il faut transcender. Cette série de symboles comporterait ainsi une formule condensée de la situation incertaine de l'adolescente, et une leçon pour l'inconnue, pour qui la petite servira de plus en plus de miroir et de guide influent. On a déjà remarqué plus haut un passage du début du chapitre 4 où la voix narratrice nous propose une équivalence entre les trois corps sur la plage, les trois personnages sur la page et trois cartes de tarot qui « disent l'amour et son contraire, le désir et la perte, la métamorphose ou l'enfermement » (*LP* 66). Les trois composants de cette signature de la petite ont la même fonction d'indices symboliques polysémiques que les cartes du jeu de tarot. Ce cadeau d'adieu de la petite est le fruit d'un esprit spontanément métaphysique qui « sait lire les cailloux » (*LP* 85) pour prédire l'avenir et qui ordonne les mots en fonction des couleurs qui, pour elle, les caractérisent. La découverte par l'inconnue de cette signature symbolique, à cette tournure critique de son aventure, met en valeur une nouvelle forme d'abstraction symbolique, plus mystérieuse et moins cohérente que les références scientifiques mais, de ce fait, mieux accordée aux turbulences qui se prêtent mal à la pureté euclidienne.

La signification communément attribuée au pentacle nous invite à découvrir la centralité du jeu des éléments dans la métamorphose de l'inconnue : le modèle de l'abstraction géométrique qui semblait se proposer comme une structure de base du récit finit par céder devant une vision plus matérialiste de forces élémentaires que subit l'inconnue et qui orientent son évolution. Celle qui avait eu le simple projet nostalgique et mélancolique de retrouver la caverne, décor de ses amours révolues avec son amant 'le voyageur', se trouve malgré elle sans défense contre la puissance des éléments de cet environnement qu'elle semble en réalité découvrir pour la première fois.

Dès sa descente du car, c'est le feu, la chaleur, qui l'atteint : « Le soleil pèse sur ses épaules. Elle a la tête qui tourne » (*LP* 26). Elle « accepte de s'asseoir à l'ombre d'un caroubier » (*LP* 27), et cette soumission initiale au pouvoir du feu lui vaut une leçon primordiale sur sa relation aux éléments qui l'environnent : « L'instant où elle comprend qu'elle existe, seule, face au paysage [...], que le paysage est plus fort qu'elle [...], qu'il est sans cesse en mouvement, avant sa vie, après sa mort » (*LP* 29). Plus tard, lorsqu'elle croit prendre l'initiative en s'avançant vers la caverne, c'est de nouveau le fait de marcher sous la chaleur du soleil, auquel s'ajoute sa confusion d'avoir volé une orange, qui fait qu'elle s'évanouit. Encore une fois l'environnement (à la fois naturel et humain) où elle s'est aventurée, saisie d'émotions fortes imprévues, la dépasse, la laisse pantoise.

Avec la terre, au début, elle a peu d'entente. Le milieu minéral de l'île se trouve d'emblée associé dans son esprit à la masculinité et à la violence. En escaladant un rocher elle s'érafle la cheville, alors que « trois autres concrétions aux profils acérés » évoquent « trois frères [...]. Trois brigands armés jusqu'aux dents » (*LP* 32). Elle se sent assiégée par les accessoires de la violence. Elle croit voir un navire de guerre à l'horizon. Dans le village, des pancartes trouées de balles et des fusils accrochés aux murs sont pour elle autant de manifestations rebutantes d'une agressivité qui se veut virile, et ses remarques dans ce sens ont allumé la dispute amère qui a marqué sa séparation avec le voyageur, son ancien amant. Lorsque celui-ci voulait emmener l'inconnue dans les profondeurs de la terre au fond de la caverne, elle a rechigné à le suivre.

L'inconnue observe en même temps les affinités particulières de ses deux compagnons avec les éléments. La petite est indiscutablement le génie de l'air. « Quand [elle] marche sur le sable, ses pieds ne laissent pas de trace, ou à peine » (*LP* 76). Quand elle court avec l'inconnue à travers le sable brûlant, empreint uniquement par « la trace du vent », « elle n'appartient plus au sol, mais à l'air qui l'entoure » (*LP* 118). Quand elle fait sonner les cloches de la chapelle, dans un « tourbillon de résonances » dont « le vacarme rebondit dans la vallée, s'écrase contre la roche, [...] elle est le son et celle qui dirige le son » (*LP* 112). Comme la trapéziste du cirque qui l'émerveillait autrefois, elle exprime par son exploit son affinité avec l'espace aérien qui lui confère une puissance singulière. Par contre, elle refuse d'apprendre à nager, préférant rester dans sa bouée.

Les affinités du colosse avec les éléments sont dès le début plus complexes. L'inconnue le voit pour la première fois sortir de l'eau, « sculpté dans une matière solide », « se jouant des vagues avec la grâce des monstres marins » (*LP* 52). Plus tard, elle s'avoue un peu jalouse de la petite d'avoir « un père indestructible, taillé dans le roc » (*LP* 99). C'est le portrait d'une espèce de titan tellurique, mais qui se sent également à l'aise dans la mer en nageant « à coups de battoirs, en s'amusant de sa force » (*LP* 141). Il incarne la masculinité que l'inconnue associe à la terre. Il est doté d'une énergie rabelaisienne spontanée, mais dont la violence est présentée comme naïvement incontrôlée plutôt que voulue, une force de la nature : « [...] il n'a jamais su s'arrêter à temps. Ses émotions sont à la mesure de son appétit : il leur faut, pour se satisfaire, une nourriture abondante » (*LP* 141). La petite n'a pas d'illusions sur la capacité ravageuse du père qu'elle qualifie d'« espèce de brute » (*LP* 59), puisqu'elle le soupçonne d'être responsable du feu qui a dévasté toute une colline de l'île, y compris le coin préféré de sa fille. C'est après le départ final du colosse que l'inconnue peut faire le point sur les relations de celui-ci avec les éléments, en découvrant « l'empreinte de ses pieds, profondément incrustée dans le sable » (*LP* 146) : sa signature à lui, inscrite à même la terre. Pourtant, il a beau être taillé dans le roc, et faire figure de monstre marin : cette empreinte de pieds « marque sa faiblesse, car évidemment, le colosse aurait aimé s'envoler, lui aussi, être léger, léger ... » (*LP* 146) comme sa fille aérienne. Pour l'inconnue, après son père, c'est encore un personnage masculin dominant qui aura perdu son prestige aux yeux de la jeune femme : le colosse n'est plus aussi colossal.

Quant à l'inconnue elle-même, il lui arrive de subir un véritable assaut d'éléments conjugués au moment où la petite, qui court à travers le sable brûlant « comme un ange, [...] délestée de toute attache terrestre » (*LP* 119), fait tout pour l'encourager à la suivre. Trois d'entre les quatre éléments – la terre, le soleil et la jeune fée aérienne – conspirent, dirait-on, à lui imposer ce supplice. Il ne lui reste qu'à « plong[er] son regard dans la mer, ne pensant qu'à ça, qu'à l'eau qui viendra calmer la brûlure » (*LP* 119–20). La configuration élémentaire est significative pour la suite, en mettant en valeur l'eau comme l'unique promesse d'un salut possible. Entre la fille qui vole au-dessus du sable et le père qui s'y incruste, c'est sous le signe de l'eau, du liquide, que l'inconnue finira par découvrir sa plénitude personnelle. Pour arriver là, pourtant, il aura fallu une transformation de sa « cartographie intime » (*LP* 31). Son père l'avait toujours « tenue éloignée des côtes, comme pour la préserver d'un mauvais sort » (*LP* 31), et elle a intériorisé cet interdit, rejetant en bloc tout ce qui se rapporte à la chose marine. Pourtant elle aime nager, mais dans les piscines encadrées, loin des horizons indéfinis de la mer. (Cette prédilection pour les espaces circonscrites, pour un environnement protecteur et lisible, se rattache à la thématique de la géométrie esquissée plus haut et, comme elle, perdra progressivement son autorité devant les forces puissantes qui viendront la contrarier.) Arrivée sur la plage, elle nage d'abord « comme à la piscine, en faisant des allers-retours, vingt dans un sens, vingt dans l'autre » (*LP* 35). Plus tard, « elle ne compte plus ses brasses », en allant « vers le large, avec toujours, au fond d'elle-même, l'idée qu'elle pourrait se noyer » (*LP* 64), l'idée d'une mort qu'elle semble appeler de ses vœux, la même solution que cet autre personnage de jeune femme, Marine, a tenté de réaliser dans le tout premier roman de Nimier, *Sirène*.

La chair et le sang

Cet obscur désir chez l'inconnue de se supprimer, sans drame, nous renvoie au passage vers le début du roman où, n'étant « plus très sûre de vouloir vivre » (*LP* 12), elle se rappelle sa dernière visite à la collecte de sang de la Croix-Rouge, et son offre d'une double prise, en raison de la rareté de son groupe sanguin (héritage de sa mère). On refuse cette proposition à cause du risque de perdre connaissance.

> Et si c'était justement ce qu'elle voulait, perdre connaissance ? Ça ne date pas d'hier, cette envie, en se vidant, de tout effacer. Tout, et surtout le souvenir du corps de sa mère, très blanc, allongé sur son lit de mort. (*LP* 16)

Le désir profond de s'effacer s'exprime ainsi dans deux velléités assimilables, soit de se fondre dans la mer, soit de devenir une réplique du corps blanc de sa mère en se vidant de son sang. Le jeu autour de l'homophonie évidente mer/mère est ici très travaillé, s'articulant autour d'éléments liquides : le sang, essence vitale qu'il lui plaît de perdre, et l'eau, où elle aimerait se perdre – une *solution* définitive. Le parcours qu'elle suit fait qu'elle arrivera progressivement à envisager ces éléments liquides sous l'angle de la vie et la vitalité, plutôt que de celui de la mort et la disparition, et c'est là un pas crucial dans la revalorisation de son propre corps, et par extension de son héritage et son identité en tant que femme. La signification primordiale du souvenir d'avoir regardé très jeune le cadavre de sa mère en train d'être lavé avec un gant de toilette est très fortement soulignée : « cette image interdite qui restera gravée à jamais dans sa mémoire, éclipsant toutes les autres » (*LP* 16). Le gant qui passe sans distinction entre les jambes et sous le nez de la défunte fait du corps un objet auquel on ne doit plus d'égards, une chose dévalorisée. Le sang, qui le fait vivre, n'est plus précieux, et la fertilité maternelle n'a plus de place. « *De ma mère,* » écrit-elle dans son journal, « *je n'ai que le sang. O rhésus négatif, donneuse universelle, mais pour recevoir, tintin* » (*LP* 95, en italique dans le texte). Pourtant, à côté de ce souvenir pénible du corps exsangue de sa mère, elle se rappelle sa fascination pour la poche de sang de la collecte, qu'il fallait agiter mécaniquement sans cesse pour en retenir le potentiel vivifiant, dans « [un] mouvement lent, répété, assez sensuel en vérité [...]. On aurait dû faire la même chose avec sa mère » (*LP* 18). Déjà, dès le premier chapitre, on voit ainsi s'esquisser un antidote au désespoir secret de l'inconnue, antidote qui se révèlera dans d'autres mouvements répétés et sensuels, des gestes qui auront perdu entièrement tout aspect mécanique, dépersonnalisé.

C'est en premier lieu la mer qui fera redécouvrir à l'inconnue son propre corps : avant d'y entrer, elle aurait aimé faire disparaître ses seins qu'elle trouve encombrants, mais en nageant ils « ne sont plus ces excroissances qu'elle est obligée de soutenir » (*LP* 36). Cette réconciliation avec sa propre féminité corporelle se passe à partir du moment où elle enlève le « bob paternel » et le coince sous une pierre. Ce vestige plutôt dérisoire du paternalisme continuera à la protéger contre le feu du soleil mais est entièrement déplacé devant le domaine de la mer/mère retrouvée. Cette émancipation de la tutelle paternelle va de pair avec une revalorisation du sang (maternel) qui n'est plus simplement une ressource sans intérêt à donner en échange d'une collation de petits fromages inodores enrobés de cire rouge. L'appellation la plus connue de ces fromages, Babybel, souligne ironiquement l'infertilité de cet échange (… tintin …) pour la donneuse. Quand elle s'érafle la cheville sur un rocher, elle est pourtant « presque déçue » (*LP* 33) que le sang refuse de sortir : elle demande désormais à son sang un signe de sa vitalité. Elle se rappelle qu'à sa visite précédente avec son amant le voyageur, ses règles ne venaient pas, et que son sang n'a coulé qu'une fois leur rupture consommée, ce qui semble marquer cette liaison du sceau d'une infertilité à la fois physique et affective. Un deuxième sens du mot 'saignée' permet à Nimier d'élargir l'envergure de cette notion de fertilité. Un petit paragraphe, d'une riche résonance symbolique, de la fin du premier chapitre exprime l'ébahissement de l'inconnue devant les forces vitales qui ont façonné le paysage grandiose : « Elle peut imaginer l'eau venant des sommets, forçant le passage, jusqu'à créer cette saignée pour rejoindre la mer » (*LP* 28). On peut encore relever dans le texte un troisième sens du mot : c'est à la saignée du coude qu'elle doit appuyer fort après avoir donné son sang (*LP* 15). Eau, sang et corps, mer retrouvée – on y trouve déjà en condensé, dans le rayonnement d'un seul mot, tout ce réseau de motifs en germe.

Une variante mineure et contrastée de ce faisceau d'éléments est à trouver dans l'épisode de la « bouche pâle », où les deux filles goûtent au filet d'eau qui sort du rocher. Cette expérience gustative excitante, quasi-érotique et révélatrice de possibilités nouvelles, fait partie de toute une série d'ingestions pareilles, réelles ou imaginées. En mettant à nu les interférences de l'esprit, des sens et du corps, elles apportent une réponse directe au torticolis, symptôme d'une disjonction entre tête et corps, donc entre la conscience, d'un côté, et le langage propre de la chair, de l'autre. Cette aliénation du corps est l'effet d'un père excessivement protecteur qui tenait à s'occuper de tous les états physiques de sa fille, même les plus intimes. Maintenant, elle se trouve en possession d'un corps qu'elle veut libérer de l'autorité paternelle suffocante, mais qui a été rejeté par 'le voyageur', l'amant chéri avec qui elle avait fantasmé tout un avenir. Pour retrouver l'intégrité de sa personne, il faudra une revalorisation de son corps. En fait nous retrouvons ici une quête qui revient assez souvent dans l'œuvre de Nimier, dès ses premiers romans, ce qu'elle a constaté elle-même dans *La Reine du silence* : « On pourrait […] tracer du texte sur les sirènes à celui sur la pornographie une longue phrase qui raconterait l'histoire de l'émergence d'un corps, de sa réunification ».[4]

Le torticolis qui divise le corps quitte l'inconnue à la suite de deux incidents de parcours dans le car, qui illustrent, chacun à sa façon, une perspective sur l'ingestion et le charnel. D'abord, un gros garçon traversant la rue sans regarder est percuté par le car, et ses parents, loin de le consoler, l'engueule et le gifle :

> L'inconnue sent son estomac se nouer, elle a du mal à respirer, les deux côtés de son cou compriment sa trachée. Elle est le garçon et la joue du garçon, la paume qui s'abat, les reproches de l'homme. Elle comprend tout ça. Comprendre, prendre avec soi, en soi. Sa peau s'étire pour englober la scène. Les cris, les menaces : étouffés. Le gros garçon, bien à l'abri dans son ventre. (*LP* 15)

Cet incident extérieur la touche directement au niveau du corps, par une réaction imprévue : on passe d'un cou comprimé à une peau qui s'étire, et d'un estomac noué à un ventre accueillant.

Dans le deuxième épisode, un vieillard en train d'éplucher une orange pour son petit-fils en offre un quartier à l'inconnue. « Elle refuse poliment en présentant sa main, paume ouverte, mais pas à plat, non, à la verticale, poignet cassé, comme un petit barrage entre son corps et celui du vieil homme » (*LP* 21). Pourtant, quand le petit l'offre de nouveau, il lui faut accepter le cadeau, et elle y trouve un goût intense et bouleversant. Cette orange est la contrepartie positive de la collation de petits fromages inodores enrobés de cire rouge de l'infirmier de la Croix-Rouge, et elle préfigure l'orange du colosse qu'elle raflera dans la caverne. Ces deux incidents de route racontent chacun un phénomène d'ingestion, soit au niveau figuratif et moral, en intériorisant le malheur du gros garçon, soit au niveau littéral et sensuel, et les deux révèlent la capacité de l'inconnue pour l'ouverture envers autrui, ouverture capable de dépasser les barrages corporels, soit la trachée comprimée, soit la main levée en ligne droite verticale.[5] Notons

4 Marie Nimier, *La Reine du silence* (2004) (Paris, Gallimard, « Folio », 2007), p. 172.

5 L'ingestion figurative peut aussi servir d'outil de résistance et d'affirmation de soi : face au « rire déplacé » d'un collègue, « elle l'a ingéré, incorporé, le voilà transformé en carburant » (*LP* 27).

aussi qu'à chaque fois c'est un enfant qui est le catalyseur de ces ingestions, comme plus tard la petite au site de la bouche pâle.

Plus son contact avec le colosse et sa fille devient intime et physique, plus l'inconnue se trouve engagée dans l'ingestion des liquides. Le colosse lui en offre une leçon héroïque, rabelaisienne, en lui faisant immobiliser une chèvre sauvage pendant qu'il boit son lait à même le trayon, tandis que la petite en éclabousse la jeune femme. Ce contact brutal avec des liquides crus est souligné dans la description des étreintes érotiques furieuses qu'elle partage avec le colosse : dans un « mouvement de va-et-vient » qui est comme la réponse charnelle en gros plan à l'agitation mécanique de la poche de sang, c'est l'échange des liquides, tel un breuvage puissant, qui est mis en valeur : « Venin, eau de roche, salives se mélangent, puis les lèvres se quittent » (*LP* 131). Lorsque l'homme glisse son doigt dans sa bouche à elle, avec le goût de sang c'est « tout qui déferle, la camionnette de la Croix-Rouge, la poche que l'on renverse et le buste dans l'autocar, formant une diagonale » (*LP* 132) – une dissolution en une fois de la tension géométrique et de l'angoisse autour du sang maternel.

Le trajet élémentaire du récit fait que le point culminant de cette série d'épisodes d'ingestion se passera logiquement en pleine mer. Ici, loin de la plage, toute géométrie, tout encadrement, est absent, et l'inconnue se trouve dans un milieu d'ouverture et de disponibilité totale. Sous un ciel noir gothique zébré d'éclairs, le colosse tient l'inconnue sous l'eau pour une fellation, au point où elle se croit près de se noyer. Cette immersion finale se reflète dans le lexis métaphorique du texte : « le paysage la submerge » (*LP* 28), « une force la submerge » (*LP* 133), « une histoire qui la submerge » (*LP* 135). Quand le colosse la propulse hors de l'eau, « l'air s'engouffre dans ses poumons, elle respire fort », et l'incrédulité « se lit sur son visage. Elle est vivante, vivante [...] » (*LP* 141). Le colosse comprend mal sa peur, mais on dirait que cette crainte ultime est dictée par la logique de sa métamorphose, et que cette expérience extrême de frôler la mort, du thanatos emmêlé à l'éros, rentre dans une conception classique du rite de passage.

Cet épisode dégage, certes, une violence sexuelle déconcertante, mais le texte souligne surtout l'appétit et la puissance rabelaisiens du colosse plutôt naïf, inconscient de sa propre force physique. L'irruption d'abord de l'eau et ensuite de l'air dans la gorge de l'inconnue constitue l'antidote absolu du torticolis du début. Là, le passage entre tête et corps était barré, et le corps pris dans une rigidité paralysante. Ici c'est tout le contraire : au lieu d'être coincée dans un siège de car, l'inconnue flotte en pleine mer sans autre point d'appui que son amant, et la puissance élémentaire de l'eau de mer et du sexe ouvre le passage de sa gorge. Cette immersion marine est aussi un exorcisme de l'influence de son père, et de son aversion systématique pour la mer. La notion de 'submersion' ne signifiera plus le désarroi, mais plutôt une libération : « Une sensation inattendue la submerge [...]. Une sensation de soulagement. De délivrance [...]. Sa gorge se dénoue. Elle respire, ses poumons sont plus grands » (*LP* 144).[6] C'est pour elle un dénouement aux sens littéral et figuratif. Rappelons de nouveau cette phrase fertile à propos des forces qui auraient façonné le paysage de l'île : « l'eau [...], forçant le passage, jusqu'à créer cette saignée pour rejoindre la mer » (*LP* 28). Très tôt, donc, elle est capable d'imaginer cette turbulence transformatrice, sans se contenter des « phrases qui s'imposent » (*LP* 29) pour la décrire. Cela, le texte le fait pour elle, puisque le récit, avec la complicité du lecteur averti, laisse entendre par une sorte de prolepse indirecte la nature de la métamorphose qui attend l'inconnue, dont le corps sera transfiguré comme la substance même de l'île. Il s'agit en effet de « rejoindre la mer »/ la mère, de s'émanciper de l'emprise paternelle en découvrant une féminité autonome.

En plus, cette émancipation s'accompagne d'une libération de la parole. En filigrane, on nous raconte sa lutte pour exprimer le monde qu'elle découvre. En face du paysage : « Elle bredouille. Décrire, elle ne sait plus » (*LP* 28). En cherchant à décrire la mer dans son journal, « la première

6 Cette phrase rappelle la citation d'une chanson de Léo Ferré, « La mémoire et la mer », dont le cavalier allemand a demandé une explication : « *Je suis sûr que la vie est là avec ses poumons de flanelle ...* » (*LP* 117). Même si le choix du mot 'flanelle' reste obscur, le contexte est celui d'un poisson libéré pour nager en pleine mer (« Rappelle-toi ce chien de mer/ que nous libérions sur parole »), et d'une affirmation d'un afflux de vie qui vient de la mer pour consoler la détresse du poète. Par ailleurs, plus loin dans ce texte on lit : « Quand j'allais, géométrisant/ mon âme ». Ferré emprunte parfois un vocabulaire pareil dans un contexte d'amour passionné : « Aime-moi donc ta parallèle/ avec la mienne si tu veux/ s'entrianglera sous mes ailes » (« Des mots »). Il est concevable que ces chansons aient nourri l'aspect 'géométrique' du texte de Nimier, elle-même auteure renommée de chansons.

phrase tarde à venir. La deuxième est ampoulée » (*LP* 57). Au moment de dire adieu à la plage, pourtant : « Sur les roches, elle sait mettre des noms. Sur les lumières des adjectifs » (*LP* 147). Elle arrive même à résoudre un problème délicat en trouvant les mots qu'il faut pour écrire une carte postale à son père.

Pour elle, pourtant : « Rien n'est jamais fini », puisque « Le but de l'inconnue n'est pas que l'équation soit résolue, sinon elle disparaîtrait à son tour, avalée par la solution » (*LP* 146) Le mot 'solution' évoque son fantasme suicidaire de se laisser absorber par la mer. De telles notions d'anéantissement sont désormais digérées et transcendées. La fin du roman prévoit pour l'inconnue un avenir ouvert aux autres et aux éléments du monde. « Le manque, le flou, la perte, le silence, tout ça, elle connaît. On dirait même qu'elle les recherche » (*LP* 146). C'est parce que ces néants, ces absences – manque, flou, perte, silence – sont autant d'espaces où peuvent surgir leurs antidotes : ce qui est présent, défini, récupéré, ce qui est parole. Finie la décollation, corps et conscience se rejoignent, dans une résurrection de la chair. Avec l'éclatement de la cellule triangulaire, la bande blanche, autrement dit la réserve, peut devenir un espace où peuvent s'inscrire de nouvelles figures, de nouvelles équations. La science du texte, abstraite et rigide au début, est devenue une science humaine et souple, sa science à elle qui comprendra désormais l'élémentaire et le charnel, une formule pour bien vivre.

Nimier : dialogue et mises en scène

Nimier in Dialogue and Performance

ANA DE MEDEIROS

Confession as Theatre: Marie Nimier's *Les Confidences*

Marie Nimier has given several interviews explaining the genesis of *Les Confidences* and discussing its themes and formal aspects.[1] It may be useful to treat these interviews as a point of departure for an interpretation of this recent work. Here, however, we propose to approach *Les Confidences* from another, less 'intentionalist' angle. The word *confidence* has a strong cultural-theatrical resonance in French, given that a *confident(e)* is a figure with a particular range of functions within French classical drama. As Marie Nimier and many of her readers possess knowledge of such drama as part of their cultural *acquis*, we may reasonably ask: to what extent does *Les Confidences* resonate with theatrical tradition? In order to answer this, we will begin by recalling Jacques Scherer's influential discussion of the role of the *confident(e)* in neo-classical theatre before proceeding to a close reading of key passages of the text.

Towards the end of the seventeenth century, the word *confident*, as used in social intercourse, was defined by the *Dictionnaire de l'Académie française* simply as: 'Celuy à qui l'on confie ses plus secrettes pensées'.[2] But in tragedy, a *confident(e)* was generally understood to be a relatively unimportant character in whom a main character confided; for in the theatre, heroes, *confidents* and other characters existed within the rigorous hierarchy which had developed under the influence of neo-

1 See for instance 'Marie Nimier: Les Confidences', in *Versus*, episode of 5 April 2019, at: <https://www.rts.ch/play/radio/versus/audio/versus?id=10309007> Accessed 26 July 2020.

2 See: <https://artflsrv03.uchicago.edu/philologic4/publicdicos/query?report=bibliography&head=confident> Accessed 21 July 2020.

classicism.[3] In the view of some dramaturges of the time, this figure's *raison d'être* was, or should be, purely expository; the secrets learned by the *confident(e)* should be those which spectators need to know for their understanding of the plot and/or characters' private motives. Seen in this light, the function of the *confident(e)* was simply to 'remplacer le monologue', since 'ce que le héros dit à son confident, il pourrait aussi bien le dire seul'.[4] Scherer shows that this view has not fully stood the test of time. At its most self-effacing, the figure of the *confident* is 'une pâle doublure, respectueuse et impersonnelle' in relation to the hero or other main character;[5] but exceptionally, he or she may become 'un véritable personnage actif'.[6] Nevertheless, Scherer notes that the *confident* possesses the curious property of being 'there and not there', fading in and out of existence according to the needs of the moment: 'Le confident est là et il n'est pas là. Il est là s'il faut écouter, donner la réplique, poser quelque question, transmettre une information, avertir ou consoler. Il n'est pas là, si l'on préfère l'oublier.'[7] Adopting a slightly different angle, Paul Claudel humorously reflects on the deceptive importance of the seemingly self-effacing *confident*. In his *Conversation sur Racine*, he resurrects Arcas, *confident* to Racine's Agamemnon. When Arcas asks 'Pourquoi moi ?', 'Paul Claudel' ripostes 'N'êtes-vous pas le confident, le confident par excellence ?', and proceeds to explain how vital his role is.[8]

In the preamble of Marie Nimier's text *Les Confidences*, the first-person narrator portrays her former self (the *je narré*) as a *confidente*-in-waiting.[9]

3 See Jacques Scherer, *La Dramaturgie classique en France* (1950) (Paris: Armand Colin, 2014). Scherer points out that the cast-list itself 'nous fait connaître les rôles dans un ordre qui est déjà une hiérarchie' (p. 23).

4 Scherer, *La Dramaturgie classique*, p. 56.

5 Scherer, *La Dramaturgie classique*, p. 64.

6 Scherer, *La Dramaturgie classique*, p. 67. Scherer's example is Narcisse, in Racine's *Britannicus*.

7 Scherer, *La Dramaturgie classique*, p. 57.

8 Paul Claudel, *Conversation sur Jean Racine* (Paris: Gallimard, 1956), p. 8

9 Marie Nimier, *Les Confidences* (Paris: Gallimard, 2019), pp. 15–17. All further references will be to this edition, indicated by the letter *C* followed by the page number. Given the fact that the text is structured as a first-person narrative, it is important to distinguish between the *je narré* (the narrator's former self, listening to each *confidence* in person) and the *je narrant* (the narrator supposedly writing down each

She posts an 'Appel à confidences' in a French provincial town, in which she suggests, tantalizingly, that once she has gathered sufficient *confidences*, she may rework them as a play, or in a play-like manner: 'Les témoignages serviront de base à l'élaboration de textes de fiction qui pourront être *mis en scène* et publiés' (*C* 14; emphasis added). But what kind of *confidente* will the narrator become? Projecting herself into her future role, she envisages that in the interviews with respondents she will efface herself as far as possible. In particular, she will wear a blindfold, ostensibly in order to guarantee anonymity for the participants. Beyond this rationale, however, the device renders the narrator as 'absent' as possible from the conversations in which she will play *confidente*.[10] The finished text would perhaps present the *confidences* as 'des monologues retranscrits de mémoire' (*C* 15). She recalls, too, that 'L'idée de m'effacer derrière la parole des autres me soulageait' (*C* 15).[11]

But when the *confidences* begin, will the narrator indeed efface herself? Certainly, when we read the opening of the first *confidence* ('Le compas'), we notice that she has effectively disappeared. These are the opening lines: 'Je commence quand, il y a un signal ou quoi ? Tout de suite ? Eh bien voilà, je commence. Je vais commencer' (*C* 19). Entirely by inference, we realize that 'je', here, is no longer the narrator; it is, instead, the first (male) respondent, arriving for his interview. And throughout 'Le compas', 'je' continues to designate the respondent and only him. In brief, the *confidence* is formally identical to a dramatic monologue. As if to foreground this identity, the only words not spoken by the respondent resemble stage directions: '(*petite*

confidence after the fact). The text is divided as follows: a preamble (pp. 15–17); forty-six *confidences*, each of which has its own title (pp. 19–71; pp. 77–120; pp. 125–61); twenty-one *confidences reçues sur le site*, arranged in two groups (pp. 72–6; pp. 121–4); and a concluding section (pp. 163–78).

10 Later, she writes: 'je préférais quand les confidents ne s'intéressaient pas à moi, qu'ils me laissaient à ma place, invisible comme sont invisibles les enfants qui se cachent les yeux' (*C* 167). This confirms both that she originally hoped to efface herself, and that she failed in this aim.

11 In another context, it would be fruitful to explore the narratorial discretion implied by the expression 'm'effacer derrière la parole des autres', and the 'discretion' it allows, in another sense – i.e., the power of choice and judgement.

toux pour s'éclairer la voix)'; '(*silence*)' (*C* 19). This style of presentation renders the listening *confidente* quite as silent, or quasi-absent, as the third 'presence' in the room, the philodendron, of which she later writes that it is also, in its way, a *confidente*: 'À le voir tous les jours, j'ai l'impression que ses feuilles n'absorbent pas seulement le dioxyde de carbone pour rejeter l'oxygène, mais agissent comme des filtres, prenant leur part de confidences' (*C* 100). Of course, given the preamble, we 'know' that there are two people in the room (plus the plant). Nevertheless, since the narrator has effaced herself as far as possible, we are entirely invested with the role of interpreting what we are reading (or 'hearing').

The virtual absence of the *confidente*, then, allows the reader to listen to one voice only, and to attend to its peculiar nuances. The respondent begins his *confidence* by describing his first acquaintance, at school, with a boy of Somalian origin: 'Nous nous connaissions depuis le collège, il était arrivé de Somalie via Montpellier, débarqué comme ça, sans connaître la langue. Je l'avais pris sous mon aile' (*C* 19). It is not stated whether the respondent is of European ethnicity (and since the narrator wears a blindfold, she does not convey the actual appearance of this or any other respondent). But whatever his ethnicity, his statement marks the African-Somalian as radically 'other', on cultural-linguistic grounds. Not knowing 'la langue' – it goes without saying that French is *the* language – it seems natural to the respondent that the Somalian boy would benefit from his protection. However, the reader may wonder, on the basis of this brief preamble, to what extent the Somalian's need to be taken under the wing of a fellow, French-native *collégien* is projected onto him precisely because of his perceived otherness. After all, to characterize him as 'débarqué comme ça' (literally and metaphorically) suggests that whoever has just 'landed' in France from a far-flung place (beyond the confines even of France's former colonies) must be radically other, and hopelessly vulnerable. Nevertheless, from the respondent's point of view, his relation to his Somalian classmate is one of benign, protective interest.

The main part of the narrative, introduced by 'Un jour, il parlait déjà bien le français, il m'a demandé si je pouvais lui prêter mon compas', concerns the abrupt end of this friendship (*C* 19). The information 'il parlait déjà bien le français' is presented parenthetically, but proves to be critical in what follows. Not knowing 'la langue' no longer applies to the Somalian – 'parler bien' here connotes native command of French. To the extent that the Somalian youth required such protection because of his lack of French, where there was dependent vulnerability, there is now equality. Implicitly, this liberates him from the respondent's 'protective' power. And so, when the Somalian refuses to accept the loan of the compass without returning the favour, the respondent infers that, as a question of principle, 'Il ne voulait rien me devoir. Plus rien me devoir' (*C* 19). The respondent demands an act of violence: 'Tu n'as qu'à m'enfoncer la pointe du compas dans la cuisse, je lui ai dit, un coup sec, comme ça, à travers le pantalon.' And when the Somalian reluctantly complies, the respondent's resentment towards him surfaces in the insult: 'Petit salaud' (*C* 19–20).

At this point in the narrative, the respondent emphasizes that neither boy apologizes: 'aucune excuse ne vient adoucir la scène' (*C* 20). But if an apology is due, to whom is it owed, and by whom?[12] In the following lines, the respondent expresses his own regret for having forced the Somalian youth to hurt him:

> La suite de l'histoire ? Il réussit son interrogation écrite, je ne lui adresse plus la parole. Je me débrouille pour qu'il ne puisse pas me rendre le compas [...]. Sur le chemin du lycée, dans la cour, dans les couloirs, je le fuis. *Je regrette* de l'avoir obligé à me faire mal, *regret* qui se manifeste d'une drôle de façon, je le comprends rétrospectivement : je me mets à le détester. Sa douceur me dégoûte. Sa servilité. (*C* 20–1; emphasis added)

The statement 'je regrette' (which can be translated as 'I regret' or 'I am sorry') marks his *confidence* as a confession of guilt and an expression of repentance. But the regret he felt as a youth is not identical to the regret he experiences now. For at the time of the events, the respondent (the *je narré*, so to speak) was unaware of his regret, because he concealed it to himself by converting it into hatred: 'je me mets à le détester'. 'Now', however, the respondent (as *je narrant*) can recognize and name his regret,

12 The respondent intriguingly suggests that the scab that forms over the wound in his thigh might conceivably be seen as 'une excuse', but it only lasts until he undresses in the evening: 'Le scénario s'arrête là. Aucune excuse ne vient adoucir la scène, à moins que la formation de la croute [...] s'arrache. La plaie recommence à saigner' (*C* 20).

'rétrospectivement'. But at what moment in the respondent's life does this supposedly revealing retrospection begin? It is not made explicit, but it is entirely possible that the present in which he recognizes his defensive conversion of regret into hatred coincides with the time spent making his *confidence* to the author figure. If so, she has been cast in a kind of healing role – and, to the extent that this is a story of confession and repentance, she has effected, or at least catalysed, a quasi-spiritual healing.

However, immediately after this statement of retrospective clarity, the respondent seems to renounce all insight ('Je ne sais pas pourquoi je vous dis tout ça' (*C* 21)), and there follow three paragraphs that undermine the expression of regret. Now he appears to be the permanent victim of the stab-wound inflicted by the Somalian. The incident, he now argues, marks a turning point in his life. Whilst before the incident he asserts of himself that 'Tout me réussissait', now 'je suis un raté. Je n'ai rien fait de ma vie. Je me traîne' (*C* 21). He thus evokes a kind of 'discarded self', the young, kind, generous, attractive young man with his life ahead of him, contrasted with the hollow shell that answers the invitation to come and speak of regrets and remorse. And so it is as if the abrupt break with the young Somalian marks a point of no return, and his younger discarded self exists only as a reminder of what he could have become.

The final lines complete the displacement of self-accusation by self-exculpation: 'Je n'avais pas envie de souffrir, comprenez-moi, je n'étais pas maso ni rien de tel, j'avais juste envie de le punir parce qu'il n'avait pas accepté que je lui prête mon compas gratuitement' (*C* 21). Self-accusing confession is reconfigured as self-exculpating blame; 'juste' minimizes the respondent's responsibility, and (as though to make the familiar child's argument 'he started it') transfers it back to the Somalian, who could simply have accepted his continued help 'gratuitously'. The seeds for this self-justification were sown in the account of the day in question, though this only emerges, doubtless, on second reading, once we have noticed the tone of that final paragraph. For in the passage in question, we can now notice an earlier use of 'prêter gratuitement': 'Je lui ai répondu que ce n'était pas la peine, que je pouvais bien lui prêter mon compas gratuitement, mais il a insisté et j'ai compris qu'il en faisait une question de principe. Il ne voulait rien me devoir. Plus rien me devoir' (*C* 19). The Somalian's desire no longer to be indebted causes the respondent to blush: 'Je crois que j'ai rougi' (*C* 19). Here, the respondent's implicit anger and subsequent shame situate him as the original offended party. Another point that emerges on second reading is that there may be, the respondent hints, a mystical aspect to the process by which he has become a failure. In the evening of the fateful day, he has the impression that '*quelque chose* était resté dans mon corps' (*C* 20; emphasis in the original). The use of italics gestures towards a mystical event, transcending the available everyday explanations ('Un morceau de plomb. Une écharde'). Indeed, he asserts, without any indication that he is speaking metaphorically: 'L'étranger est toujours dedans.' He is effectively insinuating that the radically 'other' who mysteriously appeared in his quintessentially French *collège* ('débarqué comme ça') may exercise a malevolent power of revenge, consistent with stereotypes of 'primitive' African religions. There is no escape, even now, from the sinister consequences that follow from the 'étranger' inserting himself beneath his skin. But like the self-exculpation, this reading only becomes possible as a second reading, since until we learn that he became a 'raté' we cannot see how this strange impression fits into the exculpatory scheme that emerges towards the end. Similarly, on second reading we see that his own angry ejaculation – 'Petit salaud' – is glossed as though it were spoken by some ventriloquizing force that had possessed him as the compass point pierced his skin: 'Ça ne me ressemble pas du tout ces mots, *petit salaud*, ma voix non plus ne me ressemble pas, une voix nasillarde et aiguë comme dans les films en noir et blanc qui passent à la télé' (*C* 20).[13] The name-calling is doubly disowned, since neither the utterance nor the voice used to make it is recognized as belonging to the protector.

As we recognize the 'monologic' effects deployed in 'Le compas', we also realize that they would not be possible, or at least they would be radically modified, if the narrator had signalled her presence at any point, whether by direct or indirect speech, *style indirect libre* and/or reflections

13 In another *confidence*, 'La poupée' (*C* 118–20), a female respondent narrates her experimentation in voodoo (she pierces a doll with pins in the hope that some evil will befall an ex-lover). This is one of many resonances which Nimier's text allows us to hear between different *confidences*: some of these are brought together in the final section, where the narrator speaks of her relationship to her absent father.

made in the narrative instance.[14] And not only the first, but also the second, third and fourth *confidences*, and a number of others besides, are presented as virtual monologues on the part of the respondents (i.e. the presence of the *confidente* remains purely implicit, or maximally effaced). But we should be careful not to extrapolate these examples to all the other parts of the work. Already in the fifth *confidence* ('Un billet de vingt euros'), the narrator refers to her former self once again as 'je': 'Le confident suivant est une confidente, *je* mets un moment à le comprendre' (*C* 29; emphasis added). And whilst in 'Le compas' only the respondent speaks, here the narrator *prend la parole* and so conveys the respondent's words in a form of *style indirect libre*: 'Comme tous les vendredis, elle va faire ses courses au supermarché. Et comme tous les vendredis, un homme est là, assis en tailleur près de la porte vitrée' (*C* 29). Meanwhile, we are given access to the narrator's unspoken thoughts concerning the respondent: 'La diction est limpide, le discours construit, elle aussi doit avoir apporté des notes car elle tourne de temps à autre une page' (*C* 29). The only first-person voice in 'Un billet de vingt euros', then, is that of the *confidente*. The putative transposition of what was a first-person into a third-person account seals the respondent's own separate 'je' into a past which we, the readers, cannot directly access.

Within the remaining sections referred to as *confidences*, there is a wide variation in how far the narrator effaces herself, or indeed obtrudes herself, in her role as *confidente*. At one extreme, there are the 'confidences reçues sur le site'; here, there is no trace of narratorial mediation. Instead, entries are headed by time and date, *sans plus*. We saw above that there are several *confidences* which are presented as theatrical monologues, but in most others (of which 'Un billet de vingt euros' provides an example) there is a narratorial presence. Even bearing these variations in mind, the trope of the 'self-effacing *confidente*' constantly recurs, and especially applies to

14 In another context, it would be possible to distinguish in detail between the narrator's absence/presence 'then' and 'now' – 'then' as *je narré*, and 'now' as *je narrant*. For instance, the narrator could have written nothing about her thoughts, words or gestures at the time of the interview, whilst informing the reader of her retrospective thoughts, or vice-versa (or both). Some indication of these possibilities will emerge below, when we discuss the final section of the text.

the *je narré*. For, whilst the *je narrant* may intervene quite extensively, it is only occasionally that the *je narré* is recorded as speaking to any of the respondents. However, this pattern does not apply to the closing section (*Le lendemain matin …*). Here, far from effacing herself, the narrator herself moves into the 'principal' role – that of the one who confides. The section opens in first-person mode, as the narrator recalls her return to the *Mairie* for the final days of the experiment: 'Le lendemain matin, j'arrivai très en avance à l'appartement' (*C* 163). For a period of time, before the next respondent arrives, she is alone, and so, as in the preamble ('Pendant quelques mois …'), she is once again a *confidente*-in-waiting. In the empty room, she has the sensation that the *confidences* she has heard expand into the space created by the removal of the philodendron:

> Je m'assis par terre dans un coin de la pièce. Je regardais sans regarder, l'esprit ailleurs, le dos appuyé contre le mur. Ce n'était pas désagréable finalement, ce vide qui avait remplacé la plante, ça laissait encore plus de place aux confidences. (*C* 163)

But in contrast with the passivity which generally characterized her role in the original experiences, the floating after-presence of these *confidences* allows her actively to embrace those that particularly appeal to her. And beyond merely recalling them, she fully identifies with the speakers who originally provided them: 'J'étais cet homme qui, la nuit, s'installait devant son aquarium pour observer les poissons. Ce lycéen romantique encerclé par l'amour' (*C* 163). We notice that the *je narrant* recalls two male respondents, and states that she 'is' each of these. This simple device allows her to defeminize herself, as the grammatical subject ('je') takes on the gender of the complement ('cet homme', 'ce lycéen').

This self-defeminization is also a self-authorization, a *prise de parole*, for it addresses a problem first raised in the preamble, where the narrator reflects on the difference in role and status of *confident* and *confidente*. In the following extract, she argues that the presence or absence of a final 'e' reveals how social and grammatical gender intersect:

> Le gardien de l'immeuble m'avait suggéré de passer les feuilles [du philodendron] à la bière avec une éponge, mais […] Dieu sait ce qu'en déduirait la personne qui viendrait déposer son secret, enfin la personne – le confident dont je serai la confidente, comme on dit l'hôte dont je serai l'hôtesse, puisque au masculin le même terme désigne celui qui donne et celui qui reçoit. (*C* 16)

The assertion 'le même terme désigne celui qui donne et celui qui reçoit' signifies that the term *confident* refers either to a male who confides or to a male who is confided in, whilst the feminized version, *confidente*, is only ever confided in.[15]

To return to *Le lendemain matin ...*: we saw above that the narrator defeminizes herself by identifying with two male respondents. In so doing, the *confidente* (one who listens) reveals herself to be a *confident* (one who confides). And the core of the *confidence* is as follows:

> Je n'avais pas envie de lire ni de travailler. J'avais envie d'attendre. J'attendais.
>
> Ce que j'attendais ? Qu'est-ce qu'on peut bien attendre au mois de novembre, loin de chez soi, dans une pièce nue, sur un parquet flottant ? Un ami peut-être. Quelqu'un que l'on a perdu de vue. Un inconnu.
>
> Ou un père, pourquoi pas. Un papa. (*C* 163–4)

The price of speaking rather than listening, it would seem, is to confront a painful truth. Here we learn that the constantly renewed waiting for respondents to arrive, after the original posting of the 'Appel à confidences', was one long 'attente'. Her waiting for all these visitors has been a symptom, serving to disavow, yet express, her yearning for the one visitor who will never appear: 'Est-ce trop demander ? Un secret, partager un secret avec son papa, pour en finir avec le silence' (*C* 164).

This focus on the absent father creates a frame of reference for what follows. Into the gap where the father 'should' be, steps the next and final respondent: a man who litters his discourse with 'points de suspension'. These 'points' do not create gaps of meaning but compress his meanings into the unspoken dots: 'La ponctuation l'oppresse, les parenthèses, les points, tous les points, sauf ceux de suspension. On dirait qu'il les prononce à voix haute, ces points-là, qu'il les érige en sémaphore' (*C* 166). The latter asserts that what he has to offer is not a *confidence* but a *confession*: 'Je viens pour une confession ... Vous recueillez aussi les confessions, c'est bien ce qui est écrit dans l'annonce?' (*C* 166). He comes armed with a notebook

15 Incidentally, the narrator uses *confident* in the sense of 'he who confides' in the statement about visibility we have already quoted: 'je préférais quand les confidents ne s'intéressaient pas à moi' (see note 10 above).

containing the details of his story, since all he can bring himself to 'confess' *viva voce* is a scene in which his father summoned his adolescent self and accused him of having committed a terrible crime. And so, whilst the narrator had been waiting for the impossible return of her father, across the table from the narrator there sits, not 'un père' or 'un papa', but a *confident* whose story resembles her own. For he, too, carries the psychological burden of a 'hole' where the father should have been: the notebook is, he states, 'Un cahier blanc dans lequel je me noie' – whilst people generally speak of falling into 'un trou noir', he adds (*C* 166). Indeed, the respondent compares the current tête-a-tête around a table to the original interview with the father: 'C'est une affaire qui remonte à l'adolescence, expliqua-t-il, une affaire qui a débuté *comme hier, et comme aujourd'hui*: autour d'une table' (*C* 168; emphasis added). Surely, in making this association he looks to the author to replay his dialogue with his father, but with a new outcome: 'Je n'attends pas de consolation de votre part, [...] juste un peu de compréhension' (*C* 168). Consolation may not be afforded 'here and now' by the passive, blindfolded *confidente*, we infer, but in the future, that is if and when the author incorporates this confession into a published text. After all, the visitor offers a confession, and a confessor does more than listen: s/he opens the way to redemption: 'Peut-être que sous votre plume, je trouverai grâce à mes yeux' (*C* 171). However, his 'confessor' insists that he has made this impossible because he has infringed the narrator's rules. (Once the visitor had left the room, she had removed her blindfold, so that upon his return he can actually see her eyes.) He betrays his desperation to obtain grace by offering her money, almost as if buying an indulgence. But as the narrator continues to resist, the visitor concludes: 'Vous êtes comme mon père, [...] exactement comme mon père' (*C* 171–2). By these words, he betrays his desire for the narrator to reverse or neutralize the father's damning judgement; but instead, as we have seen, she effectively repeats it.[16] The 'bad' father, it seems, will not be displaced by the wished-for 'good' version, dispensing grace.

16 It should be noted that, as if betraying that he is doomed to repetition of the scene with the father, the respondent makes two visits to the *Mairie*. The first ends as he seizes his notebook from the table and leaves, muttering: 'À quoi ca sert de parler,

Before breaking off the interview, the respondent had referred to his notebook as white (*C* 166), here, the notion of a white hole is introduced without the words being used: the three dots correspond to the three words 'un trou blanc'. For the narrator, the 'trou blanc' becomes a point of continuing identification with the last respondent. Having returned home and spent a year writing the text which we are now reading, the narrator still refuses to fulfil this man's wishes, or rather she feels powerless to do so: 'Ce qui est écrit dans le cahier à spirale? Je ne peux pas le dire ici. Je ne m'en sens pas le droit' (*C* 176). Nevertheless, she affords us a hint: 'Si je devais imaginer quelque chose qui ressemble à la confession de l'homme, j'écrirais que quelqu'un était mort noyé, et qu'il n'avait rien fait pour le sauver' (*C* 176). Without having his precise crime to confess, she nevertheless strongly identifies with him: *her* text, like his, contains 'un trou, là, en dessous. Un trou blanc' (*C* 176).[17]

And now she delivers her own *confidence*/*confession*, in two short paragraphs. The second of these, on which the text ends, is an apparently trivial reminiscence in which, as a young girl, she baked a yoghurt, added jam, and then swallowed the disgusting concoction down. This supposedly illustrates the claim that 'Petite, j'étais très observatrice. Très solitaire' (*C* 177). The narrator informs us that she could have invented 'une fin plus séduisante', but that this precise image is the one 'qui reste' (*C* 178). However, setting aside the question of whether this ending is attractive or appealing (*séduisante*), it seems entirely appropriate. For it is presented as a kind of screen memory, in the sense that this memory is thematically linked to all

si vous refusez de m'écouter?' (*C* 167); the second ends with his comment, quoted above, that the narrator is exactly like his father. Intriguingly, between the two is a visit by a 'jeune fille'; but the narrator has been so disturbed by the first visit that the girl's *confidence* makes no impression on her, as though she has been eclipsed in the 'trou blanc' of the respondent's notebook.

17 This *trou blanc* is, implicitly, *troublant* ('trou-blant'). As Nimier's texts contain frequent plays on words, it may be that this homophonic effect is a case in point, especially when we detect an echo in 'La chanson': 'Chaque fois que j'entends une certaine chanson, ma gorge se serre […]. Dans les paroles, il y a deux vers qui me touchent plus que tout, mais ces vers n'envoient à rien de particulièrement *troublant*' (*C* 96; emphasis added).

that precedes, whilst compressing and disguising it, from the posting-up of the 'Appel à confidences' to the realization concerning her own impossible 'attente', to the writing up of the text we are reading, and finally to the penultimate paragraph, where, as she gazes on a statue of a father carrying his daughter on his shoulders, the following reflection occurs to the narrator:

> Je me suis dit que c'était peut-être ça seulement qui m'avait manqué. Je n'avais pas besoin que mon père me raconte ses secrets. Je n'y tenais pas, en vérité, surtout pas. J'aurais juste aimé qu'il me porte sur ses épaules, une fois, ne serait-ce qu'une fois face à la mer. Face à l'horizon. (*C* 177)

This closing section holds a number of long-prepared surprises in reserve for the reader. We now realize that it allows us to re-consider the preamble, indeed the whole text, as a complex experiment in *confidence* and theatricality. In the preamble, as we have seen, the narrator comments that she was relieved by the idea of effacing herself 'derrière la parole des autres'. But throughout, she has been absorbing others' words, so that, as the *bibliothécaire* puts it, she has been occupied in 'mélanger [son] histoire à celle des autres' (*C* 175). This also changes the relation of narrator and reader. From the beginning of 'Le compas' until this point, the reader has been 'present' at more than forty *confidences*. In this, s/he has resembled the narrator whenever she has been portrayed as passive ('there and not there'). But now the *confidente* has become the *confident*, speaking her own secrets. And we realize that, throughout, we have been the *confident(e)* who is 'there and not there'; listening, unable to intervene, but allowing another's secrets to be spoken, we are the 'confident par excellence'; we are the philodendron.

Postscript: 'À propos de blancheur'

This 'screen memory' effect is emphasized by Nimier's use of the motif of whiteness, instantiated by the 'trou blanc' of the last respondent's notebook. She foregrounds this whiteness in the following lines, from the penultimate paragraph of *Les Confidences*:

> On dit muet comme une tombe. Comme une carpe aussi. Une taupe, une huître, un lapin. Je me demande ce que je choisirais si j'avais dû me plier au jeu des confidences. *À propos de blancheur*, une scène me revient en mémoire [...]. (*C* 177: emphasis added)

'À propos de blancheur' refers the reader back the space of a page, to the phrase quoted above: 'Un trou, là, en dessous. Un trou blanc [...]' (*C* 176). But it also resonates with other, earlier, scenes concerning objects that are white. Shortly after the last respondent's departure, for instance, the narrator removes her blindfold, and becomes aware of 'une lumière étrange'; this light is doubtless caused, she realizes, by the snow that has begun to fall outside. The scene outside the windows is 'blanche, comme la couverture de papier glacé, comme le bandeau opaque' (*C* 169); this ambient whiteness gives her a sense that she will 'pfft! disparaître', like various figures or objects related to previous confessions (not to mention the narrator's father). *The snow, it seems, threatens to become a 'trou blanc'. It is, indeed, experienced as 'trou-blant'.*

All these associations concerning whiteness and/or blankness resonate with the final screen memory, in which the narrator recalls her childhood cooking experiment. Indeed, 'A propos de blancheur' can be read as referring back to this whole network of references, rather than the most recent reference only. This ultimately connects the cooking experiment with the confession 'La Cantine', where a respondent recalls various dishes she hated eating at school, and reflects that the substances from which they were made became part of her, just as 'les expériences constituent chaque être humain' (*C* 155). By analogy, the narrator compares herself absorbing the various confidences to a cow chewing the cud, gradually (and passively) making litres of milk from square metres of grass, liquid from solid, white from green (*C* 155–6). With self-deprecating humour, the narrator had half-revealed her use of others' stories as the stuff of her own *confidence*. The narrator's younger self, naively stirring her concoction, prefigures the adult she would become.

FLORENCE JOU

Enquête#Bifurcations3

Le dernier ouvrage de Marie Nimier, *Les Confidences*, vient de paraître aux Éditions Gallimard,[1] faisant suite à une carte blanche, proposée à l'auteur, dans le cadre du festival Bifurcations à Nantes.[2]

Je rencontre Marie Nimier à cette occasion : j'enquête pendant trois jours sur ce festival où elle convie plasticiens, écrivain-e-s, avocat, groupe de musique …, à investir l'espace du Studio-Théâtre.[3] Un formidable bouillonnement intellectuel et sensible, un laboratoire d'interactions artistiques, qui forment le creuset des passions, des vies et rencontres multiples de Marie Nimier, que je livre ici, sous forme d'enquête poétique.

1 Marie Nimier, *Les Confidences* (Paris : Gallimard, 2019).

2 Festival *Bifurcations*, Nantes, décembre 2017, sous la direction artistique d'Yves Arcaix. Celui-ci confie une carte blanche littéraire et artistique à Marie Nimier, qui se déroule en deux temps : sous forme de résidence puis de festival.

3 Pour voir l'ensemble des invité-e-s présent-e-s : <https://latangenteblog.wordpress.com/>.

on commencerait par quelque chose comme cela : la main de Patrick dans le vert, un vin chaud à la main, dans le foyer, attablé,

– faut dire que Patrick et les tables ce sera une grande histoire pendant trois jours –

on commencerait par tout ce qu'il y a d'elle, de lui, d'eux, d'elles,
de tous ceux et celles rencontré-e-s, pour confidences, confessions, secrets,
en avant, des trois jours, par Marie et Sophie,

– ce serait le conducteur –

« la fenêtre est fermée pourtant il fait beau dehors
comme si la petite en mourant avait aspiré tous les nuages
maman choisit toujours la carcasse »

et de Marie à Patrick,

« tu peux faire un lapin, vraiment le côté lanterne magique,
un jardin, une fraise,
faut que je m'entraîne pour le poulet,
tu veux que je te lise le texte,
et l'enfant, dans le cercueil,
il ne faut pas tout griller,
c'est juste l'intro,
tu dessines bien les couteaux
tu sais bien les lancer aussi »

J'écoute le texte,
ça commence et je me demande si je pourrai encore manger du poulet, en tout cas je ne pourrai pas le regarder de la même manière dans mon assiette

Victor arrive, se cherche un coin, avec sa gratte et ses pédales, se cherche sa bulle sur la scène,
faut dire qu'il vient d'être appelé, pour faire le générique du festival en dernière minute,
t'as pas la pression,
t'es chargé de la BO, dernier moment,
roule ma poule,
et en plus t'arrives au milieu du bazar,
avec un gars à sa table,
qui parle tout seul, et répète,
« il me manque une spatule demi-taille
faut que je retienne »

pour BO du festival :
imagine
pictogramme chien,
soleil,
yeux aux arbres,
monastères
arizona dream dans les cordes.

et apparaît, une lune pleine, au mur,

les répétitions,
ce sont toujours ces moments,
où un collectif commence à se mettre à exister,
en tout cas, se cherche,
ça étincelle, ça fourmille sur scène, ça décoche de la flèche,

et chacun cherche une position,
dans cette histoire de bifurcations,
chacun cherche à s'embrancher les uns avec les autres,
et les uns et les autres au réel,

Marion chargée de faire décoller les voix,
Marie cherche où il y a des histoires de cul dans les cahiers de Patrick, qu'il a apportés,
dessine depuis qu'il est minot, pas si facile d'en trouver dans Marc et les tigres,

l'homme au tee-shirt Tiger, avec pin's Batman régisse

les répétitions,
ce sont ces moments où on se dit que le monde n'est pas si grand
« hey, 17h, on boirait pas une petite bière,
c'est l'apéro des familles, non ? »
Sophie hésite,
à 17h15,
hésite,
à 17h30,
elle en commande une deuxième, bière,

distribution des tickets, 9 par personne,
ce petit vin bio de Véro,
un petit cheverny,
on est pas bien en Loire-Atlantique ?,

et apparaît, une lune pleine, au mur,

Les répétitions,
ce sont toujours ces moments
où les corps se frôlent,
les langages aussi se frottent,
des espaces de seuil,
des temps en suspension,
à chercher,
à inventer pour le spectateur,

Odile avec sa crinière ébène
parle des humains et non-humains,
depuis un corps-trou,
un noir opaque,
un corps qui a samplé des gestes
venus du plus profond de ce que nous retenons ou masquons
sa voix racle,

Dans le foyer,
ça se suspend grave,
chez les danseurs,
le commandant Cousteau est aux platines,
je mets un long temps à reconnaître la musique,
oui, la valse triste de Sibelius,
une tête de nounours lui fait un signe,
allez dans les ouats stellaires,
les danseurs remontent la rivière,
le saut d'une danseuse,
le tee-shirt qui se soulève,
et se dessinent les entrailles du corps,
l'ossature d'une cage thoracique,
la carcasse,
une histoire d'audition,
le flux du texte de Marie,
ça coupe, parce qu'on n'a pas gardé la fin,

ne pas garder la fin,
« c'est bien une entourloupe d'aztèque, ça »

Patrick s'est re-vissé à une table du foyer,

et apparaît, une lune pleine, au mur,

il y a quelque chose dans le rire de Marie,
qui fait référence au bleu de ses yeux,
quelque chose où pourrait affleurer un léger désespoir,
quelque chose où il serait question de comment rire, parler, accueillir les autres,
ce rire qui porte cette tension : comment allons-nous nous éprouver ?

et il y a ce geste,
poser la main sur le dos de Patrick,
se raccorder dans la langue,
quand la langue, n'est pas seulement les mots,
aussi gestes, coincés de gorges, murmures, vibrations, fréquences,
et surtout ouverture, horizon,
comment se débarrasser de soi-même ?

alors quand les mots se taisent,
sur scène,
que Patrick a fait le noir et a tout raclé,

let's dance
« mange des tomates mon amour »
ce soir,

au mur, elle a aspiré les nuages,

« Noir,
après ça passe à Willy,
Patrick, tu te prépares psychologiquement,
Pat, tu te prépares, à la petite, tu sais, c'est noir Patrick,
c'est lumière Pat,
c'est M17, Pat,
c'est variations sur Paganini Pat,
c'est majorette Pat,
c'est noir allumé Pat,
pour revenir en arrière, il faut avancer, Pat,
c'est sur le geste, Pat,
c'est la carcasse, Pat,
c'est une image dans glaçon, Pat,
c'est on garde la tête froide, Pat,
c'est dans la cuisine, »

Pat découpe, lit, colle, poscate,

« ça sniffe le poscate Pat,
ça poile le kiwi, Pat,
c'est Willy à l'envers, Pat,
c'est Annie à l'aiguille, Pat,
c'est un arbre qui meurt, quand il porte beaucoup de fruits, Pat,
c'est la crèche, Pat,
c'est licorne, Pat,

Pat, c'est li-corne »

c'est la marge, les parenthèses,
c'est le film du jour, qui se raye, précaire, fragile,

au mur, elle a recraché les nuages,

c'est l'image moustache, quand tu te mets en difficulté,
c'est le jeu de l'ignorance, le hasard d'un trait, la touche qui donne, ou pas, la chose,
c'est la matrice, le méta, ce qui stimule, comment ça se passe avec le chaos, tu sais, toi, improviser, c'est à quel moment, la présence, ne se cherche pas, ne cherche pas la posture, mais la présence, fragile, non pas du temps qui passe, mais du temps qu'il fait, l'eau qui arrive, le début de ton tout petit monde,

et qu'en ce jour, parle d'amour, toujours compliqué, cette histoire, amour, elle ne le quitte pas, parce qu'elle ne l'aime plus, ils se quittent, par le trop, le plein, ce qu'ils n'ont pas peut-être laissé, d'espace, le fil casse, de ces ligatures, le fil casse,
Steph disant que la rencontre avec l'autre, se produit, au moment où, au moment où laisse venir l'espace, laisse venir les mots, s'introduit comme une plante, lentement, dans les interstices, que ces humains, se contaminant,
et Odile disant à la pleine lune, les sorcières s'en vont,

Thierry est avec les monstres, ce qui serait de l'ordre de l'abjection. En amour, ailleurs, ensemble, en social, le barbare serait celui qui n'a pas de jugement sur son acte, la démarcation, d'une normalité,
et les filles et les garçons, on rêve d'une maison,
et elle, la voisine est venue râler, « ça va pas se passer comme ça tous les soirs, ça va pas se passer, les mômes dorment »,
et Mélina distribue des chocolats,
et Sophie derrière la jalousie, porte vert sur noir, paluche la confidence,
et Lucrèce lève Edouard,

et Edouard se lève,

Merci, blanche-neige, merci, vous, en duo, aux nœuds rouges, merci, vous serez là demain, merci, tu rouleras les lettres, merci, tu ré-écris, merci, tu me paluches, merci, cherche, là, encore, merci, au corps, dans la joue, plus, encore, merci pour guitare en grand écart, et sans que la nacelle lâche, au manège, années 80, et il y a solo qui pandre, pète les plombs,

et ce jour se passe,
juste, il y a pas à tortiller,
tu le sens, comme elle dit, quand c'est juste,
fuck la mort.

MARIE NIMIER AND JOHN FLETCHER

Le Compas – The Compass

Lui, arrivé de Somalie via Montpellier, débarqué comme ça, sans connaître la langue. Je le prends sous mon aile.

Ma protection.

Sa tête sous mon bras. Parfois, je serre un peu.

Deux ans s'écoulent. Deux ans sont écoulés depuis son arrivée. Nous sommes dans un coin de la cour, au lycée. Il me demande si je peux lui prêter mon compas. En échange, il tient absolument à me donner *quelque chose*. Je lui réponds que ce n'est pas la peine.

Ce n'est pas la peine, je répète.

Il insiste.

Je comprends qu'il en fait une affaire de principe.

Ne veut rien me devoir. Me doit déjà beaucoup.

Mon ventre se serre.

– Tu tiens vraiment à me donner quelque chose en échange ? Tu n'as qu'à m'enfoncer la pointe du compas dans la cuisse, je lui dis, un coup sec, comme ça, à travers le pantalon. Voilà ce que je veux. Que tu m'enfonces le compas dans la cuisse.

– Déconne pas …

– Eh bien vas-y, qu'est-ce que tu attends ?

Je l'entends encore qui répète avec son accent: Déconne pas, en essayant de rire. Il ne sait pas si je plaisante ou non, et en vérité …

En vérité, oui, peut-être que je plaisante au début, mais très vite ses mâchoires se crispent – je deviens sérieux.

Sonnerie stridente, reprise des cours.

S'il n'a pas le compas, il rate son contrôle de géométrie et c'est son passage en première qui est compromis.

Quand la pointe s'enfonce, je ne crie pas.

Je plaque mon pantalon contre la blessure pour contraindre la douleur, et je crache: Petit salaud.

Ça ne me ressemble pas du tout ces mots, *petit salaud*, ma voix non plus ne me ressemble pas, une voix nasillarde et aiguë comme dans les films français qui passent au ciné-club.

Le scénario s'arrête là.

Pas de scène d'excuse, aucun dialogue apaisant.

Pas d'adoucissement. À moins que …

À moins que la formation de la croûte ne soit à considérer comme une scène d'excuse, le corps dialoguant avec le tissu, s'y attachant.

Intérieur soir, déshabillage: la croûte se détache. La plaie recommence à saigner.

L'exaltation retombe.

La douleur se réveille.

Une douleur insistante, sourde, profonde, comme si *quelque chose* était resté dans mon corps. Un morceau de plomb. Une écharde. Je presse après la douche, rien ne vient qu'une lymphe rosâtre. La peau se referme. L'étranger est toujours dedans.

Quand j'appuie là, sur la cuisse, aujourd'hui encore, on sent comme un kyste.

La suite, tu veux savoir la suite ? Il réussit son interrogation écrite, je ne lui adresse plus la parole. Je me débrouille pour qu'il ne puisse pas me rendre le compas et jette la boîte avec les mines de rechange dans la benne à ordures.

Sur le chemin du lycée, dans la cour, dans les couloirs, je le fuis. Je regrette de l'avoir obligé à me faire mal, regret qui se manifeste d'une drôle de façon, je le comprends rétrospectivement: je me mets à le détester.

Sa douceur me dégoûte.

Sa servilité me dégoûte.

Son air gentil. Sa volonté d'intégration. Sa résilience.

Je ne sais pas pourquoi je vous dis tout ça. Le pire de moi.

Je nous revois devant le lycée le jour des résultats du bac.

Lui qui joue des coudes pour accéder aux feuilles placardées sur la porte cochère.

Sa mère tout près avec son turban coloré. Très droite, la mère, très inquiète, mais n'en montrant rien.

Moi qui attends tranquillement derrière. Je sais que je vais avoir une mention au bac, je n'en doute pas un seul instant. Et j'ai une mention. Tout me réussissait à l'époque, les filles, les études, même mon permis de conduire, je l'ai obtenu du premier coup.

Aujourd'hui, je me traîne. Je suis un raté.

Je n'avais pas envie de souffrir, comprenez-moi, je n'étais pas maso ni rien de tel, j'avais juste envie de le punir parce qu'il n'avait pas accepté que je lui prête mon compas gratuitement, sans rien en échange.

Vengeance volontaire.

Pure méchanceté.

The Compass

Translated by John Fletcher in collaboration with the author

He, coming from Somalia via Montpellier, arriving out of the blue like that, not knowing the language. I take him under my wing.

My protection.

His head under my arm. Sometimes I squeeze a bit.

Two years pass. Two years have passed since he arrived. We are in a corner of the playground, at school. He asks if I can lend him my compass. In return he insists on giving me *something*. I tell him not to bother.

Don't bother, I say again.

He insists.

I gather it's a matter of principle for him.

Not wishing to owe me anything. Already owes me a lot.

My stomach churns.

1 An early version of *Le Compas* appeared in 2019 in *Les Confidences*. The present version is unpublished.

– You really want me to get something in return? All you have do – I tell him – is stab me in the thigh with the point of the compass, one sharp blow, like that, through my trousers. That's what I want. You to stick the compass into my thigh.

– Come off it!

– Well, just do it, what are you waiting for?

I hear him repeating again, with his accent, 'Come off it,' trying to laugh. He doesn't know if I'm joking or not, in truth …

In truth, yes, perhaps I was joking at first, but very soon his jaws clench and I get serious.

Strident bell, classes resume.

Without the compass he will fail his geometry test and his move to the lower sixth is in jeopardy.

When the point goes in, I don't cry out.

I press my trouser leg against the wound to deaden the pain, and I spit out: 'Little bastard.'

That's not like me at all, the expression 'little bastard', and my voice doesn't sound like mine either, a nasal, shrill voice like in French movies shown at the film society.

The scenario ends there.

No apology scene, no calming dialogue.

No relief. Unless …

Unless the scab forming can be considered an apology scene, the body dialoguing with the fabric, sticking to it.

Interior, evening; undressing: the scab comes off. The wound starts bleeding again.

Elation subsides.

Pain reawakens.

An insistent, deep, dull pain, as if *something* has remained in my body. A piece of lead. A splinter. After showering I press hard, nothing comes except a pinkish lymph. The skin closes again, the foreign thing still inside.

When even now I press there, on the thigh, it feels like a cyst.

What happens next, you want to know what happens next? He passes the written exam, I don't speak to him anymore. I somehow make it impossible for him to return the compass and I throw the box of spare leads into the waste bin.

On the way to school, in the playground, in the corridors, I avoid him. I regret having made him hurt me, a regret that manifests itself in a rather weird way. With hindsight I now understand: I'm starting to detest him.

His gentleness disgusts me.

His servility disgusts me.

His pleasant air. His willingness to integrate. His resilience.

I don't know why I'm telling you all this. The very worst of me.

I see us again, in front of the school, the day the exam results are published.

He elbows his way to the lists pinned on the school doors.

His mother nearby with her coloured turban. Very erect, the mother, very anxious, but giving nothing away.

Me, waiting calmly at the back, I know I'll get an A, I haven't a moment's doubt. And I got an A. In those days everything was working out well for me, girlfriends, studies, even my driving test which I passed first time.

Today, I just drift. I'm a failure.

I didn't want to suffer, believe me, I wasn't a masochist or anything like that, I just wanted to punish him for not agreeing to borrow my compass without anything return.

Deliberate vengeance.

Pure nastiness.

Bibliography

Texts by Marie Nimier

Novels

Le Palais des orties (Paris: Gallimard, 2020).
Les Confidences (Paris: Gallimard, 2019).
La Plage (Paris: Gallimard, 2016).
Je suis un homme (Paris: Gallimard, 2013).
Photo-Photo (Paris: Gallimard, 2010).
Les Inséparables (Paris: Gallimard, 2008).
Un enfant disparaît (Paris: Mercure de France, 2005).
La Reine du silence (Paris: Gallimard, 2004).
La Nouvelle Pornographie (Paris: Gallimard, 2000).
Domino (Paris: Gallimard, 1998).
Celui qui court derrière l'oiseau (Paris: Gallimard, 1996).
La Caresse (Paris: Gallimard, 1994).
L'Hypnotisme à la portée de tous (Paris: Gallimard, 1992).
Anatomie d'un chœur (Paris: Gallimard, 1990).
La Girafe (Paris: Gallimard, 1987).
Sirène (Paris: Gallimard, 1985).

Theatre

Le Vrai scandale c'est la mort, in *Scandales* (Paris: L'avant-scène théâtre, 2016).
'La Violence des potiches' et autres monologues féminins (Arles: Actes-Sud Papiers, 2016).
Noël revient tous les ans (Arles: Actes-Sud Papiers, 2014).
Adoptez un écrivain (Arles: Actes-Sud Papiers, 2012).

Les Allongés in *L État du lit* (Paris: L'avant-scène théâtre, 2012).
La Course aux chansons (Arles: Actes-Sud Papiers, 2012).
La Confusion (Arles: Actes-Sud Papiers, 2011).
Les Siamoises in *Les Monstres* (Paris: L'avant-scène théâtre, 2009).
Vous dansez ? (Paris: Gallimard, 2005).

Texts for young readers

Au Bonheur des lapins (Paris: Albin Michel Jeunesse, 2015).
La Kangouroute (Paris: Gallimard Jeunesse, 2006).
Les Trompes d'Eustache (Paris: Gallimard Jeunesse, 2005).
Etna: La Fille du volcan (Paris: Paris Musées, 2003).
Le Monde de Nounouille (Paris: Albin Michel, 2001).
Charivari à Cot-Cot-City (Paris: Albin Michel, 2001).
Les Trois sœurs casseroles (Paris: Albin Michel, 2000).
Une mémoire d'éléphant (Paris: Gallimard Jeunesse, 1997).
Comment l'éléphant a perdu ses ailes (Paris: Albin Michel Jeunesse, 1997).
Comment faire d'une mouche un éléphant (Paris: Bayard éditions, 1997).
Oumtata à Paris (Paris: Nathan, 1997).

Interviews and reflections

'Entretien avec Marie Nimier', in C. Fréville and A. de Medeiros (eds), *Marie Nimier: Absence et perte* (Caen: Éditions Passage(s), 2017), 15–24.
Marie Nimier, 'À propos des *Inséparables*', *La Nouvelle Revue Française* 587 (2008), 1–13.
[de Larquier, Jeanne-Sarah,] 'Entretien avec Marie Nimier', *The French Review* 78.2 (2004), 340–53.

NB: A full list of Nimier's radio plays and contributions to collective works and periodical publications can be consulted in the bibliographical section of her website, <marienimier.com>.

Studies on Marie Nimier's writings

Angelo, Adrienne, 'Taking Stock: Marie Nimier's Textual Cabinet of Curiosities', *Studies in Twentieth and Twenty-First Century Contemporary Literature* 38.2 (2014), Article 4: 1–19.

——, 'Visualizing the Self and Vanished Others: The Specters of Loss in *Photo-Photo*', in C. Fréville and A. de Medeiros (eds), *Marie Nimier: Absence et perte* (Caen: Éditions Passage(s), 2017), pp. 37–57.

Cottille-Foley, Nora, 'Corporéité et métalepse dans *La Nouvelle Pornographie* de Marie Nimier', *Dalhousie French Studies* 97 (2011), 59–68.

David, Angie, '*Photo-Photo*', *La Revue littéraire* 48 (2010), 106–9.

Dusaillant-Fernandes, Valérie, 'Reconstruction de l'image du père: Stratégies textuelles dans *La Reine du silence* de Marie Nimier', in M. L. Clément and S. Van Wesemael (eds), *Relations familiales dans les littératures française et francophone des XXe et XXIe siècles: La Figure du père* (Paris: L'Harmattan, 2008), pp. 207–16.

——, *Écrire les blessures de l'enfance. Inscription du trauma dans la littérature contemporaine au féminin* (New York: Peter Lang, 2020).

Fletcher, John, 'Translating Marie Nimier', *Dalhousie French Studies* 97 (2011), 37–50.

Fréville, Carine, '"... et qui saura photographier le langage?" Visualité, disparitions et dédoublements dans *Photo-Photo* de Marie Nimier', in C. Fréville and A. de Medeiros (eds), *Marie Nimier: Absence et perte* (Caen: Éditions Passage(s), 2017), pp. 59–78.

——, and Ana de Medeiros (eds), *Marie Nimier: Absence et perte* (Caen: Éditions Passage(s), 2017).

Gaensbauer, Deborah B., 'Repetition with a Difference: Returning a Voice to the Little Mermaid in Marie Nimier's *Sirène* and *La Reine du Silence*', *Dalhousie French Studies* 97 (2011), 79–87.

Gascoigne, David, 'Articulations: Violence, the Body and Language in Marie Nimier', *Forum for Modern Language Studies* 49.1 (2013), 33–44. Reprinted in *Contemporary Literary Criticism*, vol. 394 (Farmington Hills, MI: Gale, 2016), pp. 282–9.

——, 'Les Mots, le double sens et la double vue chez Marie Nimier', in C. Fréville and A. de Medeiros (eds), *Marie Nimier: Absence et perte* (Caen: Editions Passage(s), 2017), pp. 81–99.

——, 'Word and Gesture: Marie Nimier's *Vous dansez ?* as Hybrid Text', *Forum for Modern Languages* 55.3 (2019a; special issue *Intermedialities: Dance in Modern and Contemporary French Culture*, ed. Áine Larkin), 269–78.

——, '*Anatomie d'un chœur*, ou le théâtre de Dionysos', in C. Uwe (ed.), *Marie Nimier: L'Écriture et son double* (Paris: L'Harmattan, 2019b), pp. 45–65.

Gramigna, Valeria, 'La Parole incarnée. Autour de Marie Nimier et Dominique Boivin', in L. Colombo and S. Genetti (eds), *Pas de mots, de la littérature à la danse* (Paris: Hermann, 2010), pp. 289–304.

——, '*Photo-Photo*: "dans" l'écriture de Marie Nimier. Au-delà du roman', in C. Uwe (ed.), *Marie Nimier: L'Écriture et son double* (Paris: L'Harmattan, 2019), pp. 67–83.

Healey, Kimberley, 'Hypnotic Text, Cinematic Sex', *Cincinnati Romance Review* 25.2 (2006), 259–72.

Hoft-March, Eilene, 'La Reine du Silence Goes Public: Confessions of a Writer's Daughter', *Dalhousie French Studies* 97 (2011), 17–23.

Hutton, Margaret-Anne, 'Hard Core, Hard Sell: Marie Nimier's *La Nouvelle Pornographie*', *L'Esprit créateur* 45.1 (2005), 28–37.

——, 'Authority and Authorship in the Works of Marie Nimier: "Points de repère"', *Cincinnati Romance Review* 25.2 (2006), 232–46.

Ibrahim-Lamrous, Lila, 'Marie Nimier, *La Nouvelle Pornographie* et "l'opacité absolue de l'intimité"', in L. Ibrahim-Lamrous and S. Muller (eds), *L'Intimité* (Clermont-Ferrand: Presses Universitaires Blaise Pascal, 2005), pp. 189–98.

Illouz, Thierry, '"Piéger le reel": Petites réflexions autour du roman de Marie Nimier *Les Inséparables*', in C. Fréville and A. de Medeiros (eds), *Marie Nimier: Absence et perte* (Caen: Éditions Passage(s), 2017), pp. 25–33.

Jacquet, Marie-Thérèse, 'Finir avant de commencer? Pour une écriture liquide de Marie Nimier à Patrick Deville', in M. Majorano (ed.), *Tendance-présent* (Bari: Edizioni B. A. Graphis, 2007), 5–25.

Jézéquel, Anne-Marie, 'Marie/Marine: À son corps défendant', *Cincinnati Romance Review* 25.2 (2006), 312–27.

de Larquier, Jeanne-Sarah, '*La Nouvelle Pornographie* de Marie Nimier: De la question maudite aux mots dits', *Cincinnati Romance Review* 25.2 (2006), 328–42.

——, 'Sexe, texte et contexte: "Jeu" de "je" dans *La Nouvelle Pornographie* de Marie Nimier', *Women in French Studies* 14 (2007), 38–52.

——, 'Espace autobiographique et fiction chez Marie Nimier: de *Sirène* aux *Inséparables*', *Dalhousie French Studies* 97 (2011), 89–99.

——, 'De l'absence et de l'enfance autour de l'écriture de *La Reine du silence* et *Je suis un homme* de Marie Nimier', in C. Fréville and A. de Medeiros (eds), *Marie Nimier: Absence et perte* (Caen: Éditions Passage(s), 2017), pp. 153–66.

de Medeiros, Ana, 'Puzzling Out the Self: Identity and Intertextuality in *Les Inséparables*', *Dalhousie French Studies* 97 (2011), 25–36.

——, '"Now I See Me, Now You Don't": Working with/against Paternal Influence in Marie Nimier's *Photo-Photo*', in A. de Medeiros, J. Fowler and T. Baldwin (eds), *Questions of Influence in Modern French Literature* (London: Palgrave Macmillan, 2013), pp. 194–207.

Milne, Lorna, 'Who Done What? Marie Nimier's Text Crimes', in L. Hardwick (ed.), *New Approaches to Crime in French Literature, Culture and Film* (Oxford: Peter Lang, 2009), pp. 69–84.

——, 'Deep Space: A Sojourn in the Salt Mine with Michel Tournier and Marie Nimier', in L. Milne and M. Orr (eds), *Narratives of French Modernity: Themes, Forms and Metamorphoses* (Oxford: Peter Lang, 2011), pp. 251–69.

——, 'Marie Nimier et le lieu de l'écriture', in J.-Y. Laurichesse and S. Vignes (eds), *États des lieux dans les récits français et francophones des années 1980 à nos jours* (Paris: Classiques Garnier, 2018), pp. 293–302.

Motte, Warren, 'On Interspecies Love and Canine Tauromachy: A Prolegomenon', *Contemporary French and Francophone Studies* 16.4 (2012), 571–84.

Murphy, Carol J., 'Jeux de l'amour et du hasard dans les romans de Marie Nimier: *Domino*, ou le polar pervers', *L'Esprit créateur* 45.1 (2005), 87–96.

——, 'Tel père, telle fille? Filiations paternelles dans les romans de Marie Nimier', *Cincinnati Romance Review* 25.2 (2006), 247–58.

——, 'Marie Nimier au Zoo: Animalité abjecte dans *La Girafe*', *Contemporary French and Francophone Studies* 16.4 (2012), 563–70.

Papillon, Joëlle, 'Penser la pornographie à la première personne: Marie Nimier ou le je(u) dangereux', in B. Havercroft, P. Michelucci and P. Riendeau (eds), *Le Roman français de l'extrême contemporain: écriture, engagements, énonciations* (Québec: Nota Bene, 2010a), pp. 203–20.

——, 'L'Auteure mise en scène et mise à nu. Sur les fausses confessions de *La Nouvelle Pornographie*', *Voix plurielles* 7.2 (2010b), 28–35.

——, '*La Nouvelle Pornographie* ou le corps-à-corps avec l'Ange du Foyer', *Dalhousie French Studies* 97 (2011), 51–7.

____, 'Marie Nimier, au cœur du silence', *temps zéro*, 5 (2012) online. <http://tempszero.contemporain.info/document907>.

Perry, Edith, '*La Reine du silence*, tentative de restitution', in C. Fréville and A. de Medeiros (eds), *Marie Nimier: Absence et perte* (Caen: Éditions Passage(s), 2017), pp. 167–82.

Poisson, Catherine, 'Le Corps tacite dans *L'Hypnotisme à la portée de tous*', in M. Bishop (ed.), *Thirty Voices in the Feminine* (Amsterdam: Rodopi, 1996), pp. 249–54.

Putnam, Walter, 'Cultural Displacements in Marie Nimier's *La Girafe*', *Dalhousie French Studies* 97 (2011), 69–77.

Rich, Joy, 'Marguerite Yourcenar's *Le Coup de grâce* and Marie Nimier's *La Nouvelle Pornographie*: The Role of the Abject in "le discours amoureux"', *Cincinnati Romance Review* 25.2 (2006), 285–98.

Rockenstrocly, Xavier, 'Petite fabrique familiale, à partir de *Photo-Photo* de Marie Nimier', in C. Uwe (ed.), *Marie Nimier: L'Écriture et son double* (Paris: L'Harmattan, 2019), pp. 87–99.

de Sairigné, Guillemette, 'Ça fait quoi d'avoir un papa?', in *Mille pardons, Des histoires vécues, Une exigence universelle* (Paris: Robert Laffont, 2006), pp. 149–54.

Samson, Flavie, 'L'Écriture de soi: Langage et quête de sens dans l'œuvre de Marie Nimier', in C. Uwe (ed.), *Marie Nimier: L'Écriture et son double* (Paris: L'Harmattan, 2019), pp. 101–17.

Sarrey-Strack, Colette, *Fictions contemporaines au féminin: Marie Darrieussecq, Marie NDiaye, Marie Nimier, Marie Redonnet* (Paris: L'Harmattan, 2002).

Schulman, Peter, 'Gestes perdus: "La langue derrière le timbre" dans le théâtre de Marie Nimier', in C. Fréville and A. de Medeiros (eds), *Marie Nimier: Absence et perte* (Caen: Éditions Passage(s), 2017), pp. 101–16.

Schwerdtner, Karin, 'Marie Nimier: Se risquer à raconter (des histoires)', in K. Schwerdtner, *Le (beau) risque d'écrire: Entretiens littéraires* (Québec: Nota Bene, 2017), 51–72. Previously published in *French Forum* 40.1 (2015), 47–61.

——, 'Se risquer à s'effacer: *Je suis un homme*', in C. Fréville and A. de Medeiros (eds), *Marie Nimier: Absence et perte* (Caen: Éditions Passage(s), 2017), pp. 119–33.

Strasser, Anne, 'Raphaëlle Billetdoux, Marie Nimier: Des filles aux pères, le travail de filiation ou l'invention du père', *Littérature* 155 (2009), 22–35.

——, 'Marie Nimier: Des choix énonciatifs aux variations autobiographiques', in C. Uwe (ed.), *Marie Nimier: L'Écriture et son double* (Paris: L'Harmattan, 2019), pp. 17–43.

Stroia, Adina, 'Polymorphous Perversity in Marie Nimier's *La Girafe*', in C. Fréville and A. de Medeiros (eds), *Marie Nimier: Absence et perte* (Caen: Éditions Passage(s), 2017), pp. 135–50.

Termite, Marinella, 'Le Père ou le gant de l'écriture', *Cincinnati Romance Review* 25.2 (2006), 299–311.

——, 'Surfaces et coquilles: Un sentiment de perte?', in C. Fréville and A. de Medeiros (eds), *Marie Nimier: Absence et perte* (Caen: Éditions Passage(s), 2017), pp. 183–96.

Uwe, Christian (ed.), *Marie Nimier: L'Écriture et son double* (Paris: L'Harmattan, 2019a).

——, 'Trois versions du rien', in C. Uwe (ed.), *Marie Nimier: L'Écriture et son double* (Paris: L'Harmattan, 2019b), 119–38.

Vernier-Larochette, Béatrice, 'Bouche cousue et *La Reine du silence*: Une réconciliation intime et publique', *Women in French Studies* 17 (2009), 130–46.

Vignes, Sylvie, 'Quelles réminiscences pour la Reine du silence?', in J.-Y. Laurichesse (ed.), *L'Ombre du souvenir* (Paris: Éditions Classiques Garnier, 2012), pp. 309–24.

Wardle, Cathy, 'Exposing Female Desire: Narrative, Romance and Pornography in Marie Nimier's *La Nouvelle Pornographie*', in K. Banks and J. Harris (eds), *Exposure: Revealing Bodies, Unveiling Representations* (Oxford: Peter Lang, 2004), pp. 159–70.

——, 'Ce qui n'est pas moi: Writing the Self, Desiring the Other in *La Nouvelle Pornographie*', *Cincinnati Romance Review* 25.2 (2006), 273–84.

Notes on Contributors

ADRIENNE ANGELO is Associate Professor of French at Auburn University (USA). Her research covers the broad scope of contemporary women's writing in French and Francophone literatures and the practices of life-writing. She is especially interested in questions of narrative voice, narratives of trauma and illness, and childhood and family memoirs.

FLORIANE BLANCHOT rédige actuellement une thèse intitulée : « Pratique et théorie de la création littéraire : du pastiche à l'écrit personnel. Le style : une prédisposition ou une affaire d'apprentissage », sous la direction d'Isabelle Serça, professeur de stylistique française à l'Université de Toulouse-Jean Jaurès. Cette thèse questionne le style : acquérir non pas *du* style, mais *un* style, c'est-à-dire apprendre à trouver sa voix d'écrivain, à travers l'exercice du pastiche littéraire. Pour mettre en pratique cette théorie, Floriane Blanchot écrit un roman, *L'[H]ermite*, où figurent des portraits de femmes sous la forme de pastiches d'auteurs contemporains. Chacun de ces portraits porte la marque d'un arcane du tarot.

MARZIA CAPORALE is Assistant Professor at the University of Scranton, USA. She earned both her MA and her PhD from the University of Nebraska–Lincoln. Her research interests include Francophone women writers and French and Francophone film.

JOHN FLETCHER is a prize-winning translator from and into French. He was for many years Professor of French and Comparative Literature at the University of East Anglia (where he is now Emeritus) and is the author of several studies of Samuel Beckett, Claude Simon and Alain Robbe-Grillet.

DAVID GASCOIGNE is Honorary Senior Lecturer in French at the University of St Andrews, Scotland. His publications have largely focused on French narrative of the late twentieth and twenty-first centuries, including books on Michel Tournier, and on Georges Perec and ludic fiction. His retirement was marked by a Festschrift: Lorna Milne and Mary Orr (eds), *Narratives of French Modernity: Themes, Forms and Metamorphoses* (Peter Lang, 2011). After excursions into Oulipian paratext, Dadaist poetry and the writings of Pascal Bruckner, he has more recently been preoccupied by the writing of Marie Nimier: his contribution here is the fifth article he has published on her work.

PATRICIA HODGES holds an MA in French and a PhD in French Studies from the University of Kent, and was a Lecturer in French Cinema at that university. Although now retired, she continues her interest in French literature, cinema and 'French' feminism, as well as in linguistics, second-language learning and bilingualism. Consideration of the fiction/reality dichotomy offered by autobiographical novels such as those of Marie Nimier gives her the opportunity to explore the presuppositions and values which may be held by an author regarding personal identity, as well as the social, political and philosophical influences that create the point of contact between a narrative and the concrete world.

THIERRY ILLOUZ est romancier, auteur de théâtre et de chansons. Il a publié plusieurs romans chez Fayard (*L'Ombre allongée* et *Quand un soldat*) et chez Buchet/Chastel (*La Nuit commencera).* Sa pièce *J'ai tout* a été lue au Festival d'Avignon et créée au Théâtre du Rond-Point à Paris en 2007. Il est également l'auteur, souvent avec Marie Nimier, de nombreuses chansons (créées pour Juliette Gréco, Maurane, Eddy Mitchell etc.), d'un texte *Bord de Mer* pour le chorégraphe Daniel Larrieu, d'écrits sur l'art pour la peintre Linda Ellia (Éditions du Seuil), et de nombreux articles notamment pour la revue *Politis* et *La Quinzaine Littéraire*.

FLORENCE JOU est poète-performeuse. Chacun de ses textes est une *prise* qui concentre des usages, des lieux de co-créations (avec plasticiens, musiciens, artistes sonores), et des surfaces d'inscriptions (performances, livres, expositions). Elle publie des textes dans des revues (*Irreverent*, remue.net, *Pli*, *Peah* ...). Elle a également publié *Kalces* aux éditions Publie.net, et *C'est à trois jours* aux éditions Derrière la salle de bains. Elle est régulièrement invitée pour créer et présenter des enquêtes poétiques (Le Grand Café, Saint Nazaire; Musée Réattu, Arles ...). <www.florejou.fr>.

JEANNE-SARAH DE LARQUIER is Professor of French and Francophone Literatures at Pacific University, USA. She served as editor of two volumes on Nimier, for the *Cincinnati Romance Review* in 2006 and for *Dalhousie French Studies* in 2011, and most recently as advisor for a volume titled *Marie Nimier (1957–)* in *Contemporary Literary Criticism*. Her research has included a translation in collaboration with John Fletcher of Nimier's short story 'Un enfant disparaît' [A Child Gone Missing], and articles in the *Dalhousie French Studies* volume and in *Marie Nimier: Absence et perte* (Éditions Passage(s), 2017). In November 2019 she presided three special sessions on Marie Nimier, with the author as Guest Speaker, at the Midwest Modern Language Association Convention in Chicago.

ANA MARIA SOUSA AGUIAR DE MEDEIROS is Director of the Modern Language Centre at King's College London. She has published a number of volumes focusing on the writing of Francophone authors including Assia Djebar, Marie Nimier, Amélie Nothomb and Marguerite Yourcenar. Since 2016, Ana has been a co-investigator working with Language Acts and Worldmaking, a flagship project funded by the AHRC. She is also a consultant for *Memoirs*, a Horizon 2020 funded project, hosted at the Centre for Social Studies, University of Coimbra.

LORNA MILNE is Professor of French and Deputy Principal at the University of St Andrews, Scotland. Her research focuses on the modern and contemporary novel in both metropolitan France and the Antilles. Her publications include monographs on Michel Tournier (Rodopi, 1994) and Patrick Chamoiseau (Rodopi, 2006) as well as edited volumes on *Narratives of French Modernity* (Peter Lang, 2011), *Postcolonial Violence, Culture and Identity in Francophone Africa and the Antilles* (Peter Lang, 2007), and Caribbean Connections (special issue of *Forum for Modern Languages*, 2004).

CAROL J. MURPHY est professeur émérite de français à l'Université de Floride à Gainesville aux USA. Auteur de livres sur Marguerite Duras et Julien Gracq, elle a aussi écrit de nombreux essais sur des écrivains français des vingtième et vingt-et-unième siècles. Co-directrice de deux numéros de *Sites: Contemporary French and Francophone Studies* sur le thème du 'Verbal, Visual, Virtual' et traductrice de l'essai de Jean Paulhan, *Fautrier, l'enragé*, elle prépare actuellement une édition de la correspondance de Jean Paulhan et Jean Fautrier.

ADINA STROIA is a Teaching Fellow at University College London and a former Visiting Fellow at the Centre for the Study of Contemporary Women's Writing, IMLR. Her research focuses on life-writing, psychoanalysis, thanatography and visual studies. Her current project investigates the ways in which Agnès Varda mobilizes the tension between photography and moving image to represent her own aging process in her late documentaries.

MARINELLA TERMITE est maître de conférences (« professore associato ») en littérature française au Département de Lettres, Langues, Arts de l'Université de Bari (Italie), où elle fait partie du Groupe de Recherche sur l'Extrême Contemporain (GREC – <www.grecart.it>). En plus d'articles sur des auteurs et des aspects de la production actuelle (comme l'emploi de la deuxième personne, les formes de l'ailleurs et du déracinement, l'e-kraa créole, les premiers romans, les bestiaires, l'imaginaire végétal), elle a publié *L'Écriture à la deuxième personne : La Voix ataraxique de Jean-Marie Laclavetine* (Berne: Peter Lang, 2002), *Vers la dernière ligne* (Bari: B.A. Graphis, 2006), *Le Sentiment végétal. Feuillages d'extrême contemporain* (Macerata: Quodlibet, 2014) et dirigé l'ouvrage collectif *Mots de faune* (Macerata: Quodlibet, 2020).

CHRISTIAN UWE est « Assistant Professor » au Département d'études culturelles et de littérature comparée de l'Université du Minnesota. Ses recherches portent essentiellement sur la littérature francophone d'Afrique et des Caraïbes et se situent au croisement de la théorie littéraire, des études sémiotiques, de la philosophie et des études culturelles. Il est l'auteur de nombreux articles portant sur les écrivains caribéens, subsahariens et français des 20e et 21e siècles. Il est également l'auteur d'un essai *Le Discours choral : essai sur l'œuvre romanesque d'Édouard Glissant*, paru aux éditions Peter Lang en 2017, et a dirigé un ouvrage collectif intitulé *Marie Nimier : L'écriture et son double*, paru en 2019 aux éditions L'Harmattan. Il travaille actuellement à un ouvrage provisoirement intitulé « Écrire l'Afrique contemporaine: Critique des fictions de la francophonie subsaharienne et ses diasporas ».

SYLVIE VIGNES est Professeur à l'Université Toulouse Jean Jaurès. Ses ouvrages et autres travaux portent essentiellement sur Jean Giono, Jean Proal, Julien Gracq et les littératures de langue française postérieures à 1980. Elle dirige le master « Création littéraire » toulousain dont les étudiants ont eu l'honneur et le grand plaisir d'animer une rencontre avec Marie Nimier en 2017.

Index

Modern **F**rench **I**dentities

Edited by Jean Khalfa

This series aims to publish monographs, editions or collections of papers based on recent research into modern French Literature. It welcomes contributions from academics, researchers and writers worldwide and in British and Irish universities in particular.

Modern French Identities focuses on the French and Francophone writing of the twentieth and twenty-first centuries, whose formal experiments and revisions of genre have combined to create an entirely new set of literary forms, from the the- matic autobiographies of Michel Leiris and Bernard Noël to the magic realism of French Caribbean writers.

The idea that identities are constructed rather than found, and that the self is an area to explore rather than a given pretext, runs through much of modern French literature, from Proust, Gide, Apollinaire and Césaire to Barthes, Duras, Kristeva, Glissant, Germain and Roubaud.

This series explores the turmoil in ideas and values expressed in the works of theorists like Lacan, Irigaray, Foucault, Fanon, Deleuze and Bourdieu and traces the impact of current theoretical approaches – such as gender and sexuality studies, de/coloniality, intersectionality, and ecocriticism – on the literary and cultural interpretation of the self.

The series publishes studies of individual authors and artists, comparative studies, and interdisciplinary projects and welcomes research on autobiography, cinema, fiction, poetry and performance art and/or the intersections between them.

Volume 1 Victoria Best & Peter Collier (eds): Powerful Bodies. Performance in French Cultural Studies.
220 pages. 1999. ISBN 3–906762-56-4 / US-ISBN 0–8204-4239-9

Volume 2 Julia Waters: Intersexual Rivalry. A 'Reading in Pairs' of Marguerite Duras and Alain Robbe-Grillet.
228 pages. 2000. ISBN 3–906763-74-9 / US-ISBN 0–8204-4626-2

Volume 3 Sarah Cooper: Relating to Queer Theory. Rereading Sexual Self-Definition with Irigaray, Kristeva, Wittig and Cixous.
231 pages. 2000. ISBN 3–906764-46-X / US-ISBN 0–8204-4636-X

Volume 4 Julia Prest & Hannah Thompson (eds): Corporeal Practices. (Re) figuring the Body in French Studies.
166 pages. 2000. ISBN 3–906764-53-2 / US-ISBN 0–8204-4639-4

Volume 5 Victoria Best: Critical Subjectivities. Identity and Narrative in the Work of Colette and Marguerite Duras.
243 pages. 2000. ISBN 3–906763-89-7 / US-ISBN 0–8204-4631-9

Volume 6 David Houston Jones: The Body Abject: Self and Text in Jean Genet and Samuel Beckett.
213 pages. 2000. ISBN 3–906765-07-5 / US-ISBN 0–8204-5058-8

Volume 7 Robin MacKenzie: The Unconscious in Proust's A la recherche du temps perdu.
270 pages. 2000. ISBN 3–906758-38-9 / US-ISBN 0–8204-5070-7

Volume 8 Rosemary Chapman: Siting the Quebec Novel. The Representation of Space in Francophone Writing in Quebec.
282 pages. 2000. ISBN 3–906758-85-0 / US-ISBN 0–8204-5090-1

Volume 9 Gill Rye: Reading for Change. Interactions between Text Identity in Contemporary French Women's Writing (Baroche, Cixous, Constant).
223 pages. 2001. ISBN 3–906765-97-0 / US-ISBN 0–8204-5315-3

Volume 10 Jonathan Paul Murphy: Proust's Art. Painting, Sculpture and Writing in A la recherche du temps perdu.
248 pages. 2001. ISBN 3–906766-17-9 / US-ISBN 0–8204-5319-6

Volume 11 Julia Dobson: Hélène Cixous and the Theatre. The Scene of Writing.
166 pages. 2002. ISBN 3–906766-20-9 / US-ISBN 0–8204-5322-6

Volume 12 Emily Butterworth & Kathryn Robson (eds): Shifting Borders. Theory and Identity in French Literature.
226 pages. 2001. ISBN 3-906766-86-1 / US-ISBN 0-8204-5602-0

Volume 13 Victoria Korzeniowska: The Heroine as Social Redeemer in the Plays of Jean Giraudoux.
144 pages. 2001. ISBN 3-906766-92-6 / US-ISBN 0-8204-5608-X

Volume 14 Kay Chadwick: Alphonse de Châteaubriant: Catholic Collaborator.
327 pages. 2002. ISBN 3-906766-94-2 / US-ISBN 0-8204-5610-1

Volume 15 Nina Bastin: Queneau's Fictional Worlds.
291 pages. 2002. ISBN 3-906768-32-5 / US-ISBN 0-8204-5620-9

Volume 16 Sarah Fishwick: The Body in the Work of Simone de Beauvoir.
284 pages. 2002. ISBN 3-906768-33-3 / US-ISBN 0-8204-5621-7

Volume 17 Simon Kemp & Libby Saxton (eds): Seeing Things. Vision, Perception and Interpretation in French Studies.
287 pages. 2002. ISBN 3-906768-46-5 / US-ISBN 0-8204-5858-9

Volume 18 Kamal Salhi (ed.): French in and out of France. Language Policies, Intercultural Antagonisms and Dialogue.
487 pages. 2002. ISBN 3-906768-47-3 / US-ISBN 0-8204-5859-7

Volume 19 Genevieve Shepherd: Simone de Beauvoir's Fiction. A Psychoanalytic Rereading.
262 pages. 2003. ISBN 3-906768-55-4 / US-ISBN 0-8204-5867-8

Volume 20 Lucille Cairns (ed.): Gay and Lesbian Cultures in France.
290 pages. 2002. ISBN 3-906769-66-6 / US-ISBN 0-8204-5903-8

Volume 21 Wendy Goolcharan-Kumeta: My Mother, My Country. Reconstructing the Female Self in Guadeloupean Women's Writing.
236 pages. 2003. ISBN 3-906769-76-3 / US-ISBN 0-8204-5913-5

Volume 22 Patricia O'Flaherty: Henry de Montherlant (1895–1972). A Philosophy of Failure.
256 pages. 2003. ISBN 3-03910-013-0 / US-ISBN 0-8204-6282-9

Volume 23 Katherine Ashley (ed.): Prix Goncourt, 1903–2003: essais critiques.
205 pages. 2004. ISBN 3-03910-018-1 / US-ISBN 0-8204-6287-X

Volume 24 Julia Horn & Lynsey Russell-Watts (eds): Possessions. Essays in French Literature, Cinema and Theory.
223 pages. 2003. ISBN 3-03910-005-X / US-ISBN 0-8204-5924-0

Volume 25 Steve Wharton: Screening Reality.
French Documentary Film during the German Occupation.
252 pages. 2006. ISBN 3-03910-066-1 / US-ISBN 0-8204-6882-7

Volume 26 Frédéric Royall (ed.): Contemporary French Cultures and Societies.
421 pages. 2004. ISBN 3-03910-074-2 / US-ISBN 0-8204-6890-8

Volume 27 Tom Genrich: Authentic Fictions.
Cosmopolitan Writing of the Troisième République, 1908–1940.
288 pages. 2004. ISBN 3-03910-285-0 / US-ISBN 0-8204-7212-3

Volume 28 Maeve Conrick & Vera Regan: French in Canada.
Language Issues.
186 pages. 2007. ISBN 978-3-03-910142-9

Volume 29 Kathryn Banks & Joseph Harris (eds): Exposure.
Revealing Bodies, Unveiling Representations.
194 pages. 2004. ISBN 3-03910-163-3 / US-ISBN 0-8204-6973-4

Volume 30 Emma Gilby & Katja Haustein (eds): Space.
New Dimensions in French Studies.
169 pages. 2005. ISBN 3-03910-178-1 / US-ISBN 0-8204-6988-2

Volume 31 Rachel Killick (ed.): Uncertain Relations.
Some Configurations of the 'Third Space' in Francophone Writings of the Americas and of Europe.
258 pages. 2005. ISBN 3-03910-189-7 / US-ISBN 0-8204-6999-8

Volume 32 Sarah F. Donachie & Kim Harrison (eds): Love and Sexuality.
New Approaches in French Studies.
194 pages. 2005. ISBN 3-03910-249-4 / US-ISBN 0-8204-7178-X

Volume 33 Michaël Abecassis: The Representation of Parisian Speech in the Cinema of the 1930s.
409 pages. 2005. ISBN 3-03910-260-5 / US-ISBN 0-8204-7189-5

Volume 34 Benedict O'Donohoe: Sartre's Theatre: Acts for Life.
301 pages. 2005. ISBN 3-03910-250-X / US-ISBN 0-8204-7207-7

Volume 35 Moya Longstaffe: The Fiction of Albert Camus. A Complex Simplicity.
300 pages. 2007. ISBN 3-03910-304-0 / US-ISBN 0-8204-7229-8

Volume 36 Arnaud Beaujeu: Matière et lumière dans le théâtre de Samuel Beckett: Autour des notions de trivialité, de spiritualité et d' « autre-là ».
377 pages. 2010. ISBN 978-3-0343-0206-8

Volume 37 Shirley Ann Jordan: Contemporary French Women's Writing: Women's Visions, Women's Voices, Women's Lives.
308 pages. 2005. ISBN 3–03910-315-6 / US-ISBN 0–8204-7240-9

Volume 38 Neil Foxlee: Albert Camus's 'The New Mediterranean Culture': A Text and its Contexts.
349 pages. 2010. ISBN 978–3-0343-0207-4

Volume 39 Michael O'Dwyer & Michèle Raclot: Le Journal de Julien Green: Miroir d'une âme, miroir d'un siècle.
289 pages. 2005. ISBN 3–03910-319-9

Volume 40 Thomas Baldwin: The Material Object in the Work of Marcel Proust.
188 pages. 2005. ISBN 3–03910-323-7 / US-ISBN 0–8204-7247-6

Volume 41 Charles Forsdick & Andrew Stafford (eds): The Modern Essay in French: Genre, Sociology, Performance.
296 pages. 2005. ISBN 3–03910-514-0 / US-ISBN 0–8204-7520-3

Volume 42 Peter Dunwoodie: Francophone Writing in Transition. Algeria 1900–1945.
339 pages. 2005. ISBN 3–03910-294-X / US-ISBN 0–8204-7220-4

Volume 43 Emma Webb (ed.): Marie Cardinal: New Perspectives.
260 pages. 2006. ISBN 3–03910-544-2 / US-ISBN 0–8204-7547-5

Volume 44 Jérôme Game (ed.): Porous Boundaries: Texts and Images in Twentieth-Century French Culture.
164 pages. 2007. ISBN 978–3-03910-568-7

Volume 45 David Gascoigne: The Games of Fiction: Georges Perec and Modern French Ludic Narrative.
327 pages. 2006. ISBN 3–03910-697-X / US-ISBN 0–8204-7962-4

Volume 46 Derek O'Regan: Postcolonial Echoes and Evocations: The Intertextual Appeal of Maryse Condé.
329 pages. 2006. ISBN 3–03910-578-7

Volume 47 Jennifer Hatte: La langue secrète de Jean Cocteau: la mythologie personnelle du poète et l'histoire cachée des Enfants terribles.
332 pages. 2007. ISBN 978–3-03910-707-0

Volume 48 Loraine Day: Writing Shame and Desire: The Work of Annie Ernaux.
315 pages. 2007. ISBN 978–3-03910-275-4

Volume 49 John Flower (éd.): François Mauriac, journaliste: les vingt premières années, 1905–1925.
352 pages. 2011. ISBN 978-3-0343-0265-4

Volume 50 Miriam Heywood: Modernist Visions: Marcel Proust's A la recherche du temps perdu and Jean-Luc Godard's Histoire(s) du cinéma.
277 pages. 2012. ISBN 978-3-0343-0296-8

Volume 51 Isabelle McNeill & Bradley Stephens (eds): Transmissions: Essays in French Literature, Thought and Cinema.
221 pages. 2007. ISBN 978-3-03910-734-6

Volume 52 Marie-Christine Lala: Georges Bataille, Poète du réel.
178 pages. 2010. ISBN 978-3-03910-738-4

Volume 53 Patrick Crowley: Pierre Michon: The Afterlife of Names.
242 pages. 2007. ISBN 978-3-03910-744-5

Volume 54 Nicole Thatcher & Ethel Tolansky (eds): Six Authors in Captivity. Literary Responses to the Occupation of France during World War II.
205 pages. 2006. ISBN 3-03910-520-5 / US-ISBN 0-8204-7526-2

Volume 55 Catherine Dousteyssier-Khoze & Floriane Place-Verghnes (eds): Poétiques de la parodie et du pastiche de 1850 à nos jours.
361 pages. 2006. ISBN 3-03910-743-7

Volume 56 Thanh-Vân Ton-That: Proust avant la Recherche: jeunesse et genèse d'une écriture au tournant du siècle.
285 pages. 2012. ISBN 978-3-0343-0277-7

Volume 57 Helen Vassallo: Jeanne Hyvrard, Wounded Witness: The Body Politic and the Illness Narrative.
243 pages. 2007. ISBN 978-3-03911-017-9

Volume 58 Marie-Claire Barnet, Eric Robertson and Nigel Saint (eds): Robert Desnos. Surrealism in the Twenty-First Century.
390 pages. 2006. ISBN 3-03911-019-5

Volume 59 Michael O'Dwyer (ed.): Julien Green, Diariste et Essayiste.
259 pages. 2007. ISBN 978-3-03911-016-2

Volume 60 Kate Marsh: Fictions of 1947: Representations of Indian Decolonization 1919–1962.
238 pages. 2007. ISBN 978-3-03911-033-9

Volume 61	Lucy Bolton, Gerri Kimber, Ann Lewis and Michael Seabrook (eds): Framed!: Essays in French Studies. 235 pages. 2007. ISBN 978-3-03911-043-8
Volume 62	Lorna Milne and Mary Orr (eds): Narratives of French Modernity: Themes, Forms and Metamorphoses. Essays in Honour of David Gascoigne. 365 pages. 2011. ISBN 978-3-03911-051-3
Volume 63	Ann Kennedy Smith: Painted Poetry: Colour in Baudelaire's Art Criticism. 253 pages. 2011. ISBN 978-3-03911-094-0
Volume 64	Sam Coombes: The Early Sartre and Marxism. 330 pages. 2008. ISBN 978-3-03911-115-2
Volume 65	Claire Lozier: De l'abject et du sublime: Georges Bataille, Jean Genet, Samuel Beckett. 327 pages. 2012. ISBN 978-3-0343-0724-6
Volume 66	Charles Forsdick and Andy Stafford (eds): La Revue: The Twentieth- Century Periodical in French. 379 pages. 2013. ISBN 978-3-03910-947-0
Volume 67	Alison S. Fell (ed.): French and francophone women facing war / Les femmes face à la guerre. 301 pages. 2009. ISBN 978-3-03911-332-3
Volume 68	Elizabeth Lindley and Laura McMahon (eds): Rhythms: Essays in French Literature, Thought and Culture. 238 pages. 2008. ISBN 978-3-03911-349-1
Volume 69	Georgina Evans and Adam Kay (eds): Threat: Essays in French Literature, Thought and Visual Culture. 248 pages. 2010. ISBN 978-3-03911-357-6
Volume 70	John McCann: Michel Houellebecq: Author of our Times. 229 pages. 2010. ISBN 978-3-03911-373-6
Volume 71	Jenny Murray: Remembering the (Post)Colonial Self: Memory and Identity in the Novels of Assia Djebar. 258 pages. 2008. ISBN 978-3-03911-367-5
Volume 72	Susan Bainbrigge: Culture and Identity in Belgian Francophone Writing: Dialogue, Diversity and Displacement. 230 pages. 2009. ISBN 978-3-03911-382-8

Volume 73	Maggie Allison and Angela Kershaw (eds): Parcours de femmes: Twenty Years of Women in French. 313 pages. 2011. ISBN 978-3-0343-0208-1
Volume 74	Jérôme Game: Poetic Becomings: Studies in Contemporary French Literature. 263 pages. 2011. ISBN 978-3-03911-401-6
Volume 75	Elodie Laügt: L'Orient du signe: Rêves et dérives chez Victor Segalen, Henri Michaux et Emile Cioran. 242 pages. 2008. ISBN 978-3-03911-402-3
Volume 76	Suzanne Dow: Madness in Twentieth-Century French Women's Writing: Leduc, Duras, Beauvoir, Cardinal, Hyvrard. 217 pages. 2009. ISBN 978-3-03911-540-2
Volume 77	Myriem El Maïzi: Marguerite Duras ou l'écriture du devenir. 228 pages. 2009. ISBN 978-3-03911-561-7
Volume 78	Claire Launchbury: Music, Poetry, Propaganda: Constructing French Cultural Soundscapes at the BBC during the Second World War. 223 pages. 2012. ISBN 978-3-0343-0239-5
Volume 79	Jenny Chamarette and Jennifer Higgins (eds): Guilt and Shame: Essays in French Literature, Thought and Visual Culture. 231 pages. 2010. ISBN 978-3-03911-563-1
Volume 80	Vera Regan and Caitríona Ní Chasaide (eds): Language Practices and Identity Construction by Multilingual Speakers of French L2: The Acquisition of Sociostylistic Variation. 189 pages. 2010. ISBN 978-3-03911-569-3
Volume 81	Margaret-Anne Hutton (ed.): Redefining the Real: The Fantastic in Contemporary French and Francophone Women's Writing. 294 pages. 2009. ISBN 978-3-03911-567-9
Volume 82	Elise Hugueny-Léger: Annie Ernaux, une poétique de la transgression. 269 pages. 2009. ISBN 978-3-03911-833-5
Volume 83	Peter Collier, Anna Magdalena Elsner and Olga Smith (eds): Anamnesia: Private and Public Memory in Modern French Culture. 359 pages. 2009. ISBN 978-3-03911-846-5
Volume 84	Adam Watt (ed./éd.): Le Temps retrouvé Eighty Years After/80 ans après: Critical Essays/Essais critiques. 349 pages. 2009. ISBN 978-3-03911-843-4

Volume 85 Louise Hardwick (ed.): New Approaches to Crime in French Literature, Culture and Film.
237 pages. 2009. ISBN 978-3-03911-850-2

Volume 86 Emmanuel Godin and Natalya Vince (eds): France and the Mediterranean: International Relations, Culture and Politics.
372 pages. 2012. ISBN 978-3-0343-0228-9

Volume 87 Amaleena Damlé and Aurélie L'Hostis (eds): The Beautiful and the Monstrous: Essays in French Literature, Thought and Culture.
237 pages. 2010. ISBN 978-3-03911-900-4

Volume 88 Alistair Rolls (ed.): Mostly French: French (in) Detective Fiction.
212 pages. 2009. ISBN 978-3-03911-957-8

Volume 89 Bérénice Bonhomme: Claude Simon: une écriture en cinéma.
359 pages. 2010. ISBN 978-3-03911-983-7

Volume 90 Barbara Lebrun and Jill Lovecy (eds): Une et divisible? Plural Identities in Modern France.
258 pages. 2010. ISBN 978-3-0343-0123-7

Volume 91 Pierre-Alexis Mével & Helen Tattam (eds): Language and its Contexts/ Le Langage et ses contextes: Transposition and Transformation of Meaning?/ Transposition et transformation du sens?
272 pages. 2010. ISBN 978-3-0343-0128-2

Volume 92 Alistair Rolls and Marie-Laure Vuaille-Barcan (eds): Masking Strategies: Unwrapping the French Paratext.
202 pages. 2011. ISBN 978-3-0343-0746-8

Volume 93 Michaël Abecassis et Gudrun Ledegen (éds): Les Voix des Français Volume 1: à travers l'histoire, l'école et la presse.
372 pages. 2010. ISBN 978-3-0343-0170-1

Volume 94 Michaël Abecassis et Gudrun Ledegen (éds): Les Voix des Français Volume 2: en parlant, en écrivant.
481 pages. 2010. ISBN 978-3-0343-0171-8

Volume 95 Manon Mathias, Maria O'Sullivan and Ruth Vorstman (eds): Display and Disguise.
237 pages. 2011. ISBN 978-3-0343-0177-0

Volume 96 Charlotte Baker: Enduring Negativity: Representations of Albinism in the Novels of Didier Destremau, Patrick Grainville and Williams Sassine.
226 pages. 2011. ISBN 978-3-0343-0179-4

Volume 97	Florian Grandena and Cristina Johnston (eds): New Queer Images: Representations of Homosexualities in Contemporary Francophone Visual Cultures. 246 pages. 2011. ISBN 978–3-0343-0182-4
Volume 98	Florian Grandena and Cristina Johnston (eds): Cinematic Queerness: Gay and Lesbian Hypervisibility in Contemporary Francophone Feature Films. 354 pages. 2011. ISBN 978–3-0343-0183-1
Volume 99	Neil Archer and Andreea Weisl-Shaw (eds): Adaptation: Studies in French and Francophone Culture. 234 pages. 2012. ISBN 978–3-0343-0222-7
Volume 100	Peter Collier et Ilda Tomas (éds): Béatrice Bonhomme: le mot, la mort, l'amour. 437 pages. 2013. ISBN 978–3-0343-0780-2
Volume 101	Helena Chadderton: Marie Darrieussecq's Textual Worlds: Self, Society, Language. 170 pages. 2012. ISBN 978–3-0343-0766-6
Volume 102	Manuel Bragança: La crise allemande du roman français, 1945–1949: la représentation des Allemands dans les best-sellers de l'immédiat après-guerre. 220 pages. 2012. ISBN 978–3-0343-0835-9
Volume 103	Bronwen Martin: The Fiction of J. M. G. Le Clézio: A Postcolonial Reading. 199 pages. 2012. ISBN 978–3-0343-0162-6
Volume 104	Hugues Azérad, Michael G. Kelly, Nina Parish et Emma Wagstaff (éds): Chantiers du poème: prémisses et pratiques de la création poétique moderne et contemporaine. 374 pages. 2013. ISBN 978–3-0343-0800-7
Volume 105	Franck Dalmas: Lectures phénoménologiques en littérature française: de Gustave Flaubert à Malika Mokeddem. 253 pages. 2012. ISBN 978–3-0343-0727-7
Volume 106	Béatrice Bonhomme, Aude Préta-de Beaufort et Jacques Moulin (éds): Dans le feuilletage de la terre: sur l'œuvre poétique de Marie- Claire Bancquart. 533 pages. 2013. ISBN 978–3-0343-0721-5

Volume 107 Claire Bisdorff et Marie-Christine Clemente (éds): Le Cœur dans tous ses états: essais sur la littérature et l'art français. 230 pages. 2013. ISBN 978-3-0343-0711-6

Volume 108 Michaël Abecassis et Gudrun Ledegen (éds): Écarts et apports des médias francophones: lexique et grammaire. 300 pages. 2013. ISBN 978-3-0343-0882-3

Volume 109 Allison and Imogen Long (eds): Women Matter / Femmes Matière: French and Francophone Women and the Material World. 273 pages. 2013. ISBN 978-3-0343-0788-8

Volume 110 Fabien Arribert-Narce et Alain Ausoni (éds): L'Autobiographie entre autres: écrire la vie aujourd'hui. 221 pages. 2013. ISBN 978-3-0343-0858-8

Volume 111 Leona Archer and Alex Stuart (eds): Visions of Apocalypse: Representations of the End in French Literature and Culture. 266 pages. 2013. ISBN 978-3-0343-0921-9

Volume 112 Simona Cutcan: Subversion ou conformisme ? La différence des sexes dans l'œuvre d'Agota Kristof. 264 pages. 2014. ISBN 978-3-0343-1713-9

Volume 113 Owen Heathcote: From Bad Boys to New Men ? Masculinity, Sexuality and Violence in the Work of Éric Jourdan. 279 pages. 2014. ISBN 978-3-0343-0736-9

Volume 114 Ilda Tomas: Arc-en-ciel: études sur divers poètes. 234 pages. 2014. ISBN 978-3-0343-0975-2

Volume 115 Lisa Jeschke and Adrian May (eds): Matters of Time: Material Temporalities in Twentieth-Century French Culture. 314 pages. 2014. ISBN 978-3-0343-1796-2

Volume 116 Crispin T. Lee: Haptic Experience in the Writings of Georges Bataille, Maurice Blanchot and Michel Serres. 316 pages. 2014. ISBN 978-3-0343-1791-7

Volume 117 Ashwiny O. Kistnareddy: Locating Hybridity: Creole, Identities and Body Politics in the Novels of Ananda Devi. 208 pages. 2015. ISBN 978-3-0343-1814-3

Volume 118 Michaël Abecassis et Gudrun Ledegen (éds): De la genèse de la langue à Internet: variations dans les formes, les modalités et les langues en contact.
278 pages. 2015. ISBN 978–3-0343-1798-6

Volume 119 Peter D. Tame: Isotopias: Places and Spaces in French War Fiction of the Twentieth and Twenty-First Centuries.
592 pages. 2015. ISBN 978–3-0343-0837-3

Volume 120 Daniel A. Finch-Race et Jeff Barda (éds): Textures: Processus et événements dans la création poétique moderne et contemporaine. 242 pages. 2015. ISBN 978–3-0343-1898-3

Volume 121 Hélène Sicard-Cowan: Vivre ensemble: éthique de l'imitation dans la littérature et le cinéma de l'immigration en France (1986–2005). 149 pages. 2016. ISBN 978–3-0343-1944-7

Volume 122 Mercedes Montoro Araque et Carmen Alberdi Urquizu (éds): L'entre- deux imaginaire: corps et création interculturels.
216 pages. 2016. ISBN 978–3-0343-1926-3

Volume 123 Maureen A. Ramsden: Crossing Borders: The Interrelation of Fact and Fiction in Historical Works, Travel Tales, Autobiography and Reportage.
191 pages. 2016. ISBN 978–3-0343-1995-9

Volume 124 Jean Khalfa: Poetics of the Antilles: Poetry, History and Philosophy in the Writings of Perse, Césaire, Fanon and Glissant.
388 pages. 2017. ISBN 978–3-0343-0895-3

Volume 125 Mathilde Poizat-Amar: L'Eclat du voyage: Blaise Cendrars, Victor Segalen, Albert Londres.
252 pages. 2017. ISBN 978–1-78707-296-1

Volume 126 Philippe Willemart: L'Univers de la création littéraire: Dans la chambre noire de l'écriture: Hérodias de Flaubert.
160 pages. 2017. ISBN 978–1-78707-458-3

Volume 127 Margaret Atack, Alison S. Fell, Diana Holmes and Imogen Long (eds): French Feminisms 1975 and After: New Readings, New Texts. 276 pages. 2018. ISBN 978-3-0343-2209-6

Volume 128 Matt Phillips and Tomas Weber (eds): Parasites: Exploitation and Interference in French Thought and Culture.
284 pages. 2018. ISBN 978-3-0343-2266-9

Volume 129 Zoe Angelis and Blake Gutt (eds): Stains / Les taches: Communication and Contamination in French and Francophone Literature and Culture.
274 pages. 2019. ISBN 978-1-78707-443-9

Volume 130 Michaël Abecassis avec Marcelline Block, Gudrun Ledegen et Maribel Peñalver Vicea (éds): Le Grain de la voix dans le monde anglophone et francophone.
332 pages. 2019. ISBN 978-1-78874-107-1

Volume 131 Philippe Willemart: L'écriture à l'ère de l'indétermination: Études sur la critique génétique, la psychanalyse et la littérature.
232 pages. 2019. ISBN 978–1-78874-631-1

Volume 132 Augustin Voegele: De l'unanimisme au fantastique: Jules Romains devant l'extraordinaire.
382 pages. 2019. ISBN 978-1-78874-513-0

Volume 133 Maggie Allison, Elliot Evans and Carrie Tarr (eds): Plaisirs de femmes: Women, Pleasure and Transgression in French Literature and Culture.
278 pages. 2019. ISBN 978-1-78874-383-9

Volume 134 Aaron Prevots: Bernard Vargaftig: Gestures toward the Sacred.
144 pages. 2019. ISBN 978-1-78997-357-0

Volume 135 Susie Cronin, Sofia Ropek Hewson and Cillian Ó Fathaigh (eds): #NousSommes: Collectivity and the Digital in French Thought and Culture. 184 pages. 2020. ISBN 978-1-78874-767-7

Volume 136 Anaïs Stampfli: La coprésence de langues dans le roman antillais contemporain. 456 pages. 2020. ISBN 978-1-78874-578-9

Volume 137 Philippe Willemart: Les mécanismes de la création littéraire: Lecture, écriture, génétique et psychanalyse. 214 pages. 2020. ISBN 978-1-78997-737-0

Volume 138 Maureen A. Ramsden: The Evolution of Proust's 'Combray': A Genetic Study.
152 pages. 2020. ISBN 978-1-78997-785-1

Volume 139 Charlène Clonts: Gherasim Luca: Texte, image, son.
454 pages. 2020. ISBN 978-1-78997-916-9

Volume 140 Polly Galis, Maria Tomlinson and Antonia Wimbush (eds): Queer(y)ing Bodily Norms in Francophone Culture
304 pages. 2021. ISBN 978-1-78997-514-7

Volume 141 Natalie Berkman: OuLiPo and the Mathematics of Literature.
Forthcoming. ISBN 978-1-78997-780-6

Volume 142 David Gascoigne and Ana de Medeiros (eds): Marie Nimier: Le Sujet et ses écritures / The Self in the Web of Language
312 pages. 2021. ISBN 978-1-80079-195-4

www.ingramcontent.com/pod-product-compliance
Lightning Source LLC
Chambersburg PA
CBHW071535110726
47908CB00007B/1889
9781800791954